The Highly Sensitive
Person's Workbook

ひといちばい
敏感な人の
ワークブック

エレイン・N・アーロン 著

明橋大二 訳

*A Practical Guide
for Highly Sensitive People*

青春出版社

"The Highly Sensitive Person's Workbook"に
寄せられた読者の感想

「自分のHSPという性格を、集中的に、整理して、個人的に学ぶのに、とても役に立つツールだと思います」── E.G.

「エレイン・アーロン氏のワークブックによって私は、自分の人生の未開拓な領域に、光を当てることができました。週に一度、数時間の取り組みによって、長年無視してきた問題を理解し、対処することができるようになったのです。アーロン博士の心遣いと人柄が文体に現われています。このワークブックは、私の友人であり、カウンセラーです」── C.J.

「あらゆるニュアンスにアンテナを張っている感じがしますか？ 微妙なニュアンスやディテールが、自分には拡大されて見えるのに、他の人には見過ごされる感じでしょうか？ こんなのは自分だけだと思っていますか？ エレイン・アーロン氏は、このワークブックの中で、私たちが聞きたかったこと、つまり、私たちのような人が他にもいるんだ！ ということを明確に述べています。そして私たちの気質には、長所と恩恵があることも」── E.R.

「このワークブックは、あなたが敏感さを恩恵として受け入れ、前に進むのを妨げる心の傷を癒し、あなたの才能を如何なく発揮できるエンパワメントの場所を見つける、手助けとなるでしょう」── J.V.

「最初にセルフテストをして、一つを除いて全て自分に当てはまるとわかったとき、まるで知らない家族のもとに帰ってきたような気持ちになりました。アーロン博士の新しいワークブックはある意味、厳しいものです。なぜなら、子どもの頃に身につけた敏感さについてのネガティブな固定観念を、表面化させ、リフレーミングしなければならないからです」── J.G.

「自己啓発本に書いてあるようなエクササイズは、普段私はやらないのですが、この本のものは、ほとんどやりました。それによって自己理解が深まりましたし、特に"親密な関係"の章では、結婚カウンセリングに行くよりも、よほどパートナーとの関係を改善できたと思います」── F.W.

「アーロン博士の画期的な著書"The Highly Sensitive Person"の貴重なパートナーであるこのワークブックは、明確な指示に従って一歩ずつ進むことで、あなたのユニークな個性を知り、評価するのを助けてくれます。他のHSPにも勧められるのが嬉しいです」── E.E.

「エレイン・アーロン氏の著書の効果は、二面的です。"敏感さ"に対する私たちの防衛意識を和らげると同時に、具体的なツールを提供してくれるからです」── N.G.

「父は私のことを"ピコン"（フィリピン語で、"超敏感"）と呼んでいて、それは私が異常だ、という意味でした。それを見ていた姉たちは、私を延々とからかいました。その結果、自分には欠陥があると思うようになり、ポジティブ思考を促す本や教材に解決策を求めました。しかしそれでも、私は何かが足りないと感じていて、それがまさに、このワークブックでアーロン博士が書いてくれたことでした」── J.S.

「この本は、自分に対する過去の誤解を癒すための、自分のペースで、できる個人的なツールです。このワークブックで、エレイン・アーロン氏は、心理療法を解き明かし、自分を理解し受け入れるために何ができるかを示してくれました。私のお薦め本、プレゼントできる本がまた一冊増えました。"The Highly Sensitive Person"の完璧なパートナーです」── E.M.

「アーロン博士のワークブックは、それまで自分の人生に対して"丸い穴に四角い釘"のような違和感を感じていた私にとって、自分の価値を認められ、また他人にも貢献できると感じさせてくれるものでした。このエクササイズは、安全で楽しく、私たちの内なる自己への道しるべとなるものです」── P.P.

● 訳者まえがき ●

―自分自身についての理解を深めるために―

明橋大二

　この本は、エレイン・N・アーロン氏が、1999年に発表した著作"The Highly Sensitive Person's Workbook"の全訳です。

　アーロン氏が、人類の15％から20％に見られる、高敏感性という生来の気質についての研究を開始したのは、1990年のことでした。その研究成果をまとめて、1996年に出版されたのが、"The Highly Sensitive Person"（HSP、ひといちばい敏感な人）という著書です。

　果たしてこの著書は、発刊されると同時に大変な話題となり、HSPという言葉は、またたくまに全世界に広まることとなりました。

　日本では、講談社から2000年に、『ささいなことにもすぐに「動揺」してしまうあなたへ』という書名で邦訳されましたが（現在は『敏感すぎる私の活かし方　高感度から才能を引き出す発想術』としてパンローリングより刊行）、一部のカウンセラーやクライアントの間で話題になったものの、それほど広まることはなかったように思います。

　ところが2015年頃から、日本でも立て続けに、HSC（Highly Sensitive Child：ひといちばい敏感な子）やHSPについての翻訳・著作が出版され、新聞やテレビでも紹介されたところから、一気に多くの人に知られることになりました。

　それほど多くの人に待ち望まれていた概念だったのだと思いますし、実際私も、「HSPを知って人生が変わった」「子どもがHSCだとわかって、子どもも私（親）も救われた」という声を、どれだけ聞いたかわかりません。

　しかしそれと同時に、HSPやHSCについての誤解や批判も多く聞かれるようになりました。もちろん的を得た批判ならば議論する価値もあるでしょうが、中にはネットで仕入れた断片的な知識で、一種の先入観や思い込みで言ってこられることも少なくないのが現状です。

　そういう人を見聞きする度、私は、ぜひアーロンさんの著作を実際に読んでもらいたいと強く思わずにおれませんでした。

　私はこれまでアーロン氏の著作を、三冊翻訳してきましたが、私は、原著を読む

たびに深い感動に包まれます。それは、HSPらしい慎重な筆致の中にも、科学者としてHSPの正しい理解を何とか伝えようとする熱意と、そしてその底に、HSPに対する深い愛情をひしひしと感ずるからです。

特にこのワークブックは、最初の"The Highly Sensitive Person"が基礎編とすれば、いわば応用編で、HSPが、生きやすくなるための具体的な知恵や方策が散りばめられています。

日本でも、HSPについてのカウンセリングを受けられるところはまだまだ少ないですが、この本は、ワークをしながら、自分自身についての理解を深められるようになっています。

HSPについての基本的な知識から始まって、自己否定感を取り除くためのワーク、自分の心身のケア、刺激過多の対処法（特に騒音対策！）、自分の過去への振り返り、人見知りの対処法や職業選択、家族や夫婦など身近な人との人間関係、カウンセラーや医療との付き合い方、そして精神世界との関係など、HSPが知りたい内容が満載です。

さらに最後の第11章には、HSPの自助グループのためのアドバイスも書かれており、最近日本でも急速に広がるHSP/HSCの当事者会を開催するときにも、大いに参考になるのではないかと思います。

HSPは、決して一時の流行などではなく、今後、人々のメンタルヘルスを考える上で、間違いなく、なくてはならない概念となるでしょう。また、すでに科学的な研究も世界中で進められており、2020年には、1年間で100件近い論文が、査読のある学術誌に発表されています。今後、さらに脳科学や遺伝子などの研究が進み、HSPについての理解が深まることを願っています。

最後に、HSC/HSPについて、ぜひ皆に知ってほしいことがあります。

私が講演などでHSC/HSPについて話をすると、時々、「ではHSCだけ特別扱いせよというのか」「腫れ物に触るように接しろというのか」という反論をされることがあります。

しかし私がお伝えしたいのはそういうことではありません。

HSC/HSPに必要なことは、実は全ての人にとって必要なことなのです。

先生が教室で怒鳴るのが嫌なのは、HSCの子どもだけではありません。それは、全ての子どもが本当は嫌なことなのです。環境問題、化学物質や添加物は、HSP

だけでなく、全ての人の健康にとって良くないことだと思うのです。

　そういう、みんなにとって良くないことを、ひといちばい敏感な感性で教えてくれるのが、HSPという存在なのです。ですから、HSPの生きやすい世界を考えることは、実はすべての人が生きやすい世界を考えることになる。そういう大切なヒントを与えてくれるのが、HSPという存在なのだということです。

　そしてそれはHSPだけに限りません。世の中にはさまざまな特性を持った人、多様な個性が存在します。多様な人たちが生きやすい社会は、実は、全ての人が生きやすい社会です。駅にエレベーターの設置が必要なのは、何も車椅子の人のためだけではないでしょう。全ての人がいずれ年を取れば、階段を登れなくなるのですから。ある特性に配慮することは、実は全ての人が生きやすい社会をつくることになるのです。

　この世界が、HSPであってもなくても、多様な個性が認められ、どんな人も生きやすい社会になる、そのきっかけになることを願って、この本をお届けしたいと思います。

　最後になりますが、翻訳にあたって多大な協力を頂いた政所麻結子氏、また出版に際して尽力くださった編集者の宮島菜都美氏に心から感謝申し上げます。

ひといちばい敏感な人の
ワークブック

目次

● はじめに ●

第1章 自分の敏感さを知る

―洗練された感受性には、良い面も悪い面もある―

第2章 自分は誰なのか深く知る

―抑圧された感情が心身の不調を招く―

第3章 敏感な自己をケアする

第 3 章

敏感な自己をケアする
── 不快感、生きづらさの正体は刺激過多 ──

第 4 章

子ども時代の「愛着スタイル」を振り返る
── 安定した愛着がすべての土台 ──

第5章 社交におけるHSP
―70％のHSPが人間関係に消極的に見える理由―

第6章 職業の選び方、働き方
―くり返すパターンから抜け出す―

第9章 医療や医薬品に詳しくなる
―適切な医療との関わりのために必要なこと―

第10章 スピリットに取り組む
―重要なのは「全体性」です―

第11章 会の設置や運営の注意点
—グループづくりのためのガイドライン—

本文デザイン・DTP　岡崎理恵

● はじめに ●

「あなたが敏感すぎるのでしょう」「ただ過敏なだけでしょ」「相当敏感ですよね」と言われたことがありますか？
「もう疲れちゃったの？」「怖がりだよね？」「どうしたの？ 恥ずかしいの？」
「楽しくないの？」「自信がないの？」と言われたことは？
　これらの言葉に共通するのは「あなたはどこか悪いのではないか？」ということです。

　もしあなたが私と同じように敏感なら、両親や教師、友達からこんな言葉を何度となく聞かされてきたと思います。彼らはよかれと思って言ってくるので、やがて「やっぱりそうなんだ。自分はどこかおかしいんだ」と思ってきたのではないでしょうか。
　でもそんな自分をどうにも変えることはできないので、ついには「自分は致命的な欠陥を隠し持っているんだ」と思うようになったかもしれません。
　自分は一生、この欠点と折り合って生きていかないといけない、弱点を補っていくのが私の人生。そう思うようになったのです。

　このワークブックには大切なメッセージがあります。
　それは、敏感なのは決して悪いことではない、あなたは敏感でいて何も悪くないということです。
　26ページのセルフテストに12個以上当てはまるなら、あなたもひといちばい敏感な神経システムを持っています。多くの場面でどんなに些細なことにも気がつく、生まれつきの素晴らしい強みです。

　確かに、神経システムが敏感だと、強い刺激に圧倒されがちですが、良いところがあれば悪いところもセットです。しかし、ひといちばい敏感であることは、何かの「症状」でもないし、生まれつきの性格に問題があるわけでもないのです。
　生まれ持った感受性の高さ、敏感な神経システムは15〜20％の人間に見られ、その比率は、他の動物でも同じです。男性にも女性にも同じ比率で存在します（といっても、この社会では敏感な男性のほうが断然つらい思いをしています）。人種

によっても、差はありません。

　ですから、敏感な神経システムは、間違いでも欠陥でも遺伝的なミスでもありません。

　例えば、誰も気づかないようなことに気づける人が、集団の中にいるといろいろなメリットがあるように、敏感な気質が存在することには意味があるはずです。役割を果たすため、あなたには、大切でやりがいのある仕事が待っているのです。

　ありのままのあなたに対して、善意であっても間違った批判が向けられてきたと思います。あるときは密かに、あるときは公然と、植えつけられてきたその自己否定感を、一つずつ取り除いていかなければなりません。

　本書は、私の出会った多くのひといちばい敏感な人たち、HSPとの経験から、出来上がりました。この本があなたを自己否定感から解放し、あなたの敏感さの可能性を広げる助けになるなら幸いです。

　もちろん、「自分はとても敏感だけれど、それを周りから否定されたことはない」と思う人もあるかもしれません。あるいは「HSPを学んで、ちゃんとポジティブな特質と捉えているよ」とか、「自分は臆病でもなく、自信喪失もしていないから、自分には関係ない」と思うかもしれません。

　でも、もう少しだけお付き合いください。

　ひといちばい敏感なことは、人見知り（シャイ）とも、内向的とも違います（HSPの30％は実は外向的です）。

　それに、欠点があると意識的には思っていなかったとしても、無意識的には「自分はこの社会では、異常ではなくても少し人と違っている」「自分の本当の姿を隠さなければ生きていけない」と、どこかで思い込んでいる場合があります。

　まず間違った否定的な考えを自分自身が持っていたと知ること、そして徐々に、頭で理解するだけでなく無意識の感情反応を和らげていくことが大切です。それには、もしかすると数カ月、数年の内的な取り組み（インナーワーク）が必要かもしれません。

　あなたがそのプロセスを辿るとき、本書が役立つと嬉しいです。

敏感とはどういうことか　―豊かで複雑な内面世界―

　HSPは生まれつき、あらゆる種類の繊細なメッセージに気づく特性があります。メッセージは外からも内側からもやってきます。目や耳の感覚が研ぎ澄まされているのではなく、受け取る情報の処理が深いのです。私たちはじっくり考えます。

　HSPはさまざまな場面でこの敏感さの恩恵にあずかっています。調査によるとHSPは直感的でよく気がつき、良心的です。「自分がこれをしないと」「みんながルールを破ったら大変」といつも心配しています。

　赤ちゃんや動植物との相性がよく、小さなサインを見逃しません。細かな作業や間違い探しが得意な一方で、全体を見通す力もあります。どうしてこうなったのか、これからどうなるのかについて、特に深い洞察を持っています。豊かで複雑な内面世界を持っていて、普通とは違う夢を見るようです。正義を問い、スピリチュアルや哲学の才能があります。

　しかし、些細なことに気づくということは、強めの刺激には簡単に圧倒される、ということでもあります。例えば以下のような刺激です。

- 騒音　　● 目がチカチカするもの　　● チクチクする服
- 異臭　　● 少しでも悪くなった/汚れた食べ物
- 暑い/寒い　　● 環境の急激な変化
- 感情が揺さぶられる状況　　● 大勢の人　　● 見知らぬ相手

　そして出来事を深く受け止めるので、批判の言葉、拒否されたこと、裏切り、喪失、死別の体験を長く引きずります。他にもアレルギー持ちだったり、痛み、薬、カフェインやアルコールに敏感に反応したりします。空腹に影響されるので小まめに食べないといけません。いずれも弱さではありません。ただ違うというだけです。

　つまりは敏感だといろいろとメリットがありますが、そうでないケースもあるということです。ただ、瞳の色が人それぞれ違うように、敏感さは、多数派ではなくとも、人口の一定割合が受け継いだ偏りのない正常な特質です。

なぜワークブックか ―HSPに必要なこと―

　敏感さについて研究を始めた当初は、本を書くとは思っていませんでした。私は心理学の研究者でしたが、以前から他人との違いを感じていました。あるときから、そんな自分の性質に関わる研究を始めるようになったのです。しかしすぐに、他のHSPもまた、自分たちについて知りたがっていると確信しました。

　私の研究が地方紙に掲載されると出版の機運が高まりました。数百人ものHSPが押し寄せ、講演を依頼され、講座を持つようになり、そして本を書くことになりました。それが"The Highly Sensitive Person（邦題：敏感すぎる私の活かし方　高感度から才能を引き出す発想術／パンローリング）"です。出版社選びは大変でしたが、販売部数は10万部を超え、広告を出していないのに、HSPたちの口コミだけで13刷に至りました。

　HSPたちが口を揃えて言う言葉があります。「気質を知って人生が変わった」です。彼らの声に押されて、私は科学者として、行動しないわけにはいかなくなったのです。

　当初は、一冊書いたら終わり、そう思っていました。しかしそうはいきませんでした。読者はさらに多くを望みました。学びや相談の場、サポートグループ。そして、この概念を理解するためのさまざまなツール――それを「心の家具を完全に並べ替えるツール」と言ったHSPもいます。

　もっと情報が必要というのも今なら頷けます。確かに本を一冊読んだくらいでは、自分に対する根本的な見方は変わらないからです。

　とはいえ私はHSPだし身体も一つしかないので、いつもHSPの方のそばにいて手取り足取り教えるわけにもいきません。そこで私はこのワークブックを自分の分身にして、これまで講座や相談、サポートグループでお伝えしてきたことを全て納めて、HSPに提供できたらいいと思ったのです。

　多くのHSPと関わってきた私の経験から、あなたに必要なのは以下のことです。

自分の気質についての基本的知識

　これは"The Highly Sensitive Person"に詳説しました。体裁は異なりますが

本書も同じです。本書では特に第1章と第2章で、あなたがこの気質を持つ意味を自分で探求することに重点を置いています。

セルフケア

HSPは他の人とは神経システムが異なります。それなのに他人（非HSP）と同じように生きようとすると、あらゆる慢性疾患を発症してしまいます。多くのHSPが苦労して学んだ通りです。かといって自分に対し過保護でいると、能力を発揮できず、それもまたストレスで病んでしまいます。HSPのセルフケアについては第3章で詳しく述べます。

リフレーミング（見方を変える）

特に「失敗」を振り返ることです。振り返りは、HSPならある程度は自然に行っていると思いますが、しかしリフレーミングは極めて重要なので、体系的かつ、意識的に取り組む必要があるのです。本書のねらいは、あなたの人生を気質の観点でもう一度捉え直してもらうことです。それは人生の各局面で、一歩ずつ行っていく必要があります。第1章、第2章、第4〜7章、第9章でそれぞれ見ていきましょう。

過去の傷を癒す

研究によると、ストレスがそれほどない普通の環境で過ごすなら、HSPは、非HSPよりも健康でいられます。

しかし幼少期にトラブルがあったり、どこかで特別なトラウマを負っていたりすると、不安症やうつになるリスクが非HSPより高くなります。健康のためにも幸せのためにも、不安やうつは癒さないといけないし、その多くは癒せます。しかし、それには意識的な努力が必要です。第8章ではあなたがどこへ行ってもそれを続けられるよう、傷の癒し方をお伝えします。

気質との付き合い方を知る

人生のさまざまな局面で気質とどう付き合うか。他人（ひと）と異なる神経システムはあなたの行動の全てに影響します。以下の内容を紹介します。

- 社会生活一般での気質の活かし方（第5章） ● 身近な人との関係（第7章）
- 仕事や職場環境における問題（第6章） ● 医療の専門家との関係（第9章）
- 内的/精神的な生活（第10章）

ワークブックは自由に使えます
― 無意識からのメッセージ―

　本書はどのようにでもご活用ください。"The Highly Sensitive Person"を読んでいなくてもいいし、同時に読み進めてもいいです。本書を後から読むのでも、いつでも大丈夫です。

　読むだけでもいいし、ワークに取り組むなら、全部でも気になるところだけでも、並び順でもランダムでもいいです。

　ただし、何をするにも意識的に取り組むことをお勧めします。

　心の声が聞こえるかもしれません。「この本が必要だ」と。その後にはおそらく「私はそれをしたくない」という声も。耳を澄ませてください。「ここは飛ばしたい」と感じるのなら、なぜか。

　大切なのは取り組むかどうかより、どれだけ「なぜ」を意識するかです。

　このワークブックは深層心理学者が書いています。

　無視され、放置され、軽蔑さえされてきたあなた自身の側面。私にとっての深層心理学とは、あなたがそんな自分に、尊敬_{リスペクト}を取り戻してもらうためのものです。

　あなたは生まれてからずっと、自分の一部分を、無視し忘却するように教えられてきました。深層心理からのアプローチは、そのいくつかを再び呼び起こします（全部は不可能でしょうが）。

　私たちはそれを召喚し、もてなし、耳を傾けようとするのです。

　そこで、抑圧されてきたエネルギーが解き放たれます。もっと重要なことは、失われたものが何であったとしても、解放されるのは、価値のあるものだということです。

　多くの場合、その人の人生で最も必要なものは、幼少期に拒絶してきた資質の中に見つかります。例えば女性の「男性的すぎる」自己主張や、男性の「女性的すぎる」繊細な感情などがその代表的なものでしょう。

　HSPの多くがつい最近まで、無視し抑圧してきた自分自身、それは敏感さです。敏感さを今も、一部恥じている人、あるいは全て嫌悪しているHSPもいます（「コンフォート・ゾーン＜HSPのニュースレター＞」は、透けない封筒で郵送してくれと、未だに頼まれることがあります）。

　ですから、あなたがこの気質に対する尊敬を取り戻すためには、深層への

取り組みが必要です。深層への取り組みは、得るものも多いですが、必ずしも簡単ではありません。私が「活動」や「演習」でなく、一連の「仕事」と呼ぶのはこのためです。ひそかな高揚感が必要になることさえあるかもしれません。

本書の被験ボランティア（HSP）の一人がこう報告してくれました。
「1年半前、"The Highly Sensitive Person"を読んだときは衝撃的だった。でもどうしてか、自分の感情には蓋をしたままだった。今回はすいすい読めてむしろ面白かった！ その効果に驚いた」
　彼女は、タスクに立ち戻り、それを完成させるには、かなりの意志力が必要だとわかっていました。
「去年の私なら、まさかこれができるなんて思わなかったでしょう」

　もちろん全ての被験者がこのような強烈な経験を報告するわけではありません。
　しかし本書を楽しめるなら、それは自己の核心部分と戯れているのです。
　気が重く感じられるところは飛ばしても構いません。ただ、なぜそう感じるのかを気に留めておきましょう。「傷つく」「怖い」そこで感ずるどんなことも、です。
　本書には、自分で書いてもらう場面が多くあります。実は、ある被験者は、全員がタスクに対する反応を、一人ひとり、日記に書くべきだと考えました。あなたもそうしたいと思うかもしれません。しかしもしあなたが日記を書いたり、意識の赴くままに書いたりすることに不慣れなら、書いたものに判断を下したり、それを再編集してはいけません。書き出すだけにしてください。誰もそれを見たり採点したりしません。あなた自身の内なる批評家がそれを許さないなら、早速、このあとのページから、その問題児を扱います。

　日記をつける秘訣は、書く前に時間をかけて感じることです。被験者の経験を紹介します。
「私は、演習問題で、『正解』や『興味深い』または『正しい』反応をしがちのようだ。自分が本当に感じていることで大丈夫、と感じられるように、この癖を克服しないといけない。その"本当に感じていること"とはたいてい、防衛、羞恥心、怒り、憤り、という不快な感情だった。自分にとって大切な感情を見極めるために、落ち着いて軌道修正するには、時間がかかった」
　この人は「非線形」、さらには言葉以前のアプローチが必要かもしれないとも語

ります。

「演習問題によっては、1〜2回、全体を読んで『煮詰め』『沸き立たせ』そしてまた演習に戻る、という方法をとった。不可能ではないにしても、こういった演習に、直線的な方法で取り組むのは難しい。ときには、言葉にならないどころかイメージすら浮かばない、ただ強烈な感情だけが現れたこともあった」

前言語的あるいは非言語的思考の開放は、まさしく深層への働きかけが目指すところです。時間をかけて何が起こるのか観察するだけでいい、という彼女の提案をぜひ考えてみてください。

それぞれのタスクの最後に「まとめ」があります。そこでタスクの効果やどう活かしたいかを振り返って、まとめてみましょう。ちょっとひと手間ですが、数カ月か数年後に本を開いたとき、素晴らしいまとめが役立ちます。ですからこの機会に少し振り返ってみてください。今日のスピード社会では、あまりないことかもしれませんが、じっくり取り組むのもHSPの得意分野の一つです。

ちなみに、私は手書きが苦手です。あなたもそうなら、律儀に書き込まなくても、パソコンを使ってもらって結構です。

最後に、こういった作業をして、とてもつらくなった場合は、中断して専門家の助けを得ることが非常に大切です。第8章では、その方法を説明します。

本書の特徴 ― 他のHSPと協力できる ―

HSPはお互いを知る必要があります。そう感じる多くのHSPはサポートグループ、講座、あるいは他のHSPと出会う機会を求めてきました。

第11章ではそのニーズに応えようとしています。HSP向けの6週間の、リーダーのいないグループ・ディスカッションの組み方を説明します。

一度始めたグループは、自分たちだけで話し合ったり、グループとしてこのワークブックの課題に取り組んだりして、いつまでも続けることができます。第11章では、その最初の大切な6週間分の内容を丁寧に説明します。

もちろん6週間のプランに従わないのもありですが、私は個人的には、少なくとも最初は、自由にやるのはプロのファシリテーターがいるときだけにしたほうがいい

と思います。また、誰かHSPを見つけてその人とまず本書を読むことをお勧めします。親友や配偶者がHSPなら多分その人がいいでしょう。HSPグループをつくってそこから見つけることもできます。

　誰かと一緒に取り組む上での唯一の問題は、一部の課題がプライベートすぎて、よく知らない相手とは話し合えないこともある点です。そのため課題ごとに、どんなペアやグループに向くかを、A群（よく知らない人）、B群（知り合いになって間もない人）とC群（よく知っている人）で示しています。一部の課題はC専用であり、一部はBとCには問題ありませんが、Aには対応していません。3つ全てに問題のないものもあります。

A群の課題	出会った直後のペアやグループなど、初期の段階に最適
B群の課題	よく知った相手と行うのには申し分ないです。しかし安心しきれない、まだ全てを打ち明けられない相手とでも大丈夫です。そういう環境でも行える課題はたくさんあります。
C群の課題	よく知った相手と行いましょう。そうすれば、互いの不信感や誤解、競争心や嫉妬などに妨げられずに、お互いに耳を傾け、助け合いながら問題を解決することができるでしょう。

それほど敏感ではないあなたに

　あなたは、かなり敏感そうなパートナーや友達、家族がいてこの本を手にしてくれたのですね。本書を自分で読むのもいいですし、その人にプレゼントすることもできます。私がHSPからもらった手紙によると、この本を贈ることは、自己不信の塊だったHSPに、自信と誇りをプレゼントすることになるのです。あなたとあなたよりも敏感なその人は、共感や優しさではなく、非常に身体的なレベルで、はるかによく自分たちの関係を理解するでしょう。それはあなたへの贈り物にもなるはずです。

本書を届ける相手

　著書には献辞というものがあります。「〇〇に捧げる」というものです。この本にはあなたの言葉が多く書かれるわけですから、あなたに献辞を書いてもらいたいと思います。あなたが尊敬してやまないHSPに。あなた自身に。

　この本を以下の人に捧げる：

_____

_____

_____

あなたは
ひといちばい敏感(HSP)ですか?
セルフテスト*

次の質問に感じたままを答えてください。
どちらかといえば当てはまるのなら「はい」、
全く当てはまらないか、ほぼ当てはまらない場合は、
「いいえ」と答えてください。

1. 自分を取り巻く環境の微妙な変化によく気づくほうだ

2. 他人の気分に左右される

3. 痛みにとても敏感である

4. 忙しい日が続くと、ベッドや暗い部屋などプライバシーが得られ、刺激から逃れられる場所に引きこもりたくなる

5. カフェインに敏感に反応する

6. 明るい光や強い臭い、ざらざらした布地、サイレンの音などに圧倒されやすい

7. 豊かで複雑な内面世界を持つ

8. 騒音に悩まされやすい

9. 美術や音楽に深く心を動かされる

10. とても誠実である

11. すぐに驚いてしまう

12. 短時間にたくさんのことをしなければならない場合、混乱してしまう

(13) 人が何か不快な思いをしているとき、
どうすれば快適になるかすぐに気づく
（例えば電灯の明るさを調節したり、席を替えたりするなど）

(14) 一度にたくさんのことを頼まれるのが嫌だ

(15) ミスをしたり、忘れものをしたりしないよう
いつも気をつけている

(16) 暴力的な映画や、テレビ番組は見ないようにしている

(17) あまりにもたくさんのことが自分の周りで起こっていると、
不快になり神経が高ぶる

(18) 生活に変化があると混乱する

(19) 繊細な香りや味、音楽を好む

(20) ふだんの生活で、混乱や動揺を避けることに重きを置いている

(21) 仕事をするとき、競争させられたり、観察されていると、
緊張していつもどおりの実力を発揮できなくなる

(22) 子どもの頃、親や教師は自分のことを
「敏感だ」とか「内気だ」と思っていた

採点

12個以上が「はい」なら、おそらくHSPです。しかし実際には、どのような心理テストよりもあなた自身が生活の中で感じていることのほうが正確です。1つか2つしか当てはまらなくても、すごく当てはまる気がするのであればHSPといっていいでしょう。

＊From Elaine N. Aron,The Highly Sensitive Person: How to Thrive When the World
Overwhelms You ©1996 by Elaine N. Aron.

第 1 章

自分の敏感さを知る
― 洗練された感受性には、良い面も悪い面もある ―

本章のタスクで、あなたは敏感な自分をもっと知り、HSPに必要な基本スキル(敏感さを守る話し方、社会における自分の役割の理解)を身につけられるようになります。しかしそのためには、自分の特性についてもう少し情報が必要です。ということで、最初のタスクはただ読んで理解することです。

自分は「普通」なのに、なぜこうも「違う」と感じる?

以下の5つのポイントは全てのHSPにとても重要なので、心に留めておきましょう。

知識1 刺激が多いと高ぶる

敏感であろうとなかろうと、全ての人は、刺激が多すぎると生理的に高ぶります。圧倒され、疲れ果てて全身が動かない、調整できない、休まらない、脳がちゃんと働かないのは、過度の興奮状態にあることを意味します。胸がドキドキして吐き気がし、手は震え呼吸は浅くなります。熱が出たり顔がほてったり、汗ばんだり皮膚が冷たくなったりもします。

知識2 最適な刺激レベルを保つことが大切

敏感であるなしに関わらず、興奮しすぎると、パフォーマンスが低下し気分が悪くなります。球を打ち返したり、気の利いたことを言ったり、状況を楽しんだりすることもできません。反対に刺激が少なすぎるのも嫌なものです。退屈すると、球を打つこともしゃべることもショーを見ることもつまらなくなります。生物は生まれたときから、多すぎも少なすぎもしない最適なレベルの刺激を(空気や食物や水と同じよ

うに）絶え間なく一生懸命に、そして通常、無意識に求めます。どれだけの刺激を受け入れるかを量り、調整しているのです。

知識3　HSPは刺激過多になりやすい

「はじめに」では、この特性を、「刺激をより深く処理することで細かなことに気づく」と定義しました。

　HSPが他の人が気づかないような刺激にも気づくとすれば、刺激の多い状況では、必然的に多くの情報を受け取り早々に刺激過多になります。一度刺激がオーバーすると、他の人と同様、パフォーマンスは下がるし気分も悪くなります。

　上司の目の前で「やらかして」しまったり、初デートでいきなり失言したりしてしまいます。打たれ強い非HSPならば、それをきっかけに刺激レベルとパフォーマンスを最適に切り替えられることもありますが、HSPは、最適になるどころかますます刺激過多に陥る可能性が高いです。

　HSPは刺激過多になりやすいので、プレッシャーの下で失敗したり、楽しいはずのことが楽しめなかったりします。自信や面白みに欠け、批判に敏感で、人見知りと思われるのも無理からぬことなのです（⇒HSPの人見知りはどこから来るかは第5章を参照）。

　結局のところ、HSPは、この敏感さの恩恵（よく気づく、共感力、創造性、精神性）にあずかっていますが、同時に避けられないマイナス面（圧倒されやすい）も受け容れる必要があるということです。長所と短所はセットなのです。

知識4　この社会はまだ敏感さを尊重しない

　読者の多くは、テクノロジー化された、メディア・消費者先導型の競争社会で生活していると思います。このような社会は繊細な情報に気づく能力よりも、強い刺激を処理する能力を評価します。

　社会によっては敏感な人が尊敬されます。例えば、ある調査によると「敏感で静かな」小学生は、中国では同級生から最も尊敬され愛されますが、カナダでは全く逆です。古来から、敏感な人は、中国、日本、ヨーロッパ、その他大地と共に生きる多くの文化で、狩猟者や、薬草（ハーブ）の調合師、宗教家として尊重されてきました。しかし、非常に攻撃的で拡大志向の、ストレスの多い、移民の多い社会では、長時間労働や戦争への出陣が可能な、敏感でない、タフでリスクを冒せる性格が重宝されています。

知識5 HSPは家庭環境の影響を受けやすい

　私の調査によると、子ども時代にトラウマや家庭の問題を経験したHSPは、問題なく過ごせたHSPよりも、抑うつ的で不安が強く、同様の生育歴を持つ非HSPよりも生きづらさを抱えています。これもHSPが「人と違う」と感じるもう一つの理由です。HSPは、他の人ならとっくに悩まなくなった過去の出来事を引きずります。

　そして、子ども時代に問題を抱えていたHSPは、大人になっても生きづらさを抱えているので、「不安やうつになるのはHSPだからだ」と誤解されてしまうのです。

　しかし、過去に問題のないHSPは、他の人と同じように、精神的な苦しみを抱えていることはありませんし、むしろ悩みが少ないこともあります。これは覚えておくべき大切なことです。うつ病や不安は、HSPという特性が原因ではありません。うつ病や不安は治せます。それらの癒しへの取り組みは本書のテーマではありませんが、第8章にはその道筋を少しばかり示します。

歴史の中での「戦士の王」と「僧侶の相談役」

　私たちが思う以上に社会にはHSPの力が必要です。あなたは、社会のためにも自分自身のためにも、自分の力を知らないといけません。少し歴史を紐解きましょう。

　攻撃的で拡大志向の文明（感受性を重視しない）は、約5000年前、ヨーロッパとアジアに出現します。遊牧民の群れがユーラシアの草原に現れ、平和な人々を統率し、ヨーロッパ、中東、インドに住みはじめました。占領者の言葉はインド・ヨーロッパ語です。ギリシャ語、ラテン語、英語、ドイツ語、フランス語、スペイン語、ヒンディー語等、多くの言語の前身となります。彼らは言語と同様に北アメリカと南アメリカに文明を拡げ、ついに世界の大半を支配します。東方の中国、日本にも侵攻しました（中国に万里の長城ができたのはこのためです）。ギリシャ人とローマ人の祖先は、この新興遊牧民と同じ種族です。

　さらにその後、フン族やモンゴル族のような遊牧系「蛮族」の波は既存の帝国を滅ぼします。

　遊牧民が目指すものはただ一つ、他の部族を攻撃して、多くの民衆と土地を得ることです。結果、捕らえた多くの女性（男性と子どもは殺害）に子どもを産ませ、さ

らに種族を拡大し、そうしてもっと多くの土地、多数の女性を得て、どんどん子孫を増やし、増殖が繰り広げられていくのです。乾燥した平原からやってきた遊牧民は、農耕と交易で栄える無防備な都市に魅せられ、それを乗っ取り、民衆を奴隷と兵士に、街を要塞に、社会を帝国へと変えました。

「攻撃は最大の防御なり。生き残るためには経済を拡張せよ」

どこかで聞いたことはありませんか？

インド・ヨーロッパ語族の文明と言葉は、世界の至る所に引き継がれています。ネイティブアメリカンやオーストラリアの原住民アボリジニなどの平和な文明は、あっけなく食い尽くされてしまいました。もちろん先史時代の全てが野蛮なわけではありません。ヨーロッパ、中東、インド、南北アメリカの一部では、これらの先住社会は大都市を発展させ、水道、冶金、文字言語を生み出しました。

しかし少なくとも、中東などの都市の多くには王も奴隷も城も要塞もありませんでした。戦争は起こらず階級の差もほとんどなかったのです。政治は単純でした。豊穣な年には食料を寺院の複合施設に運び、飢饉のときにはそれを分配する。貿易の監視は別で、中央官庁の管轄だったようです。

対するインド・ヨーロッパの政治はどうでしょう。

あなたがインド・ヨーロッパ語族の文化圏で育ったのなら、あなたの血筋が何であれ、政治は特定の民族の個性を奪ったり押しつけたりしてきたのではないでしょうか。攻撃的な社会には常に二つの階級があります。「戦士の王」と「僧侶の相談役（王室の顧問）」です。「戦士の王」とは誰か。全てを征服したい人です。ただちに出陣せよ。今日のビジネスの世界では、彼らはマーケットを拡大し、コストを削減し、殺虫剤を撒き森林を伐採したがります。対して、僧侶の相談役はそれらに待ったをかけ、長期的な影響も考えねばならないことを指摘します。彼らは、コンサルタント、教師、カウンセラー、裁判官、芸術家、歴史家、科学者としての役割だけでなく、治療者や宗教の権威として、社会的そして個人的な力を発揮し、ブレーキをかけます。

HSPはおそらく社会の中のあらゆる層に見られますが「僧侶の相談役」が必要なところにはいつも私たちHSPがいて、その役割を担ってきたのは明らかなようです。HSPの脳はじっくり物事を考えることを楽しむようにできています。かつて私た

ちはまさに理想的な教師、かかりつけ医、看護師、裁判官、弁護士、リンカーンのような大統領、芸術家、科学者、布教使、司祭であり、良心的な市民そのものでした。

しかし、かつての僧侶の相談役という役割を、現代のHSPが見つけることは困難です。経済競争のためにテクノロジーが発達し、コストが削減されるにつれ、ストレス下でも長時間働ける人が、それができない人よりも高く評価されます。しかしその攻撃性を和らげる敏感な相談役がいない社会は間違いなく問題を引き起こします。HSPは、政治やビジネスに必要な素質を他にも多く持っています。しかし、戦士の王たちがそれを理解するには時間がかかるのです。

「自分は自分、彼らは彼ら」と考えるべきでしょうか?

ずっとではないかもしれませんが、しばらくはその態度が必要です。今だけでも構いませんから、どうか自分の個性を誇りに思ってください。それは過去の劣等感への解毒剤になるでしょう。今のところは「自分は自分でいい。彼らこそ変わるべきだ」くらいに思って大丈夫です。

世界は、HSPを社会の中心、影響力のある立場に戻す必要があるのです。それには、まずHSPが自分をきちんと評価しなければなりません。HSPが自分を認めることで、他の人もHSPを大切にするようになるのです。

つまり、あなたが本書を読んで救おうとしているのは、自分ひとりではありません。それを忘れないでください。HSPはHSPらしくゆっくりと、あらゆる意味で世界を支配してきた価値観に対して、本質的なバランスを取り戻していくのです。さて、これで最初のタスクに取りかかる準備が整いました。

タスク1-1 ： 批判や偏見に反論する

これまでの人生、ありのままのHSPのスタイルに対し、周囲から批判の言葉を浴びてきたと思います。このタスクではそれらに対する回答や反論を準備します。回答を準備しておくことは、あなたにとっても全てのHSPにとっても、とても大切です。それによって、周りの批判から植えつけられた、あなた自身の自責の念が少しずつ変わり始めることでしょう。

① 「間違ったレッテル」を書く

35ページの「間違ったレッテル」の欄に、あなたが今まで他人に言われたり、ほ

のめかされたりした、敏感さに対するレッテル（3〜5個）を、間違っていると思うなら書き出してみましょう。特定の状況を思い浮かべてもいいです。例えばこのような言葉や状況でしょう。

㋑ 例

- 仕事で叱られたときのあなたの反応に対し「そんなに気にするなよ」という上司の言葉
- 「普通」の処置をされ、泣いているときに医師に言われた「どうかしましたか？」
- 初対面の人が苦手なのに友達に言われる「恥ずかしがらないで」
- 暴力的すぎる映画に誘う誰かの「なんで楽しめないの？」
- 「何を怖がっているの？」「こんなの平気でしょ」

　などです。

　神経質、変、怖がり、過敏、敏感すぎる、反応が異常、といった、微妙な言い回しもあります。こういう誤解を聞いたら「間違ったレッテル」です。

② 「私の反論」を書く

　「私の反論」の欄（35ページ）には、間違ったレッテルに今後はどう反論するか書いて、心に留めておきましょう。

　　例えば、

- 人口の15〜20％がHSPという事実
- HSPの長所（繊細なものを感じとること、深く処理すること、誠実性など）
- 重要性（戦士の王とのバランスをとる）
- 戦略（行動する前に十分に考えること）…66ページ参照

　実際に言う台詞をそのまま書きましょう。

　例えば「敏感すぎる」に対する切り返しはいろいろあります。歯医者や医師に、責めるような口調で言われたときは、私なら「私が人より敏感なので、お困りなのはよくわかります。ただ、そういう言い方はしないでいただけますか？　敏感な神経を持っている人は5人に1人はいるといわれていて、私もその一人だと思っていただけませんか？」と返すでしょう。そして「もう少し落ちついて安心したら、きっと検査も処置もうまくいくと思います」と提案します。それも聞いてもらえなければ、私なら、敏感な患者とうまく付き合える専門医への紹介状を書いてもらいます。

　仕事で何か責められたときの反応を「敏感すぎる」と指摘されたら、私なら「私

が敏感なことで、何かご迷惑をおかけしましたか?」と言います。その人が困るのが本当に自分のせいかしばらく考えたとしても、ある時点でおそらくこう言うでしょう。「私は聞いたことを深く考えこんでしまうので、責められると、とても深刻に悩みます。おそらく誰よりも一番。でもそれも全て私の感性の一部で、それは別の面では……」と、次に、敏感さが仕事で活かされている点を説明します。

　ひとことでの回答をいくつか用意しておくと応用が効きます。

㋑

- 「あなたにとっては敏感すぎるのかもしれないけど、私にとっては、これで丁度いいんです」
- 「敏感"すぎる"って何を基準に言ってますか?」
- 「面白いですね。私の周りの人は、この敏感さを好きでいてくれるみたいなんですが…」

③ 批判者は自分の中に

　最後に、自分の敏感さを自分で責めてしまうのは、どのくらいの頻度でどういうときなのか、35ページの「自分に対して言っていませんか?(頻度、状況)」の欄に書きましょう。そしてこれからはその内なる批判の声に対しても、他人用にリハーサルしてきた内容と同じように返すことを、ぜひ約束してください。

間違ったレッテル1	
私の反論	
自分に対して 言っていませんか？ （頻度、状況）	

間違ったレッテル2	
私の反論	
自分に対して 言っていませんか？ （頻度、状況）	

間違ったレッテル3	
私の反論	
自分に対して 言っていませんか？ （頻度、状況）	

間違ったレッテル4	
私の反論	
自分に対して 言っていませんか？ （頻度、状況）	

間違ったレッテル5	
私の反論	
自分に対して 言っていませんか？ （頻度、状況）	

対象 : A群・B群・C群

このタスクは優れていて必須のものです。ブレインストーミングで創造的に楽しくやりましょう。グループで「間違ったレッテル」を列挙するか、または一人ひとり順番に「気に障る言葉」を挙げ、他の人が切り返すのでも大丈夫です。書くことです！

(まとめ)

このタスクから学んだことを振り返りましょう。1〜2週間以内にここに戻り、気質に対するポジティブなイメージを日常に活かせたかどうかを確認しましょう。最初の「まとめ」なので例を示します。

> (例) 間違ったレッテルを、そのまま受け入れてしまいがちだった。敏感さをなくそうと必死だった。つらくても、自分のために必要だと思っていた批判に対して、反論するのは、なんだか変な感じ。でもこういう考え方が好きだとわかった。

タスク1-2 : 自分が「本当に感じていること」を取り戻す

このタスクは、感覚を受け取る身体としての自分を認識するものです。これはユージン・ジェンドリンやベティ・ウィンクラー・キーンらの研究に基づいています（参考文献ページ参照）。

感覚的な気づきは、もちろん60年代の人間性心理学の要であり、今も多くのセラピストにとって、話すことと同じくらい重要とされています。例えばユング派の分析家、マリオン・ウッドマンは、どんな洞察も、それを何らかのかたちで身体で経験するまでは、私たちの生に本当に統合されることはないと述べています。

感覚的な気づきやボディワークは、一回のセッションで教えることはできません。

実際、そのように矮小化することで、それは「失われ」続け、別の次元によって、「再発見」されなければならなくなります。これは心理療法と同様、時間のかかる仕事です。しかしHSPにとっては、とても重要な作業なのです。

　HSPは、おそらくそうでない人よりも、刺激過多、ストレス、恐れ、トラウマの影響を強く受けています。HSPはそれをどこに抱えているのでしょうか?

　もちろん、器官、身体、脳を含めた「自分の中」にです。

　そしてHSPはときには、刺激過多に圧倒されないよう、「感覚」と「自分」を切り離さざるを得ないこともありました。

　もし、圧倒される原因が他人にある場合、HSPは自分にとって必要なことには目を向けず、相手の望むことに同調し、彼らをなだめることに、その敏感さを使ってきたかもしれません。

　確かに、私たちが乳幼児や子どものときには、生きるために、他者の望みに同調する才能が必要だったのかもしれません。その後、他人を喜ばせ、なだめようとする努力が、仕事やその他の成果を上げる原動力となったかもしれません。

　重要なことは、これら全ての状況において、私たちは自分の身体からの「嫌だ」というメッセージを無視するしかなかったということです。私たちは自分自身に対する優れた感受性をオフにしました。メッセージを無視した結果は何でしょう? それが頭痛、腰痛、胃痛、胸の痛みです。

　人間は自己修復、自己治癒力の高い生物です。

　いつも他人を気にするのではなく、しばらく自分自身に注意を向け、何が起きているかに気づき、頭痛や腰痛に気を配りながら、心地よく休むこと、そんな適切な環境を整えるだけでいいのです。

　もしかするとあなたは以前にも、フォーカシング(訳注:言葉になる前の「身体で感じられる微妙な感覚」「心で感じられた実感」に注意を向け、そこから意味を見出したり、言葉を出していく心理療法の技法の一つ)や、感覚を意識するワークをしたことがあるかもしれませんし、これがはじめてかもしれません。

　しかし、まず今、やってみましょう。

　一人で行うならまず指示事項を読んでください。可能であれば、指示を録音しておくと、再生することで作業をガイドしてもらえます。いずれにせよ、これからやることはそんなに難しくはありません。

① 邪魔されない場所へ

少なくとも1時間は一人になりましょう（ただしあまり長く時間をかける必要はないです）。携帯電話の電源を切ります。靴は脱いで楽な服を着てください。床に寝転がりましょう。BGMは流さないでください。

② 自分の感覚に注意を向ける

目を閉じたくなるかもしれませんが、その必要はありません。耳、鼻、皮膚、筋肉、胃、あるいは脳、喉、心臓など、身体からくるもの全てに注意を向けてください。音、匂い、味覚、皮膚感覚など、自分の「外」にあるものを感じるのであれば、それでも構いません。あなたが向き合っているのは今のところ、生体の動きであることに変わりはありません。

正しい方法なんてありません。自分が経験していることを批判したり、修正しようとしたりしないでください。

③ その瞬間に最も強く感じられる感覚に注意を向けてみましょう

注意が大きく別の方向に向いていっても大丈夫です。心が彷徨いだしても諦めないことが肝心です。どこに彷徨っていくのか、そこに関心を向けて観察するのも面白いです。もし観察が止まって思考に迷ってしまった場合は、そっと今現在体感していることに戻りましょう。たとえ時間の9割を、考え事に費やしてしまったとしても大丈夫です。それは、あなたの傷ついた心が身体の中に落ち着こうとしているのです。

傷ついた心に気づいたらそれも観察してみましょう。ただ、自分の感覚と共に、自分の身体の中で起こっていることをできるだけ意識してください。

眠りに落ちるのなら、それは疲れていることを意味します。そんなときは眠りましょう。そして楽しみましょう。

④ 感覚の赴くままを観察する

感覚が強くなったら、たとえそれが不快であってもそのままにしておきましょう。注意深くて思いやりのある、そして是非の判断をしない、ただの観察者になりましょう。感覚が感情に変わったとしても大丈夫です。感情とは結局のところ、息苦しさ、筋肉の緊張、吐き気、涙、明るさ、笑い、活気、性的快感、そして全身を駆け巡る歓びといった、身体的な出来事なのです。

感覚がイメージに変わってもいいです。イメージは、言葉で考えていないときに、深層心理が、空になっている脳を使う方法なのです。よければ最も印象的なイメージを覚えておきましょう。覚えておくより気が散らないのなら、ストップしてイメージをメモしておきましょう。厳密なルールはありません。ここで得た経験を声で録音し、報告する人もいます。これらのイメージについては、後ほど夢をイメージするとき（第10章）一緒に考察してみましょう。

⑤ 気が済むまで時間をかける

　あらゆる感情を体感するために十分な時間をとりましょう。特に最初に落ち着かない感じがしたときに、中断しないようにしましょう。それは何か重要なことの前兆である可能性があります。

　時間が経てば、この作業は、1時間は楽しめるようになるかもしれません。瞑想やヨガのように、これは優れた「ダウンタイム（休憩）」の活動です。ダウンタイムは、HSPにとって、食事や水分や睡眠と同じくらい、健康を保つのに必要な時間です。

⑥ 自己回復力を認識する

　ここまで終えたら、自分の自己治癒力を認めましょう。このように注意深く自分自身と向き合えば、自分を自分で癒せるのです。もう誰も必要ないし、この本を含め何も要らないのです。他は全部おまけ（ケーキの上のイチゴ）みたいなものです。

⑦ 気づきをメモする

　気づいたことは何でも次のページの欄に書き留めてください。例えば、どんな感情を抱いたか、身体や心のどこが傷つき、どこが回復しているのか、生活を見直さないといけないこと（運動、食事、マッサージなど）などについてです。

（罫線のみの空白欄）

対象 ： B群・C群

これは一人でするタスクに思えますが、横になっているときや座っているときに何を感じているか、誰かに問いかけてもらうのもいいです。もちろん、録音でもできます。グループで行う場合は、全員に意欲がないといけません。経験をディスカッションすることもできますが、話し合いを強要されるようなことがあってはなりません。

（ まとめ ）

　自分の身体について、どう感じているか、そこから何を学んだかを振り返り、その感想を書いてください。

タスク1-3 ［リフレーミング］過去を捉え直す
─あれは本当に「異常な反応」であったのか？

　ここからは、ひといちばい敏感な気質を知っているという前提で、過去をリフレーミング（再構成）するという重要なタスクに取りかかります。「はじめに」で述べた通り、これこそがワークブックの主題なのです。これは決して簡単な仕事ではありません。リフレーミングは痛みを伴い、他のタスクより困難なこともあります。しかし、結果はそれに見合うものです。

　最初にリフレーミングするのは、これまでの人生の大きな変化や転換期に対するあなたの反応です。必要なら複数回行っても構いませんが、1日1回を超えないように、ゆっくり行いましょう。後の章では、この指示と同様のかたちで、幼少期、思春期、臆病になった社会経験、職業選択、人間関係、医療経験をリフレーミングしてもらうことになります。

　なぜ「生活の変化」から始めるのでしょう。あらゆる新しい状況、転換期、変化には多くの新しい刺激が含まれます。HSPは、あらゆる情報と多くの刺激を拾い上げるので、全ての変化が非HSPと比べて大きいのです。変化を計画し、受け容れ、対処するには、ひといちばい時間が必要です。それをしておかないと、変化によってよけいにダメージを受けてしまいます。しかし、そのような様子を見ると、他の人

は私たちを「心配しすぎ」とか「優柔不断」「融通がきかない」と批判するかもしれません。いずれにせよ、私たちは後になって「あのときはうまく対処できなかった」と感じることがよくあるのです。

　よい変化に対する「過剰反応」も忘れないでください。よい変化やサプライズに対する、強い過剰反応は、今までで最も動揺した出来事かもしれません。実に多くの人が、子どもの頃の誕生会のサプライズで「間違った」反応をしたことが、今でも嫌な思い出だと語っています。

　私の最初で最後の小説がイギリスで出版されたとき、私は、パーティーに出て15分間の賞賛に囲まれるはずでした。長年の夢がついに実現したのです。しかし私はとても気分が悪くなり、それを少しも楽しめない結果になりました。そこでまた「自分には何か病んだところがあるんだ。成功を無意識で恐れているとか」と考えてしまったのです。しかし今から考えると、単に刺激が多すぎただけでした。

　まず、人生の大きな変化や転換期で、うまく対処できなかったと思うことを書き出してみましょう。ストレスがすごかった、判断を間違えた、「異常な」反応をしてしまったと思うことです。

　変化というのは例えば、小中高や大学への入学、結婚、就職、出産、子どもの独り立ち、死、更年期などの健康上の変化、離婚、失業、引っ越し（過小評価しがちですが大きいです）、自然災害などです。身近な人の身の上に起きた変化もあなたの人生の変化です。昇進や受賞もそうです。自分が起こした変化も、たまたま起こった変化もあるかもしれません。

　それではリフレームしましょう。

① 出来事にどう反応したか思い出す

そのときの気分、健康状態、態度など思い出せることは何でも書きましょう。ストレス、疲れ、病気、イライラの兆候があったかもしれません。

> (例) 僕は大学時代、とても孤独だった。出会った学生のほとんどを好きになれなかったし、大酒飲みのルームメイトが嫌いだった。よく眠れず集中力が落ち、大腸炎になって病院に通うことになった。授業についていけなくなり落第した。クリスマスに帰省した。そのまま実家にいる気にもなれず、自分の能力よりはるかに低いコミュニティカレッジに行った。ひどいうつ状態で過ごした。

② その反応をどう感じてきたか

リフレーミングしようとしている出来事への自分の反応について今もなお引きずっている思いを書きましょう。

> (例) 僕はこれを大きな汚点だとずっと思ってきて、これは自分に何か大きな欠陥がある証拠だと思っていた。親もそう思っていて心理療法に連れていかれた。僕の幼少期について親子で話し合ったが無駄だった。親は基本的にとても立派な人なので、ますます自分が何かおかしいのだと思うようになった。

3 理解した気質の知識に照らすとどうであるか

　本書を読んだ今、HSPは細やかなことを拾い上げ、全てを深く処理するので、刺激が強いとそれだけでダメージを受けるとわかったと思います。HSPにとって、強い刺激は、過度の高ぶりにつながるのです。過剰に興奮すると、どんな人も、いい気分にはなりませんし、パフォーマンスも下がります。変化が起きたとき、HSPの受ける刺激はひといちばい多いので、高ぶりも強くなります。そのような状況で何かできると思ってはいけません。

　次のスペースに、**変化に対するHSPの典型的な反応に照らして、先程書いた出来事をどう理解するか書いてください**。ここに書くことは、あなたが自分に言い聞かせ、信じないといけないことなので、力強く、優しい言葉で書いてください。よければ、私があなたに語りかけるのを想像してください。

> 例　僕は圧倒され刺激がオーバーしていた。新しいスタッフ、部屋、人、食事、大学の授業、金銭管理など、全てのことに、慣れるのに時間がかかった。だから病気になったのも無理はない。クリスマスに帰省すると、もう戻りたくないし、失敗したくないと思った。全て、HSPにとっては当然のことだった。HSPはゆっくり変化していくので、そのための十分な猶予期間が必要なのだ。こんな大事なことを、僕も周りも知らなかったし、それに代わるものも必要な助けも得られなかった。

4 自分や周りがHSPを知っていたら、避けられたか? 違った結果になっていたか?

　次に、気質をよく知っていれば、もっと違う方法で変化に対処できたかもしれないことを書きます。自分を責める言葉は使わないでください。HSPであることをあなたも他の人も知らなかったので、いかに不必要に苦しんだかを、共感的な言葉で書

きましょう。今のあなたは自分をとてもよく理解し、これからは適切に自己を癒すことができるようになったのですから、それを認める内容を書きましょう。

> (例) 地元の大学や、友達のいる大学へ行けばよかった。学校のカウンセラーがこの気質を知っていたら、かなり助けられたと思う。1年休学してもう一度新しいクラスに戻ったら、もっと慣れていたかもしれない。もう二度と自分に対してこんな酷いことはしないようにしよう。

5 人生の苦しみや無駄を防げたか?

もし別の方法で対処すれば、あなたの苦しみや人生の一部を無駄に過ごすことを防げたとしたらどうでしょう。時間をとってどんなことでも感じてみましょう。感じた気持ちを書いてください。

> (例) 最低の気分だ。猛烈に腹が立つ。もしあの大学にいられたら、僕の人生は全然違っていたはずだ。もっと自信を持てたし、もっといい学歴も持てただろう。いい大学院に進み、ハイスペックな友達との人脈もできていたはずだ。今知ったことを当時の僕が知っていたのなら絶対そこに辿り着いた。もうこれは悲劇でしかない。泣きたい気分だよ。

6 新しい理解を吸収する

これまで取り上げてきた出来事に関して、新たに理解したことをまとめ、その意味を完全に理解するまで何度も読み返してください。

> 例 こういうことがあったからといって、僕に先天的な問題があったわけでも、臆病で一生苦労する運命にあるわけでもない。僕はひといちばい敏感で、変化の影響を受けやすい人間というだけだ。自分はひといちばい小さな変化に気づき、大きな変化には圧倒される。今は、自分の反応にどう対処すればいいかわかったので、どんな変化も乗り越えられると思う。自分のペースでやっていきたい。

リフレーミングの手順をまとめると次の通りです。

① 出来事にどう反応したか思い出す

② 反応に対してどう考える傾向があったか思い出す

③ 気質の理解に照らして、自分の反応を考えてみる

④ もしあなたや他の人が、あなたがHSPであることを知って、配慮がなされていたら、出来事のネガティブな部分が避けられたか、違った方向に進んでいたかもしれない、と考えてみる

⑤ この気質を知ることで、あなたの苦しみや人生の無駄を少しでも防げたとしたら？時間をかけてどんなことでも感じてみる

⑥ 出来事について新しく理解したことを書き、その意味を全て理解するまでくり返し読む

対象 ┊ A群・B群・C群

(まとめ)

　以下のスペースに、リフレーミングした経験のリストを作成し、**簡単な説明を添え**
ましょう。このリフレーミングの作業から始めて、この後の章でも指示があったとき
には、このリストに追加します。敏感さの観点で、出来事を自発的にリフレーミング
していることに気づいたら、それもリストに追加してください。折に触れてリストを見
直し、自分に対する新しい見方を補強していきましょう。最初の例を示します。

> **例** 変化への反応：大学に残らなかったこと。これからはもう恥じる必要はない。
> 　　当時、あんなに参ってしまったのがどうしてだかわからなかったし、適切なサ
> 　　ポートも得られず、僕には変化が大きすぎたのだ。

タスク1-4 ： 生まれ持った役割を考える

　ここでは、僧侶の相談役としての自分の役割について考えていきましょう。

　この章の冒頭で、攻撃的で拡張的な社会には常に二つの支配階級（「戦士の王」と「僧侶の相談役」）が存在し、後者はおそらく伝統的にHSPだったと話しました。この役割においてHSPは、教え、助言し、相談に応じ、癒し、歴史を言葉や芸術のかたちで継承し、未来を思い描き、生と死の意味を考え、儀式を主導し、自然や法律の機微を研究し、衝動的な戦士の王を制止します。

　あなたの仕事は、実際にこれらの領域のいずれかかもしれませんし、職場でクライアントや顧客に対して、目立たぬかたちでそのような役割を果たしているかもしれません。あるいは、友人や家族、地域社会など仕事以外の場で、よりその役割を担っているかもしれません。

下の表の左の欄に、あなたが僧侶の相談役のような役割を果たしていること、その方法を、右の欄にはそれを可能にしている（僧侶の相談役に適している）と思う自分の特性をできる限りたくさん書いてみてください。

役割 ／ 方法	特性

対象 ： A群・B群・C群

（ まとめ ）

　振り返る時間をとって、このタスクで得た気づきを書きましょう。

タスク1-5 ： ＜重要＞自己否定感に踏み入る

　ワークブックでこのタスクに挑戦してもらうのは、少し勇気がいるのですが、とても大切なことなので、ぜひとも書いておきたいと思いました。これはいわば敵陣に正面から踏み込んでいくようなものです。それは「自分の何が問題なのか」という領域です。敵陣には、あなたの自己否定感が勢ぞろいしています。自己批判の中には、的を得たものもあるかもしれませんが、多くは的外れなものです。それを選別するのがこのタスクです。

　ただし、本書の他の箇所と比べてこのタスクがうまくいかない場合は、そのままにしておくか、専門家の助けを借りながら行ってください。またこのタスクは、他のタスクの直後にはやらないでください。特に自分に対してうんざりしていたり、自分を責めて疲れていたりするときは、別の機会に取り組みましょう。今すぐ終わらせないといけないわけではありません。もっといろいろなことを学んでから戻ることもできます。本書の最後でも必ず戻るように求められます。

　これで用心してもらえましたね。その一方で人によっては、とても簡単だと思うかもしれません。実は私たちの多くは一日中このタスクをしています！ ただ半ば無意識でやっているだけです。目標は、それをより意識的にかつ公正に行うことです。

　自分の最も嫌いなところを3つの方向から詳しく見ていきます。

　ただし、これを意味のない自己嫌悪の練習にするのではなく、自分で問題と感じるところ（自分に自信を持つことを阻んでいる面、一番困ったところ、恥ずかしいところ）を掘り下げる練習だと考えてください。

　まず自分の嫌なところを3つ書き出してみてください。ただし自分のことを罵るのはやめましょう。「デブ」「バカ」「怠け者」という言葉は、公正でもないし、有用でもありません。「食べすぎが止まらない」「理解が遅い」「もっと頑張れたらいいのに」など、もっと理にかなった表現を考えましょう。

その1
_____

その2
_____

その3

嫌なところ その1

とりあえず、あなたが先ほど書いた「その1」について、以下の質問に答えてください（その2・3は後で同じ方法でやります）。

1 行動を特定する

そう感じるきっかけになった最近の行動や選択を下に書いてください。その1が「もっと頑張れたらいいのに」なら、私なら「大学を中退した」とか「休みの日に布団から這い出せない」と書くかもしれません。

┌─────────────────────────────┐
│   │
│   │
│   │
│   │
└─────────────────────────────┘

2 重要度を評価する

その問題に対して「全く心配していない」（0）から、「深い自己嫌悪から人生に深刻な影響を与えている」（10）まで、あなたの評価を入れてください。

┌───────────────┐
│   │
└───────────────┘

3 現時点での反応

深呼吸をして少し考えてみてください。あなたはすでに多くのことを行っています。これら3つに名前をつけてその中の1つについて行動を詳しく辿りました。**今、どのように感じていますか？ 見たものが怖いですか？ 気が滅入りますか？ 自分に腹が立ちますか？** 少し書きましょう。

┌─────────────────────────────┐
│   │
│   │
│   │
│   │
└─────────────────────────────┘

4 自己否定感を観察する

自分の嫌なところを考えるとき、聞こえてくる内なる声や内なる批評家の存在に気づけますか？ 気づけるかどうかを確認してください。**以下の質問に答えましょう。**

ⓐ	自分の嫌な部分について、自己否定の声が聞こえたり批判的に考えたりする頻度はどれくらいですか（その声がどのくらいの頻度で語りかけてくるか気づくにつれて、その回数は上方修正しないといけないかもしれません）？
ⓑ	夢の中で、その声や批評家が擬人化されたり象徴化されたりしていませんか？ おそらくそれは裁判官、警察官、動物の調教師、教師、残酷な人、親切な助言者、競争相手または特定の友人という姿で現われてきます（ここでの回答は次の質問で役立つかもしれません）。
ⓒ	その声や姿に、名前、性別、性格が思い浮かばないようなら次のように考えてください。それはいつも決まった性別ですか？ 一方の性別と別の性別のときでは筋書きは違ってきますか？ それを何と名付けますか？ どんな性格でしょうか？
ⓓ	それがいつ「生まれた」のか（あなたの中にいつから存在するようになったのか）知っていますか？ それは誰か他の人の声から始まったのでしょうか？ もしそうなら、誰ですか？

(e)	あなたの嫌なところに対するその声の態度は合理的で、事実に基づいた十分正当なものだと思いますか? それとも、他人の傷や問題からきていると思いますか?
(f)	【重要】その声に、何を望むか尋ねてみてください。例えば、その声は、あなたを助けたいのですか、それとも傷つけたいのですか? その答えを書きましょう。難しい場合は81ページの「アクティブ・イマジネーション」を実行した後で戻ってください。

5 敏感さに照らす

　敏感さがときに、自己否定感を抱いてしまうような行動や選択をさせてしまう可能性について、考えてみましょう。これについては、内なる批評家を黙らせる必要があります。もしよければ、私があなたと一緒にいるところを想像してください。

　問題が「食べすぎを止められない」だとしましょう。敏感さが関係していることはないでしょうか。食べるのは過度の刺激やストレスを感じるときですか? あなたは不安症やうつ状態にあるときに自分をケアしていますか? その不安症や抑うつは、不幸な過去が原因ですか? 不幸な過去が、生まれつきの気質と重なって、これらの感情に弱くなっている可能性はないですか? 過食は本当に問題ですか(健康が損なわれたり社会生活に支障をきたしていますか)?

　その否定感は、敏感さを尊重しない社会でいつも感じてきた「自分はどこか悪い」という深い自己否定、さらには自虐のくり返しのパターンではないでしょうか?

　ここで大切なのは、「結局、自分の敏感さが悪いんだ」とか「自分の敏感さが諸悪の根源なんだ」と決して考えてはならない、ということです。

　私たちは人間ですから、実際に変えないといけない悪い習慣もあります。しかし、あなたが問題を抱え、結果として自己否定感を抱いてきたところ、まさにそこに敏

感さが果たす役割があるのです。そこに深く注意を向けてほしいのです。

　自己否定感を抱いてしまうような行動や選択に関係したかもしれない敏感さについてわかったことを全部書きましょう。

```



```

6 新しいアプローチ方法はないか

　自分の敏感さと付き合いながら自分のその嫌なところにどうアプローチするかを考えましょう。違ったかたちで解決してみませんか？　あなたは自分自身を許し、それを自分の敏感さの一部として受け入れますか？　それともそれを問題と呼び続けますか？

　くり返しますが、もしよければ私と一緒にやっていると想像してください。**あなたの敏感なところを、どう捉えて、どう扱うか、新しいアイデアがあれば書き出してみましょう。**

```



```

7 他に、過去の出来事で、その行動に関与しているものはないか？

● あなたの周りに、同じような行動（1で特定した行動）をする人はいましたか？
　それが家族の場合、気性が激しいなど、他の遺伝的な特性があなたの行動に影響を与えている可能性はありますか？

● それは何世代にもわたって継承された悪い習慣ですか？

- その行動は、過去に始まった自分に対する不安や悪い感情をコントロールする試みですか？
- 4 ⓒを振り返りましょう。自分を批判する「内なる声」の源に注意を向けました。誰があなたのそれ（1 で特定した行動）を批判したのでしょうか？　他の人と一緒にいるときにも、同じ非難を聞きましたか？　それとも彼らの間だけのことだったのでしょうか？　その問題について彼らの意見を尊重しますか？

敏感であること以外で、上記も含めて、**自身の嫌なところに関係したものがあれ**ば全て書きましょう。

---

8 すぐに**再評価する**

　ここまで検討した上で、**今現在、その問題をどの程度気にしているのか、もう一度評価しましょう**。問題の強さを0（ほとんどない）から10（かなりある）のスケールで再評価してください。

---

9 **否定感は変化したか？**

　自分に対する感じ方に変化はありましたか？　最初の段階で数値が高く、自己嫌悪に満ちていた場合でも、たった今体得した敏感さの観点と、人生の他の影響を考えてみることで、少し変化はなかったでしょうか？

嫌なところ その2

嫌なところの2番目をここに書いてください。

```
┌─────────────────────────────────────────────┐
│                                             │
└─────────────────────────────────────────────┘
```

　この後、「嫌なところ　その2」に対して、「その1」に対して行ったのと同じ9つのステップを実行します。必要に応じて、51ページを振り返ってください。

① 行動を特定する

```
┌─────────────────────────────────────────────┐
│                                             │
│  ─────────────────────────────────────────  │
│  ─────────────────────────────────────────  │
│  ─────────────────────────────────────────  │
│  ─────────────────────────────────────────  │
│                                             │
└─────────────────────────────────────────────┘
```

② 重要度を評価する

　その問題に対して「全く心配していない」(0)から、「深い自己嫌悪から人生に深刻な影響を与えている」(10)まで、あなたの評価を入れてください。

```
┌─────────────────────────────────────────────┐
│                                             │
└─────────────────────────────────────────────┘
```

③ 現時点での反応

　これら3つに名前をつけてその中の2つについて行動を詳しく辿りました。今、どのように感じていますか?

```
┌─────────────────────────────────────────────┐
│                                             │
│  ─────────────────────────────────────────  │
│  ─────────────────────────────────────────  │
│  ─────────────────────────────────────────  │
│  ─────────────────────────────────────────  │
│                                             │
└─────────────────────────────────────────────┘
```

4 自己否定感を観察する

自分の嫌なところを考えるとき、聞こえてくる内なる声や自分の一部分の存在に気づけますか?

ⓐ	自己否定の声が聞こえる頻度はどれくらいですか?
ⓑ	それは夢の中で擬人化されたり象徴化されたりしていませんか?
ⓒ	それはいつも同じ性別ですか? 性別が変わると内容も変わってきますか? それを何と名付けますか? どんな性格でしょうか?
ⓓ	それがいつ「生まれた」のか(あなたの中にいつから存在するようになったのか)知っていますか? それは誰か他の人の声から始まったのでしょうか? もしそうなら、誰ですか?

(e)	あなたの嫌なところに対するその声の態度は、合理的で、事実に基づいた十分正当なものだと思いますか？ それとも、他人の傷や問題からきていると思いますか？
(f)	【重要】その声に、何を望むか尋ねてみてください。例えば、その声はあなたを助けたいのですか、それとも傷つけたいのですか？

5 **敏感さに照らす**

このような行動や選択に関係したかもしれない敏感さについてわかったことを全部書きましょう。

6 **新しいアプローチ方法はないか**

自分の敏感さと付き合いながら、自分のその嫌なところにどうアプローチするか考

えましょう。違ったかたちで解決してみませんか? それを自分の敏感さの一部とし
て受け入れますか? それともそれを問題と呼び続けますか?

```



```

⑦ 他に、過去の出来事で、その行動に関与しているものはないか?

- あなたの周りに、同じような行動をする人はいましたか? それが家族の場合、気
  性が激しいなど、他の遺伝的な特性があなたの行動に影響を与えている可能性
  はありますか?
- それは何世代にもわたって継承された悪い習慣ですか?
- その行動は、過去に始まった自分に対する不安や悪い感情をコントロールする
  試みですか?
- 誰があなたのそれを批判したのでしょうか? 他の人と一緒にいるときにも、同じ
  非難を聞きましたか? それとも彼らの間だけのことだったのでしょうか? 彼らの
  意見を尊重しますか?

　敏感であること以外で、上記も含めて自身の嫌なところに関係したものがあれば
全て書きましょう。

```



```

8 現時点で再評価する

問題の強さを0（ほとんどない）から10（かなりある）のスケールで再評価してください。

[   ]

9 自分の嫌なところについての感じ方は変化しましたか? もしそうなら、なぜでしょう?

[   ]

嫌なところ その3

嫌なところの3番目をここに書いてください。

[   ]

次に、「嫌なところ その3」に対して、「その1」「その2」に対して行ったのと同じ9つのステップを実行します。

1 行動を特定する

[   ]

2　重要度を評価する

　その問題に対して「全く心配していない」（0）から、「深い自己嫌悪から人生に深刻な影響を与えている」（10）まで、あなたの評価を入れてください。

3　現時点での反応

　これら3つに名前をつけてその中の3つについて行動を詳しく辿りました。今、どのように感じていますか？

4　自己否定感を観察する

　自分の嫌なところを考えるとき、聞こえてくる内なる声や自分の一部分の存在に気づけますか？

ⓐ	自己否定の声が聞こえる頻度はどれくらいですか？
ⓑ	それは夢の中で擬人化されたり象徴化されたりしていませんか？

© それはいつも同じ性別ですか？ 性別が変わると内容も変わってきますか？
それを何と名付けますか？ どんな性格でしょうか？

ⅾ それがいつ「生まれた」のか（あなたの中にいつから存在するようになった
のか）知っていますか？ それは誰か他の人の声から始まったのでしょうか？
もしそうなら、誰ですか？

ⅇ あなたの嫌なところに対するその声の態度は、合理的で、事実に基づいた
十分正当なものだと思いますか？ それとも、他人の傷や問題からきている
と思いますか？

ⅿ 【重要】その声に、何を望むか尋ねてみてください。例えば、その声はあなた
を助けたいのですか、それとも傷つけたいのですか？

⑤ 敏感さに照らす

このような行動や選択に関係したかもしれない敏感さについてわかったことを全部書きましょう。

```
┌─────────────────────────────────────────────┐
│                                             │
│  _____   │
│  _____   │
│  _____   │
│  _____   │
│  _____   │
│  _____   │
│                                             │
└─────────────────────────────────────────────┘
```

⑥ 新しいアプローチ方法はないか

自分の敏感さと付き合いながら、自分のその嫌なところにどうアプローチするか考えましょう。違ったかたちで解決してみませんか？ それを自分の敏感さの一部として受け入れますか？ それともそれを問題と呼び続けますか？

```
┌─────────────────────────────────────────────┐
│                                             │
│  _____   │
│  _____   │
│  _____   │
│                                             │
└─────────────────────────────────────────────┘
```

⑦ 他に、過去の出来事で、その行動に関与しているものはないか？

- あなたの周りに、同じような行動をする人はいましたか？ それが家族の場合、気性が激しいなど、他の遺伝的な特性があなたの行動に影響を与えている可能性はありますか？
- それは何世代にもわたって継承された悪い習慣ですか？
- その行動は、過去に始まった自分に対する不安や悪い感情をコントロールする試みですか？

● 誰があなたのそれを批判したのでしょうか？ 他の人と一緒にいるときにも、同じ非難を聞きましたか？ それとも彼らの間だけのことだったでしょうか？ 彼らの意見を尊重しますか？

敏感であること以外で、上記も含めて自身の嫌なところに関係したものがあれば全て書きましょう。

```



```

⑧ 現時点で再評価する

問題の強さを0（ほとんどない）から10（かなりある）のスケールで再評価してください。

```

```

⑨ 自分の嫌なところについての感じ方は変化しましたか？ もしそうなら、なぜでしょう？

```



```

グループでは全員が賛成しない限り行うべきではありません。誰かにその人の嫌いな側面を共有してもらったとき、あなたは全然そんなことないと気づくかもしれません。そのときは、それを伝えてください。それでもその人が強く主張し続けるようなら、サポートを得るよう勧めてください。その側面をあなたも嫌だなと思っているときにも、助けられる可能性はありますが、そのときにはとても優しい気持ちが必要です。そんなときは、彼らの行動の肯定的な側面を最初に話すようにしましょう（例えば「逞しいね」とか「競争力があるよね」など）。パートナーと取り組む場合は、そういう行動がなかったら、もっと親密になれるね、と提案したり、相手が本当はこうしたい、と思っている行動ができるように協力するよ、と伝えることもできます。このような例と、あなたの抱えてきた問題、苦しんできたことを組み合わせて、ワークをしてみましょう。

（ まとめ ）

このタスクからわかったことをもう数分考えてから書きましょう。

第2章

自分は誰なのか深く知る

―抑圧された感情が心身の不調を招く―

　本章では、自分の身体と敏感さ、そして深層心理への理解を深めましょう。敏感さ一般というよりも、あなたについて、あなたの敏感さについて学ぶのです。昔からいわれる「人は皆違う」というのはその通りです。あなたがどうユニークなのか、私はまだお会いしたことがないので書けませんが、それでも、HSPがそうでない人といかに異なるかをたくさん見てきたので、あなたが他とどう違うのか、考えを深化させることはできます。

　この特性について考える一つの方法は、この特性は、この世界に存在するための一つの生存戦略であると見なすことです。ある種が複数の生存戦略を持っていると、個体が適応する方法はより多くなります。これは合理的です。くり返しますが、HSPがどの時代にも存在してきたのには理由があります。

　HSPのスタイルとは何でしょう？ HSPは行動する前に慎重に考えるようにできているので、滅多に間違える(＝死ぬ)ことはありません。私たちは、状況のあらゆるニュアンスを察知し、深く熟考するよう生まれついています。

　この戦略を敏感な動物が使う場合、例えば捕食者を避ける、適切な仲間を見つける、栄養価の高い食べ物と安全な避難所を選ぶ、いつ戦い、いつ逃げるかなどを判断するために細心の注意を払う、などの行動をとります。

　人間もだいたい同じです。私たちHSPは、捕食者を警戒し、連れ添う仲間や食べ物は選び、危険な場所からは離れるように気をつけます。狩猟時代のHSPは、1本の矢で狙いを注意深く定めて射抜くタイプでした。

　私は、人間であれ動物であれ、集団の中で「茂みに潜むライオン」に一早く気づくのは私たちHSPだと自負しています。私たちの役割は、他の仲間に警告すること、そして戦いに出るのはより戦闘能力の高い人たちです。集団には、少数の「問題に気がつく」プロが必要で、あとの人は、必要な実行部隊です。だからこそ私たち

「以外」は大勢いるのかもしれません。

　残る80%の人たちのスタイルは何でしょう？　彼らは迅速に行動し、より多くの危険を冒し、考える時間を短かくしがちです。動物ならば、衝動的に新たな縄張りを探し、新しい食べ物をすぐに頬張り、新しい仲間のために戦う危険を冒します。狩人なら、下手な矢も数打てば当たる戦法で突っ走ります。

　どちらの戦略も有効です。衝動的で危険を顧みない人が有利なこともあります。競馬なら穴馬が勝つときです。一方、注意深く計算する人が有利なこともあります。実際両グループの成功の確率はほぼ同等ですが、方法が大きく異なるのです。非HSPは、その戦略や結果という観点から見ると「戦士の王」に例えるのが適切でしょう。HSPは、単に人生の繊細で深い側面をより楽しみたいだけなのです。それを簡単に観察されたり、勝ち負けに翻訳されたりするべきではないのです。

　特に人間という種において、HSPであることは、新鮮な意味を持ちます。なぜなら、人間は、意識（気づくこと）に特化した生き物であり、HSPは、そのスペシャリストだからです。その意味で、私たちは特に人間的なのです。しかし、意識（気づき）は心理的な痛みをももたらします。なぜなら、人間は死と喪失を予期する唯一の生き物だからです。最終的な痛み、喪失、死に向って行進する意味を見出せないとしたら、きっと人は自殺してしまうでしょう。

　喪失と死の問題を、意識の外に追いやる人もいます。これは否認と呼ばれる防衛機制で、「無意識」が存在する理由の一つです。これに対して、HSPは死に直面する前から、この問題に取り組む傾向があります。

　HSPによく見られるのは、沈黙や間合いです。そして何か言葉を発するとしたら「深い」または「暗い」考えです。私たちが沈黙し、立ち止まっているとき、その理由を誰も知ることができません。そのため、周りの人は、あらゆる動機や特性を私たちに帰します。

　恐れている、斜に構えている、シャイ、抑制的、臆病、傲慢、愚か、遅い、深い、浅い、落ち込んでいる、自己中心的、不安、ナルシスト……など挙げればキリがないです。私たちの深い考えについても、「悲観的」「前向きに捉える能力が低い」と見なされてしまうのです……。

　全ての種が二通りの生存戦略を持つという考えに戻りましょう。私たちのスタイルに対する誤ったレッテルの一例として、一つの科学レポートがあります。

　ここまで伝えた二つの生存戦略を持つパンプキンシードサンフィッシュ（マンボ

ウ)に罠を仕掛けて分類しているのですが、「臆病な」マンボウが避けた罠に「普通の」マンボウは「勇敢に」入ったと表現されているのです。どうして「バカな」とか、「賢い」マンボウと表現しないのでしょう。

　HSPであることの本当の意味を、世界にもう少し知ってもらうときがきたようです。そしてそのためには、まずあなたが、自分の内面を、自分で探検していく必要があるのです。では、始めましょう。

タスク2-1 : 探検隊－自分の身体の強さと弱さを知る

　このタスクでは、生物としての自分を徹底的に知りましょう。方法は、擬人化と物語です。楽しい作業ではありますが、いくつかやらないといけないことがあります。また、想像力を働かせて書くように求められたとき、自分の文章力が不足しているのではと心配になったら、メモだけ取りましょう。形式にとらわれないで、創造力を発揮してください。

　神経系、消化器系、肺、筋肉、目、知性、感情など、自分にとって重要な身体の部位や機能、器官系を、生涯にわたる冒険物語に参加するチームとして捉えることから始めます。ファンタジーやSFのような冒険物語、おとぎ話、動物のキャラクターでもいいです（例えばトールキンの『ホビット物語』やC．S．ルイスの『ナルニア国物語』など）。あるいは身体のパーツを、北極や南極の探検隊のように、実際の遠征隊に見立てるのでもいいです。

　いずれにせよ、身体を、面白い登場人物の集団と見立てることが目的です。常に先陣を切って重い荷物を運ぶ強者もいます。消化器系はいつも頼れる存在、筋肉や肺はヒーローかもしれません。世話が焼けるメンバーもあります。最初は強かった膝は、怪我をしたり、無理をしてしまったのかもしれません。アレルギーを引き起こす免疫システムなどは弱点かもしれませんが、欠かせないメンバーです。探検隊は世界に一つです。あなたのことを一番知るのはあなたですが、共に進む隊員全員のことを意識して知るようにしないといけません。特定のスターやトラブルメーカーばかりに重きを置いてはいけません。

1 身体のシステム、パーツ、機能

　まず最初、70ページの①の欄に、自慢の部位、あるいは病気や怪我で意識する

ようになった部位や機能など、局所でも全体でも全て書いてください。筋肉、髪、目、脳、甲状腺、神経系、免疫系、皮膚、生殖器、協調運動、肺活量、感情反応、更年期の身体や性的反応がそうかもしれません。これらに、何か適切な「探検隊」の名前をつけていきましょう。インド人が我が子に、自分が大切に思う個性を名づけるように、名前をつけてもいいかもしれません。例えば、「禁煙したらますます強くなった肺さん」や「すぐ赤面する顔くん」など。感情に「イーヨー(訳注:クマのプーさんに出てくる悲観的で、憂鬱で、落ち込んでいて、喜びのない、古い灰色のロバのぬいぐるみ。クマのプーさんの友達)」のような好きなキャラクターを使用するのもありです。

　リストは好きなだけ作り、重要な抜けがないかだけ確認しましょう。あなたをよく知る人にチェックしてもらってもいいかもしれません。

② 旅を始めるに当たって、期待される役割

　次の②の欄には、あなたが旅やプロジェクトを始めるとき、それはどのような働きを見せてくれるかを書きましょう。言い換えればあなたが新たなスタートを切るとき、変わろうとするとき、そのキャラクターがどう機能するかです。

> 例 ストロングハート(強い心臓) … 強く打つ
>   四つ目(メガネだから) … 元気で準備万端

③ 日々の頑張りについて

　③の欄には、各キャラクターが日々頑張っていることを書いてください。そのキャラはどのくらい頼りになりますか? どれくらいトルーパー(映画「スターウォーズ」に出てくる騎士)ですか?

> 例 ストロングハート … 毎日の運動のおかげで、驚くほど安定している
>   四つ目 … パソコンで疲れたらノー眼鏡で休んで森の中を歩くのが好き

④ 危機での活躍ぶり

　④の欄には、危機に瀕したときの各キャラクターの活躍ぶりについて書いてください。またあるキャラクターが、他のキャラクターにどう仕事を引き継ぐかを考えるのもいいでしょう。

例 ストロングハート … すごく頑張ってくれている！しかも打ち続けている

四つ目 … 私を裏切らない。危機的状況でしばらく閉じてくれて
「感情」が落ち着くのを助けてくれる

探検隊について書いてみましょう！

① システム、 パーツ、機能	② 期待される役割	③ 日々の頑張り	④ 危機での活躍ぶり

5 主要なキャラクター

　5〜10人の主要なキャラクターの横に星をつけます。一番のヒーローやトラブルメーカー、よく使う人、自慢のキャラクター、薬を飲む人、心配になる人、などです。

6 公正で正直で有益な説明書き

　次に、あなたの冒険仲間について、公正で、正直で、役に立つ説明を書いてください。まるで、命をかけて参加した人の報告書のように(あなたがまさにそうですね)。地道な人、目を離せない人など(主人公たちに絞るのもいいかもしれません)、ヒーローたちの絡みをたくさん入れて、ドラマ仕立てにします。それが楽しかったら、今度は彼らが繰り広げるエキサイティングな冒険を想像していってください。(おそらくあなたが実際に経験した)ある種の危険なども組み入れて、物語にしてください。スペースは気にせず、好きなだけ書いてください。

7 声に耳を傾ける

　想像の中でこれらのパーツと会話をしましょう。「いつもありがとう」と伝えたり「どうしていつも困らせるの?」と尋ねたくなったりするでしょう。彼らの会話に聞き耳を立てることもできます。おそらく一番大切なのは「何かしてあげたいのだけど、何をすればいい?」と尋ねることです。そして答えに耳を傾けましょう(例えば「ストロングハート」は「いつまでも強くはいられないから、今のうちにたくさん冒険をしようね」と教えてくれます。すると「左脳」が出てきて、「ストロングハートは、いつもちゃんと仕事をしているくせに、ネガティブなんだよ」と言います。「ストロングハート」はそんな「左脳」のことを「能天気な愚か者だね、君はいつも死や限界を認めないじゃないか」と言います。彼らは四六時中バトルしています)。

　ここで学んだことをメモしましょう。

対象 : B群・C群

(まとめ)

　今回、自分の身体的な側面やキャラクターたちと一緒に過ごすことで得た気づきを、以下にまとめましょう。

タスク2-2 : あなたの敏感さのスタイルを知るための セルフアセスメント

　以下の質問のほとんどは、私が少なくとも1000人以上の人に行ったアンケート調査からのものです。他の人の研究に基づいた質問もあります。**これらにはい・いいえで答えてください。**その後、それぞれについて、私が知っていることをお伝えします。

① 新しいことに挑戦するのは好きですか（圧倒されない程度のものなら）？ はい ・ いいえ

② 退屈しやすいですか？ はい ・ いいえ

③ 修道院や灯台のような、静かで人里離れた場所での規則正しい生活は、
　 結局落ち着かないですか？ はい ・ いいえ

④ 面白くても、同じ映画は観たくないですか？ はい ・ いいえ

⑤ 新しいことへの挑戦を楽しめますか？ はい ・ いいえ

⑥ （大勢の友達の輪の中にいるより）数人の親友がいればいいほうですか？ はい ・ いいえ

⑦ （大勢のグループでなく）一人か二人の友達と出かけるほうが好きですか？ はい ・ いいえ

⑧ もともと緊張したり心配したりしやすいですか？ はい ・ いいえ

⑨ 怖がりですか？ はい ・ いいえ

⑩ すぐ泣くほうですか？ はい ・ いいえ

⑪ 落ち込みやすいですか？ はい ・ いいえ

⑫ 父親とは仲がよかったですか？ はい ・ いいえ

⑬ 子どもの頃、父親は家族に関わっていましたか？ はい ・ いいえ

⑭ 母親とは仲がよかったですか？ はい ・ いいえ

⑮ 母親は赤ちゃんや小さな子どもが好きでしたか
　 （抱っこしたり、そばに置いたりすることが好きでしたか）？ はい ・ いいえ

⑯ 成長期に身内にアルコール依存症の人はいましたか？ はい ・ いいえ

⑰ 成長期に身内に精神疾患を抱える人がいましたか？ はい ・ いいえ

⑱ 自分を人見知りだと思いますか？ はい ・ いいえ

⑲ あなたは朝型人間（早寝早起きで午前中に一番よく働き、午後から夕方に疲れる）ですか？
　 はい ・ いいえ

⑳ カフェインの影響に特に敏感ですか？ はい ・ いいえ

㉑ 野心家ですか？ はい ・ いいえ

㉒ ケンカで怒るのを避けるようにしていますか？ はい ・ いいえ

　敏感さにはいろいろな「持ち味」が混ざっています。そうなるのは、敏感さを支配する遺伝子がいくつかあるためか、他の遺伝的特性との相互作用によるのかもしれません。後から説明するように、人生経験が、そのバリエーションを説明するのに最適なケースもあります。私が調べたのはほんの一部ですが、これまでに判明しているのは以下の通りです。

● ポイント1　好奇心の高いHSPと低いHSP

質問①〜⑤について

　これらの質問は、あなたが敏感であるにもかかわらず、どの程度新しい刺激を求めているかを探るものです。研究によると、脳には行動をコントロールする二つのシステムがあることがわかっています。

　私たちは皆、この二つのシステムを持っていますが、その強さには個人差があります。一つは、行動抑制システム（BIS）と呼ばれ、行動する前にいったん立ち止まって確認するものです。全てのHSPはこの行動抑制システム（BIS）が強いと考えられます。

　もう一つは、行動活性化システム（BAS）と呼ばれます。これによって私たちは、報酬を求めて行動し、好奇心が強く、活動的ですぐに退屈します。BASの強い人たちを「刺激探求型（センセーションシーカー）」といいます。この刺激探求は、強いことも弱いこともあるので、HSPにも、2タイプあることになります。両方のシステムが活発なHSPは、刺激の最適なレベルを維持するのが難しいことに気づくでしょう。退屈しやすい一方で、刺激過多にも陥りやすいのです。静かな引きこもり生活を愛し、退屈しないタイプのHSPと比べて、刺激探求型のHSPは「一体どうして自分がHSPなのか」と不思議に思うでしょう。しかし、HSPには二つの異なるタイプがあるのです（もちろん、その中間のタイプも多くいます）。

　最初の5つの質問は、好奇心や刺激探求、またはBASの強さを大まかに測るものです。「はい」が4、5個なら、間違いなく刺激探求型のHSPです。3個なら中間です。0〜2個ならば思慮深く温厚で純粋なHSPらしさがあることを意味します。

● ポイント2　内向的なHSPと外向的なHSP

質問⑥⑦について

　HSPの約70％は内向的です。人を必要とし、人間が好きですが、大勢で集まるよりも、親しい友人が数人いて、そのうちの一人か二人と一緒にいることを好む、ということです。

　刺激を求めるHSPのように、外向的なHSPの多くは内向的なHSPとあまりにも違うので、自分がHSPであることを疑いがちです。しかし、もしあなたが一人で（あるいは友人と静かに）「充電」することを好み、決断にじっくり時間をかけたい方なら、やはりHSPに違いないでしょう。非HSPの外向型は、近くに人がいないと落ち着かないし、衝動的な意思決定をする傾向があります。

　HSPはどのようにして外向的になるのでしょう？　通常、外向的な家庭や地域、コミュニティで育ち、大勢の行き交う人々が楽しそうにしているのを目にしていると、それに慣れて安心するようになります。中には、外向的な家族を喜ばせるため、あるいは自分の敏感さを補うため、隠すために、外向的にならざるを得なかったHSPもいます。

　⑥と⑦の両方が「はい」なら、内向的であることを示します。HSPの場合、片方だけでも「いいえ」なら相当外向的であることを示します。

● ポイント3　困難を抱えたHSPとそうでないHSP

質問⑧〜⑰について

　研究を始めたとき、不安症やうつと敏感さとの関係を調査するため⑧〜⑪（うつ、不安症、心配症など）を質問したところ、HSPには、かなりはっきりした二つのタイプがあることがわかりました。

　約3分の1がこれらの質問に「はい」と回答し、彼らは不安症やうつの状態にあるようでした。残りはそうではありませんでした。

　初めは、不安症とうつの要素がある敏感な遺伝子と、ない敏感な遺伝子と2種類があるのだと考えました。そこで次に、⑫〜⑰の質問で、子ども時代の家庭環境を調べました。すると、子どもの頃の家庭環境が悪かったと回答したHSPほど、⑧〜⑪の質問に、「はい」と回答する率が高かったのです。

　逆にいうと、子ども時代の家庭環境に問題のなかったHSPには、不安症やうつはありませんでした。問題のある家庭で育った非HSPはやや不安症でうつの傾向

がありましたが、幼少期に家庭環境が悪かったHSPほどではありませんでした。これは、三つの理由から、納得できる結果です。

第一に、私たちHSPは子どもの頃から、何が起こっているのかを認識し、それを深く感じとります。

第二に、新しい状況や圧倒的な感情に対処するためには、賢明な手助けが必要なのですが、ストレスの多い親はそれを提供できないため、敏感な子は、自分たちの恐れや悲しみをどう扱ったらいいのか教えられずに育つことになるのです。

第三に、幼少期の家庭環境は脳の生理機能に影響を及ぼします（ただしこれは必ずしも不可逆的なものではありません）。ある研究によると、小さいときに母親から引き離されたサルは元気に成長しましたが、成長してからストレスを受けると、子どもの頃、母猿と一度も離されたことのないサルよりも、強く不安や苦痛を感じました。

質問⑧〜⑪は、不安症、うつ、心配症についてのものです。「はい」が一つでもあれば、いくつかの個人的な問題が示唆されています（ただし、「すぐ泣く」ことは、他の項目ほど明確な指標ではありません）。あなたが「はい」と答えたとしても、これは不思議なことではありません。質問⑫〜⑮で「いいえ」、⑯と⑰で「はい」（両親のこと、身内の精神障害、アルコール依存症）の場合は、あなたが子ども時代、困難な家庭環境にあったことを示します。

くり返しますが、大人になってからのうつや不安症は幼少期のネガティブな家庭環境と深く関連する傾向があります。しかし、「傾向がある」というのは重要な言葉で、例えば素晴らしい祖父母がいて、困難を補う環境に十分恵まれた場合は、そうならないこともあるからです。

幼少期のストレッサーについて、私の質問は統計的な関連性を示すには十分ですが、完璧ではありません。しかし私が全ての可能性をここに挙げようとして、あなたにとって重要なものが抜け落ちるよりは、あなた自身で子ども時代に強いストレスを感じていたかどうかを考えてみてください（記憶を遡る長いリストもあります。240ページ）。あなたが不安症やうつの問題を抱えているとしたら、その理由はもうおわかりでしょう。第4章と第8章でこのテーマにもう一度戻ります。

● ポイント4　人見知り

「自分を人見知りだと思いますか?」に「はい」と答えた方。

　私の研究では、「人見知りと敏感さ」の関係は、「不安症/抑うつと敏感さ」の関係と同じです。非HSPで人見知りの人はたくさんいますが、HSPで人見知りの人は、子ども時代の家庭環境が悪いことを示す⑫〜⑰の質問にも当てはまる傾向があります。ですから、私たちは人見知りに生まれたのではなく、ただ敏感なだけなのです。ただ、争いの絶えない、あるいは無神経な家庭は、その子を人見知りに仕向けてしまうことがあります。

● ポイント5　その他の重要な違い

質問⑲⑳について

　質問⑲と⑳は、朝型とカフェイン感受性についての質問ですが、これに当てはまる場合、最適な覚醒レベルを維持する方法を見つけられるようになるので重要です。あなたが朝型なら（多くのHSPはそうですが、全てではありません）おそらく朝に刺激過多になりやすいです。一日中その影響に気づかなかったとしてもです。

　午前中は新鮮なエネルギーを有効活用し、午後は無理をしないでください。夜は休息と早めに寝るための時間です。朝型だと、夜型の人とはもちろんのこと、多くの非HSPとも（朝型でも夜型でも夜まで頑張れる人が多いので）同調できなくなるものです。

　しかし、朝型でないHSPは、自分のライフスタイルが気にいっているという人が多いです。みんなが寝静まった夜がとても静かなのです。確かに、あるHSPは午後4時から11時までのシフトで仕事をしていたときが、とても幸せだったと言っていました。午前中はゆっくり眠り、空いている時間に通勤して、仕事上の問題や人に会うことも少なかったそうです。これは一考の価値があります。

　また、ほとんどのHSPはカフェインに敏感です。カフェインに慣れている人でも、普段より多く摂ると強い反応を示すことがあります。慣れていない人は（特に朝型なら）仕事の効率を上げようと朝にコーヒーを飲むのは慎重にしましょう。間違いだといえるかもしれません。過度に興奮するからです。

　質問㉑（野心家）はHSPであることとは直接関係はありませんが、私の調査で

は、内向的なHSPは明らかに野心的ではありませんでした。また野心的なHSPは、この特性を利点と見なしていました。これは誰にとってもいいことですが、HSPに何か目指すところがあるならなおさらです。

　質問㉒（怒りを避ける）の「はい」は、HSPだとごくわずかに多く、特に内向的な人だと多いようです。私には怒ることができるHSPは少し楽な生き方をしているように見えます。「もういい！」と言うのが早いのです。

● 世界に一人しかいない自分（全てのまとめ）

　幼少期の問題を抱えた「内向的で刺激探求型のHSP」と、よい幼少期を過ごした「外向的で現状に満足しやすいHSP」とは、かなり違うことがわかっていただけたと思います。そこに野心や怒りが加わると、さらに面白いことになります。その上に、認知、音楽、芸術、運動など、特殊な能力の違いもあります。つまるところ、あなたはとてもユニークな存在なのです。

対象 ： A群・B群・C群

確かに、誰かに自分の結果を議論してもらうことはできますが、おそらくこれはほとんど個人的な作業でしょう。

（ まとめ ）

　学んだことについて、どう感じましたか？ ここに書きましょう。

タスク2-4 ： 今現在の自分を知る（自分をまとめる）

　自分自身を深く掘り下げた上で、自分がどんなにユニークなHSPなのか、80

ページに簡潔に書きましょう。ただし、書き出しは、「今の私は」としてください。なぜなら、もちろん「変化できる」からです。さらに変化は、「望ましい」ことだし、「避けられない」からです。

「探検隊」のタスクや今話した自己分析からの学びも含めて全て書きましょう。一番重要だと思う特徴や経験から始めて、次に目立つもの、正確で短い説明が必要なものを足していきます。その内容は、他の誰のものとも似ていないでしょう。あなただけのものです。とはいえ、参考のために、いくつか例を挙げます。私の知っている、あるHSP男性が書いたものです。

> (例) 今の僕は、外向的で感情反応の強いHSPだ。こういう特性を活かして、必要なときには自分の反応を抑え、有利なときにはそれを利用しながら、できる男としてかなり成功してきた。アレルギーが多かったこと以外は、幸せで健康な幼少期を過ごした。大人になってからはかなり頭痛に苦しめられたが、胃腸は丈夫で、好き嫌いがない。いつも冬眠中のクマのように寝る。疲れた僕を休ませてくれない人たちに、自分のことを伝えたい。

女性の例をあげます。

> (例) 今の私は内向的。多才で野心的だけれども健康上の悩みが多い。朝型人間で一日中(夜中まで)突っ走ってしまう。熟睡できることが少なく、ときどき深いうつ状態に陥る。それでも私は新しいことに挑戦して(持ちこたえれば)できるだけ多くのアイデアを実現したい。ときどきしっかり休めば、生活はおおむねうまくいっている。

もう一人、男性の例をあげます。

> (例) 今の私は、とても内向的な、朝型人間だ。男のHSPだが、すぐに泣いてしまうし涙もろいし、そうでなくてもとても感情に流されやすい。そのせいでこの社会で、自分に合った仕事や人間関係を見つけるのは難しかったが、歳を重ねるにつれて、そんなことは気にならなくなってきた。自分はとてもスピリチュアルな人間で、それが今一番重要なことだ。ほとんどの点で、今の自分は幸せで健康だと認めざるを得ない。

あなたの例を書きましょう。

しかし書いた内容によります。自分がいいと思うまで、他人に読ませてはいけません。グループで行うときは、記載例と同じくらいの短文にまとめましょう。

（ まとめ ）

　記述したものをもう一度読み返して、何を感じるか確認し、今の自分に対する反応を数行にまとめましょう。

タスク2-5 ： 抑圧された"危険なもの"を呼び覚ます

　次のタスクは少し説明が必要なのでリラックスして読んでください。人間は、意識と無意識という二つの心を持っています。最近の心理学の研究により、私たちが感じること、行動することの多くは、無意識が決定しているのだと明らかになってきました。意識はその事実を記録し、後から合理化するだけであるというのです。全ての人にとって、無意識をもっと意識化するように努めることが極めて重要です。

　その理由を一つだけ述べるとすれば、例えば、偏見は無意識に根ざしたかなり初期に学習された反応だからです。あなたが公正でありたいと願うなら、自分の偏見に気づき、それを意識的に補うように努めなければなりません。

　意識と無意識は永遠に分離されたままのように見えますが、私たち人類が、精神的、心理的に追求していることを考えると、私たちは意識の全体性（訳注：ユング心理学の用語。ユングは、人間の中に、意識と無意識、内向と外向、男性性と女性性、思考と感情、自我と影＜シャドウ＞などの相補的なものが存在することを指摘した。そしてそれが統合されたときに、より高次の存在に至ると考え、それを「全体性」と呼んだ。それが自己実現であり、心の健康への道であり、心理療法の目的であるとも考えた）を切望しているようだといってよさそうです。

　生まれつきにせよ成長してからにせよ、通常は意識されないものにひといちばい気づく人たちがいることも確かです。意識と無意識の境界には扉があり、鍵はかかっていないのですが、扉が動くのはほんのわずかです。あなたは扉が動いたときにそれを垣間見ることができるのです。

　HSPにはそのような通路があるようです（今度「錠が外れた」と思ったときのために覚えておきましょう）。HSPは、より鮮明な夢を見ます。非日常的な意識の状態があります。意識の外に置かれたものを、否定し抑圧することが困難なのです。実際に、一部のHSPにとって無意識を扱うインナー・ワークは、単なる贅沢や学問ではないというのが私の経験です。それは必要なものなのです。私たちの多くは、どこかでこの力に出会わないと、無意識が氾濫してしまう恐れがあります。

　無意識を取り除くことはできません。意識と無意識の狭間を自由に行き来できる扉を持って生まれたのなら、私たちは、無意識からやってくるものと共にやっていくしかありません。あなたは、やってくるものを、プロセスの一つとして信頼するようにならなければなりません。もし悪夢を見たとしても、それはこのプロセスが意地悪で

恐ろしいという意味ではなく、天気と同じような意味です。ただ、そうなのです。大切なことは、あなたの内なるプロセスという季節がもたらす天候のおかげで、あなたが成長できる、ということです。

それでは、私たちの仕事——全体性を高める作業に取りかかりましょう。

二分された意識と無意識はどう交信するか

無意識には、自動的な知識とスキルが保存されているおかげで、私たちはどうやって立ち上がって部屋を横切るか考えなくてすみます。もっと深いものも含まれています。抑圧された感情や記憶、「どうでもいい」と葬り去ったもの、あるいはあまりにも不快だったり恥ずかしかったりして、直視せずに追いやった自分の一部、存在を認めれば意識の安全性さえ脅かされかねない危険そうなもの（例えばトラウマ）などです。本能と元型（アーキタイプ/訳注：カールユングが提唱した概念。集合的無意識の領域にあって、神話・伝説・夢などの中に、時代や地域を超えてくり返し類似するイメージ・象徴などを表出する心的構造のこと。ユング派心理学の基本概念の一つ）も含まれています。元型とは、文化的に広く存在する、特定の方法で世界を見る傾向のことで、シンボルや本能的な反応として表れます。これらのことは、私たちがアクセスさえすれば、そこに有用な情報とエネルギーがあることを意味しています。

私の経験では、精神は全てのエネルギーと情報をその無意識の奥深くに封じ込めておくことを望んでいます。それは、曖昧に存在することはできないのです。

そのエネルギーと情報を扱うためには、あなたは発達的および状況的に準備ができている必要があります。そこで、その精神はあなたに忘れないでもらう方法を探さなければなりません。あなたの注意を引く方法が必要なのです。

その手段の一つは、あなたが覚えている夢を通してです。もう一つは、あなたが普段していることとは違う、奇妙に思える行為を通してです。

例えば、医師の診察のときは何も感じていなかったのに、着替えのために一人残されると、急に泣きだしてしまう。何かが明らかにおかしいのです。奇妙な行動はたいてい、あまり意識していない部分が関与しているサインです。

無意識が意識に到達するために他の手段を使うこともあります。身体症状を介してです。例えば、筋肉の緊張による慢性的な首の凝りは、心と身体のつながりを遮断しようとする無意識の働きによる可能性があります。

精神は無意識にあるものをどのように意識へと伝えるのでしょうか？

無意識は常に、シンボルかメタファーを使います。メタファー、イメージ、シンボル、言葉遊びです。あるいは、かつて目撃したことを「見たくない」(意識したくない)ので機能的に盲目にしたり、絶対に秘密が漏れてはいけないと恐れるあまり口を利けなくしたりなど、身体の一部に影響を与えたりもします。象徴(シンボル)については、第10章の夢のところでもう一度話します。

深層心理に注目する手法 ── アクティブ・イマジネーション

　無意識からのメッセージがそれほど大切だとすれば、当然私たちHSPは、夢や身体の症状や奇異な行動に出るのを待たずに、メッセージを受け取る方法を探すでしょう。

　実際、複数のHSPがその方法を発見しています。ここで取り上げる方法は、カール・ユングの「アクティブ・イマジネーション(能動的想像法)」です(ユングは明らかにHSPで、著作集の第4巻でそれについて論じているくらいです)。アクティブ・イマジネーションについてのより包括的で簡潔な解説は、ロバート・ジョンソンの『インナー・ワーク』を読むとよいでしょう(344ページ)。

　アクティブ・イマジネーションには、夢を使うワークと使わないインナー・ワークとがあります。確かに、アクティブ・イマジネーションをすればするほど、夢を見なくなるという人もいます。特に、くり返し見る夢や圧倒されるような夢が少なくなっていることに気づくかもしれません。無意識が、劇的な手段であなたに注目してもらう必要がなくなるからです。アクティブ・イマジネーションは、「深層心理に本来あるべき注目を与える方法」と言えるかもしれません。または「内なる散歩道」と呼べるかもしれません。簡単に言うと、アクティブ・イマジネーションとは、注意を心の内側に向け、知ってもらいたい者を招待することです。意識が対話に対等に関わるという意味で、それは「アクティブ(能動的)」です。

　意識は白日夢のように受動的ではありません。かといって、「美しい1日」「安全な場所」「幸せな自己のイメージ」を意識的に創り出す「ガイド・イメージ」のように、主導権を握っているわけでもありません。もちろん、全ての無意識と一度に対話するのではなく、ある側面、ある内面の姿やエネルギーと対話するのです。

　能動的に、「内なる姿は誰なのか(Who?)」「エネルギーは何なのか(What?)」を見定めようとするならば、まさにそのような質問(「内なる姿は誰なのか?」など)から始めないといけません。

Who（誰なのか）? What（何なのか）?

対話の相手としてふさわしいのは、夢の人物、つまり、くり返し見る夢、つらい夢、またはごく最近の夢に出てくる人物です。この場合、ここで夢について、特に夢に現れる人や動物について、少し話す必要があります（夢の詳細については、第10章に進んでもいいです）。

人物の夢を見るとき、夢はあなたと登場人物との関係について、新鮮な情報を提供してくれていると解釈するのが最も理にかなっています。寂しそうな母親の夢は、母親に電話をかける必要があることを意味しているかもしれません。確かに夢は、恋人、セラピスト、兄弟など、生きているか死んでいるかに関係なく、あなたにとって重要な人物を登場させます。彼らとの関係は夢の中でも続き、その関係やあなた自身について、もっと多くのことを教えてくれます。

しかし多くの場合、夢の中の人物は、たとえ身近な人であっても、自分の一部を表しています。小学校の頃、よく噂話をしていた友人は、あなた自身のお喋りなところを表しているかもしれません。夢の人物は、虎、アフロディーテ（訳注：ギリシャ神話における愛・美・性の神で、クロノスが父ウラノスの男性器を切り落とし、それを海に落としたときにできた泡から生まれたとされる。ローマ神話のビーナス＜Venus＞に相当する）、家父長、魔女など、自然、文化、宗教、神話の元型的側面を明らかにしていることもあります。

どうすれば正しい解釈ができるのでしょう？ それは、「あぁ、これだ」と強く感じるときです。しかし、複数の解釈が正しい場合もあります。夢は多くのメッセージを一つの姿に詰め込むことができるのです。

例えば、何年も前に逝った愛犬がいたとしましょう。無意識は、その犬を登場させることで、夢の中で、あなたには到底わからない動揺する何かを見せようとするのです。無意識は、あなたが犬を信頼しているからこそ、あなたはそれを信じるし、愛犬の存在に癒されると知っているのです。

しかしあなたは犬（その種の本能）がこの状況を通じて何を教えようとしているのか、考えるかもしれません。犬の本能や感覚（おそらく犬の忠誠心、鋭敏な感覚、「犬っぽさ」）は、夢の中で（おそらく比喩として）示された状況を克服するためにまさに必要なものなのかもしれません。その状況とは、かつては恐ろしくて意識に現れることが許されなかったものです。

アクティブ・イマジネーションでは、愛犬に話しかけられたり、語り合えたりします。あるいは、まだ愛犬を失った悲しみの中にいる自分の一部や、見せられた状況に

動揺している自分の一部に語りかけることもできます。

● 〈お願い〉無意識の領域には細心の注意と敬意を払って踏み込む

　無意識の領域に立ち入るとき、特に心理療法を受けていないときは、常に大きな敬意と注意を払って進まねばなりません。非常に激しい反応が起きる可能性があり、その過程では、より多くの封じ込めやガイドが必要になることがあります。しかし、多くの場合、意識からそのような抵抗は起きますし、そのような封じ込めがなければ、ほとんど何も起きないのです。

　しかし、あなたの無意識がここぞとばかりに、本能的、象徴的な素材であなたを圧倒してくるならば、専門家の助けを求めてください。ユング派の分析家やセラピスト、あるいは素人であってもアクティブ・イマジネーションの経験豊富な人がいいです。

　始める前に、いくつか実用的なポイントを。Step2の対話（アクティブ・イマジネーションそのもの）を行っているときは、そこで何が起きたかを、それが起こっている間や中断している間に、書き留めるといいでしょう。

　ユング派には、単なる空想にならないように、そのときに書き留めることが不可欠だと思っている人もいます。しかし私はそれよりも、深い状態に留まることを優先し、書くのは後にするのがいいと思います。いつ書くにしても、書くことはその体験を尊重し、単なる空想の範疇を超えるので、紙とペン、パソコンをそばに置くことを検討してください。

　しかし、いつものようにタスクの間、あるいはその後にも、全く何も書かないかたちで行うこともできます。ある几帳面な女性は、1日のはじまりの30分（起床前）を前夜の夢に基づいたアクティブ・イマジネーションに使います。そしてインナー・ワークの結果によってその日1日の行動を計画し、夜の夢と朝のアクティブ・イマジネーションは忘れて生活します。

Step1　意識を空にし、内に入り、「無意識」を招待する

　進める前にこの手順を読みましょう。アクティブ・イマジネーションの最初のステップは、心を開いておくことです。

　あなたは電話にも誰にも邪魔されない守られた静かな場所を望むでしょう。さらに、キャンドル、写真、彫刻、花、窓からの景色など、安全で、神聖な場所にいると感じられるものが身の回りにあるといいと思うかもしれません。しかし、一番大事なの

は内面の状態です。

そのためには、瞑想、腹式呼吸（107ページ）、身体の内側に意識を向ける（36ページ）などの方法で、内面に向かい、本能的でスピリチュアルな自己に近づきます。

準備ができたら、深い無意識をあなたとの対話に招待してください。

まず考えられるのは、アクティブ・イマジネーションの中で出会いたいと思う人や物が、すでにあなたの心にあることです。それは、以前に夢の登場人物として出会った「誰か」や「何か」かもしれません。あるいは、夢の続きから始めたいと思うかもしれません。誰かと引き合わせられそうになる、抱きしめられ（身体を）奪われそうになるところで終わり、それを願っているとしか思えない夢もあります。「賞金をもらう」「船旅に出る」直前に目が覚めることもあるかもしれません。

特に、「よく見えない登場人物」や「夜中に何かが起きる」夢は、重要なテーマのようです。少なくとも私には、それらの夢は、無意識から「最初の何か」が現れるシグナルです。次に考えられるのは、あなたは、現れたいもの（あらゆる考え、感情、感覚、存在を認められたいイメージ）を全て、招待したいと思っているということです。あるいは、問題について考えて、その問題のイメージや擬人化されたものがそのスペースに現れるのを待つこともできます。

もしくは、もう少し呼び水を足すこともできます。例えば「森に行き、動物の精霊に助けを求める」など、何かが起きようとしている状況を想像してみてもいいでしょう。茂みの中から何かがやって来る足音が聞こえ、暗闇の中で目が合います。そして……。あなたは立ち止まり、無意識に対して、その動物を差し出させるのです。

Step2 対話―内的な経験を引き起こす―

2番目のステップである内的経験そのものは、最初のステップ（招待）から自然に流れ出ます。あなたが招待したのですから、応答は、想像の中の声や姿や情景です。ここであなたは言い返したり、行動を起こしたりすることができます。あなたが行動すると、無意識の側から、あなたが意識的に決めたものでない動きや言葉が返ってきます。ただ、その相互反応はフィフティ・フィフティであるようにしてください。

もう一度言います。これは、イメージの誘導（あなたや他の誰かが全ての行動を指示する）とは全く違います。自尊心を高めたり、富や健康を手にしたりするなどの目標を視覚化するために始めるものでも全くないです。

例を示します。夢の中で、強そうな若い女性がジェットコースターに乗りたくない

あなたを罵倒し、友達をみんな連れて行ってしまいます。あなたは一人ぼっちになって気分がよくありません。アクティブ・イマジネーションでは、あなたは彼女を引き留めて「どうしてそんな意地悪をするの?」と尋ねます。

彼女 （彼女は答えます）あんたはムカつくんだよ

私 ジェットコースターが嫌いなだけで?

彼女 そうだよ。みんな行くのに、あんただけ行かないなんて

私 みんなと同じようになってほしいの?

彼女 そうだよ。
みんな好きなのに、あんただけ嫌だなんて。
眺めは最高だし、逆さになったりしてスリル満点だよ!

私 ええ、スリルでしょうね。
私が行かないと、あなたも行けないの?

彼女 （彼女は憤慨します）
私はしたいことは何だってできる! あんたには私を止められない

私 そうね、あなたを止められないこともあるわ。
12歳のときにジェットコースターでかなり体調が悪くなったの。
昨夜もあなたを止められなかったね。
みんなが行きたい、いい映画だよと言うだけで、
私が嫌いな映画に連れ出すんだもの。
あなたといると、私はみじめな気持ちになる

彼女 それがどうした? 私はあんたが、
あんたの弱さとその面倒くさい敏感さが嫌いなんだよ

私は、あなたとあなたが大勢と一緒にいないといけないところが嫌い。
「私は大丈夫」「ノーマル」だと
いちいち証明しないといけないところも嫌い。
あなたが、私のことを密かに弱いと思っているのが、大大大嫌い

私

彼女 うーん

じゃあ、これからどうする? 私たち二人とも困っているわね。
私はあなたを止めることはできないし、
あなたは私から逃げたくても逃げられない。
これが、私たちのいる敏感な身体なのよ

私

彼女 私もこの身体が嫌いだ、出ていきたい

あなたって、とても不幸なのね 私

彼女 とっても不幸だよ(彼女は吐き捨てます)

あなたがやりたいことで、私もしたいと思えること、何かない? 私

彼女 旅行

私が旅行が好きじゃないって知ってるくせに。
費用がかかるし、ストレスが多いわ

私

彼女 そっちが聞くからじゃないか!
じゃあ、ハンググライダーなんてどうよ?

もし旅行だったらどこがいいの? 私

彼女 なんか全然違うところがいいな! バリなんてどう?

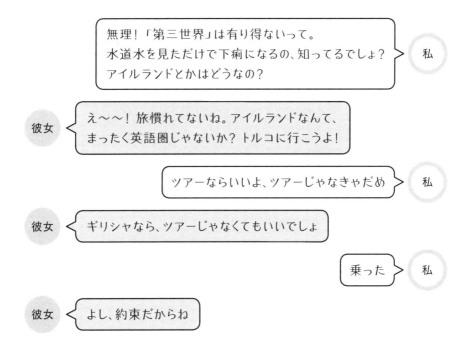

無理！「第三世界」は有り得ないって。
水道水を見ただけで下痢になるの、知ってるでしょ？
アイルランドとかはどうなの？　──私

え〜〜！旅慣れてないね。アイルランドなんて、
まったく英語圏じゃないか？トルコに行こうよ！　──彼女

ツアーならいいよ、ツアーじゃなきゃだめ　──私

ギリシャなら、ツアーじゃなくてもいいでしょ　──彼女

乗った　──私

よし、約束だからね　──彼女

　アクティブ・イマジネーションの途中で心が彷徨いはじめたらそっと元に戻してください。起こったことをそのまま書き留めれば簡単です。しかし書くことで体験の深さを感じなくなり、「普通の」状態で書くようになってしまうこともあるので注意してください。滅多にはありませんが、自分のワークを軽んじて心が彷徨ってしまうことで、深刻な問題が起こることもあります。

必ず意識が「抵抗」してくる

　アクティブ・イマジネーションの途中やその後に、「これは全部作り話なんだ」と急に思ってしまうことがよくあります。

　もちろんアクティブ・イマジネーションにおいて、まるで別の存在と直接話しているような、あるいは別の世界に入り込んでしまったような、強烈な現実感にとらわれることもあります。しかし、それと同じくらいに、「ばかげている」とか「意味がない」と思えることも多いのです。

　あるセラピストが、アクティブ・イマジネーションの手助けをしてくれたときのことを思い出します。私は、1秒たりとも何も起きていない確信があり、そのセッションで元々計画したことを議論しているはずでした。しかし実際は、人生で最も重要なイ

ンナー・ワークをしていたと、今はわかります。

その日の私の分断された心は、「抵抗」の典型的な例でした。

私の意識は完全にパニック状態で、自分から気を逸らそうとしていました。意識はそうするのです。抵抗が「疑い」として現れたときは、「作り上げた」ものがどれほど浅いものに見えても、それは少なくとも「あなたは誰なのか」の手がかりであることを覚えておくといいです。

他の人なら、全く違うものを「作っただけ」でしょう。さらに今は浅く見えるものでも、抵抗を拭い去ったときには、深遠に見えるかもしれません。

アクティブ・イマジネーションを自分で批判しないでください。あるいは、抵抗する自分自身も。アクティブ・イマジネーションに対する抵抗は、こういうことに慣れている人にでも起きます。

意識はおそらく、自分が支配されることを恐れて、あらゆる抵抗をするのです。無意識の領域との対話によって、意識は、人間関係においてより多くの力を得る可能性があるのですが、私たちが上司に昇給を求めるのが怖いように、意識はまだそれを恐れているようです。同様に、私たちは、「忘れた」とか「忙しい」という理由で、無意識とのリアルな接触を日々先伸ばしにしているのです。

このような「自我の防衛」は目的がありますから、それをあえて問題にするかどうかは、自分で判断する必要があります。それはおそらく、「自我」に尋ねることになるでしょう。それもまたあなたの一部なのですから。

Step3　意識的に正しい行動に移す

この最後のステップを省いてしまうと台無しです。このステップでは学んだことをもとに、意識的に何らかの行動を起こすことが必要です。これは、ある意味、神聖で不可欠な儀式だと考えてください。そして多くの場合、儀式や象徴的な行為を行うことが、まさに正しい行動なのです。

もしあなたが、アクティブ・イマジネーションによって父親に連絡しなければならないとわかったが、父親はすでに亡くなっている場合、手紙を書いて、火にくべるとか海に流すとか、何か適切な方法で送るといいでしょう。精神的な目標は達成されます。

しかし、ときには、人生を大きく変えねばならないと示されることもあるでしょう。そこまでできなくても、せめて象徴的なことで終わらせず、実際の行動を起こす必要があるでしょう。誰かに謝ったり、本を読み直したり、象徴の神話的な意味を調

べたりする必要があるかもしれません。芸術的な行為は、リマインダーとして具体的な対象を与えてくれます。アクティブ・イマジネーションから得たものを描いたり彩ったりするといいでしょう。そしてもちろんHSPは、休憩をしてバランスを取り戻す必要性を、よく知らされるかもしれません。

アクティブ・イマジネーションを体験した後は、何をすべきかが見えてくるはずです。そして無意識の深奥（しんおう）との関係がある程度良好であれば、つまり互いに敬意を持って耳を傾けているのなら、行動が正しくないときには、夢や症状がすぐに知らせてくれます。

この「尊重し、行動する」という最後のステップは、決して内なる人物の言いなりになることではありません。深い無意識は、自然の力のようで力強くどこか非人格的です。意識はそれに比べるとか細いですが同等に重要なのです。

意識は人間が手にした特別な成果です。意識は、自分と周りの人の利益を、内なる人物の要求に対して、公正に天秤にかけることができますし、またそうしなければなりません。Step2で決めたギリシャ旅行に行くために、多額の借金をしないといけないなら、アクティブ・イマジネーションで「妃殿下」と話し合う必要があります。これらの内なるパーツが、お互いのことや世界で何が起きているかを知っていると思い込んではいけません。

ある女性は、アクティブ・イマジネーションで、男性の猛々しい内なる声で、家も家族も約束も全て捨てて、すぐに外国のある都市に行き、次の指示を待てと告げられました。彼女は、それを神の仕業だと確信し、その晩は指示に従う勇気がありませんでした。

次の晩、彼女が更に内なる指示を請うと、別の柔らかい女性の声が、夫と家から離れなくていいと認めてくれました。そして「駅を発つ別の列車はいつだってあります。違う方法はいつもあるのです」と諭してきました。

「でも私は神に背きました」と彼女が言うと、その女性の声は「でも、私が神じゃないってどうして思うの？」と答えました。

つまり、アクティブ・イマジネーションの後の行動の指針の一つは「行動する前に待つ」ことです。もう一つは「待たない」ことです。「後でやる」はいとも容易く「永遠に何もしない」に変わってしまいます。

もしあなたが無意識からのメッセージを尊重しなければ、それが小さな象徴的行為であったとしても、無意識はあなたに（しばらく）背を向けるか、さらに厳しい要求をしてくるでしょう。あなたは手ごわい相手と交渉しているのです。

しかし、あなたはこれらの交渉において、平等の権利を持っています。妥協の余地は、常にあります。内なる声の指示を聞いた女性は、家族と永遠に離れるのではなく、週末だけ家族を置いて修道院で一人治療をして過ごしています。内なる人物の、その激しい要求がなければ彼女はその選択をしなかったでしょう。

ある有名なユング派の分析家は、セッションのはじめに必ずクライエントに対し、夢やアクティブ・イマジネーションの経験を尊重するために、適切だと前のセッションで決めたことを、実際やったかどうか聞いたといいます。

もしクライエントがしていなかった場合は、次のセッションは行わないことにしていたのだと思います。そうでなければ、どのアクティブ・イマジネーションも、彼女へ報告されるイメージだけで終わってしまうからです。彼女をあなたのガイドとして、素晴らしい心の旅ができるよう、心より願っています。

招待状

この本の最初のほうでアクティブ・イマジネーションの紹介をしたのは、読みながらそれを使ってもらいたいと思ったからです。

ですから、このセクションの後に、空白のページを用意しています。そのページは象徴的な意味での招待状です。あなたが無視してきた領域に出会うために、私が用意した場所です。実際にそこに書き込むにせよ、パソコンや日記に向かうにせよ、そのスペースがあなたにとって安全で、心地よいものでありますように。

手順をおさらいします。

Step1　自分の状態を整え、無意識を招待し語ってもらう。

その対話中か対話後に、メモが取れるように準備しておきます。瞑想でも何でも、好きな方法で心の内面に入りましょう。次に、あなたが対話したい人(物)、展開させたいこと、夢の続きなどを展開させ、場面の中に招き入れます。招待するのはこの本に取り組む中で、浮上してきた内なる人物でも可能です。

● このワークブックを(一部分でも)「するべきではない」と思わせる人
●「自分の嫌なところ、そしてその深い理由」(50ページ)で出会った内なる批評家
● このワークブックを始めてから、夢に見た人(昨晩の登場人物でもいいです)
●「探検隊」で知り合った身体のパーツ

Step2 経験を起こさせる

　あなたは、責任者でもなければ受け身の目撃者でもありません。何がやってくるかに注意し、反応してください。あなたは無意識との共同制作者なのです。猜疑心が生じたり「馬鹿げている」と思ったときは「抵抗が起きている」と思って、できるだけ続けてください。

Step3 起きたことを尊重する

　どんな知恵を得たのか、どんな行動が必要なのか（あるいは行動しないのか）を決めましょう。

　あなたのアクティブ・イマジネーション体験記をお待ちしています。

（以下、罫線のみの記入欄）

対象 ： C群のみ

これは非常に個人的なワークです。アクティブ・イマジネーション自体をグループで行うことはお勧めしません。しかし結果を共有することはできます。ペアで行う場合、音声対話と呼ばれるアクティブ・イマジネーションの変形があります。これは、アクティブ・イマジネーションや同様の手法の経験者が進めるのが最適です（参考文献は344ページ）。

（ まとめ ）

　アクティブ・イマジネーション全般についてか、特に行ったばかりのイマジネーションについて感じていることを振り返りましょう。

（以下、罫線のみの記入欄）

第3章

敏感な自己をケアする

―不快感、生きづらさの正体は刺激過多―

　普通に健康で幸せに生きることがHSPには悲惨なくらい難しいことがあります。自分は生きづらいのに、周囲の人の80%は非HSPで、自分と違う生き方ができるのです。しかし、あなたが彼らのスタイルに合わせて自分の敏感さに抗い続けるなら、どこまでいっても堂々巡りです。HSPらしい生き方をしないと苦しいままなのです。

　第1章の冒頭で話したように、刺激過多になると、身体が不快で高ぶった状態になります。そうなるとどんな人でも、仕事、生活能力、運動能力が下がり、精神的、性的、経済的にもパフォーマンスが下がります。

　刺激過多は、出来事を楽しむ単純な能力にも影響します。HSPは微妙なニュアンスを感じ取り、物事を深く処理するので、状況によってはすぐに刺激がオーバーしてしまいます。刺激過多は私たちのアキレス腱なので、それを回避し、やりすごし、そこから回復するエキスパートにならなければなりません。

　急性の刺激過多と慢性の刺激過多を比較してみましょう。急性は、驚いたときの反応でアドレナリンが一気に出ます。心臓が高鳴り、筋肉は緊張し、全身が戦闘や逃走の準備態勢になったり、固まってしまったりします。最初の驚きの体験が脅威と判断された場合、身体は次にコルチゾールを生成します。これは、身体の戦闘、逃走や凍結をさらに助けるように作られた「ストレス」ホルモンです。

　コルチゾールは、消化などのメンテナンス機能を停止して、全てを緊急事態に向けて振り向けます。コルチゾールとアドレナリンが両方揃うと、強烈な感情に圧倒され、パニック状態になることもあります。しかしここでは、慢性的な刺激過多のときに常に存在する、コルチゾールに焦点を当てましょう。

　コルチゾールは、アドレナリンよりも長く体内に留まり、少なくとも20分間、場合によっては、数時間、数日、数カ月、数年にわたって残ることもあります。コルチゾールが体内に蔓延るのはよくありません。例えば、消化が妨げられ、免疫系が抑制され

て腫瘍の成長が早まります。

　コルチゾールまみれで一日を過ごした夜、眠りにつくときはぐったりとしていても、コルチゾールは夜に再循環して、私たちを深夜や早朝に目覚めさせます。

　コルチゾールは、恐怖や脅迫感を生み、あらゆることが不安の種になってしまいます。睡眠不足と刺激でギンギンの頭で1日を過ごすと、脳内のセロトニンレベルの低下につながります。セロトニンが低くなると、いずれはうつ病になる可能性が高いのだそうです。怖がらせてすみませんが、慢性的な刺激過多が及ぼす影響は知っておく必要があります。

　あなたには急性と慢性の刺激過多のエキスパートになってもらいたいので、刺激過多のサインになる指標を用意しました。

● 急性の刺激過多のサイン

- 圧倒される、不安を感じる
- 顔面紅潮や赤面
- 心臓の動悸
- 胃のむかつき
- 筋肉の緊張（特に首や顎）
- 汗が噴き出す
- 記憶力、集中力の低下
- 震えたり、動きがぎこちなくなる
- 怒りを感じる、「今にもキレそう」な感覚

● 慢性の刺激過多のサイン

- 圧倒される、漠然とした不安がある、「全部できるか心配だ」
- 原因不明の動悸
- 神経性胃炎
- 運転が荒い
- 誰かに自分のスピードを緩められるとムカつく
- 疲れて寝そべっていてもギンギンで眠れない、深夜や早朝に目が覚める
- 慢性的で原因不明の筋肉の強張り、痛み、凝り
- 慢性の頭痛
- 絶望感、無力感

- 頻繁に泣く、「なんでもないこと」で泣く
- 何も感じない
- 「ただただ疲れ果てた」

　急性・慢性の高ぶりのサインは、人によって（また状況によって）大きく異なるので、自分特有の兆候を知る必要があります。

　明らかに、慢性的な刺激過多は深刻な問題です。心地よい刺激でも、頻繁に受けると、やはり慢性的にコルチゾールに誘発された状態に陥ります。

　刺激には、外の世界から受けるものと、私たちの内部から生じるものがあります。その結果として生ずる高ぶりにも、急性のものと慢性のものがあります。それらにどう対処するかについて、本章は書いています。

　この、あまり敏感ではない世界で、どう対処していけばいいのか、もっと手助けできればいいのですが、状況はあまりにも人それぞれなので、誰にでも通用するようなアドバイスは困難です。

　私たち一人ひとりが工夫して、その解決策を、自分と同じ状況にあるHSPと共有していくしかありません。それには、本章で行うように、自分の特性を意識して練習するといいでしょう。

　あなたはこれまで、自分ではない他の誰かの「最適」を優先してきました。今はまず、敏感な自分の求めに目を向けてください。それは自分勝手なことではありません。今、この場所はもうあなたが「犠牲」になるところではなく、あなた自身のケアをする場所なのです。

タスク3-1 ： 高ぶりを取り除く

　刺激過多と高ぶり、その結果生じるストレスは、ひといちばい敏感であることのマイナス面です。全てのHSPは、他の人よりもすぐに刺激がオーバーするので、その対処法を編み出しています。最初のタスクは、高ぶりを処理するのにすでに自分でやっていることに気づくため、特に有効な対処法のリストを作ることです。

　参考のために、例として、私の対処法を5つ載せます。
- 刺激がオーバーしそうなときは、その場を離れる。自分がいないとだめということはない。後からいくらでも謝ればいい。
- 考え無しに依頼を引き受けない。「それについてはまた追って返事をさせてくだ

さい」と言う。

- 手帳で、休憩時間に用事を入れないようにする。刺激の多い一日の後には、さらに時間を設け、それを不可侵なものとする。
- 慌ただしいときは散歩をする。森や水辺がいい。
- 10回、腹式呼吸をする（107ページを参照）。

ここで、自分のリストを作りましょう。

さて、自分のリストを見直し、すでにできていることは何か認識しましょう。本章では、後でそれらをさらに改善していきます。それがワークブックの役割ですが、その前に、まず自分でちゃんと身につけてきた能力を振り返ることも大事です。

対象 ： A群・B群・C群

(まとめ)

リスト作りを通してわかった、自分の対処法の範囲や持ち味を書きましょう。

タスク3-2 ： 調整すべき刺激量を算出する

刺激の量を調節して最適なレベルに保つことは、全ての生物に重要だと、くり返し話をしてきました。刺激不足で退屈なときも、また刺激過多で興奮しているときも、誰も快適には過ごせませんし、うまく機能しません。私たちには皆、「ほどほど」が必要なのです。

しかし、これがまたHSPには困難なのです。最適な範囲にとどまるために必要な刺激が周囲よりも少ないからです。そのため、HSPはしばしば「外に出すぎて」しまい、刺激にさらされすぎて、非HSPのような行動を取ってしまうのです。私たちは、自分で対処できる以上の責任や楽しみを引き受けてしまいます（刺激過多のサイン⇒96ページ）。

また、HSPは刺激過多を恐れて自分を守ろうと「内に籠りすぎる」ために、刺激不足が原因で心身が不調になることもあります。私たちは、あまりにも多くのこと

に「ノー」と言いすぎなのです。そうすると、夢を持ったり、計画を立てたり、人と出会ったり、旅行したり、新しいアイデアに触れたりすることが、できなくなってしまいます。

● 刺激不足のサイン

（刺激過多と同様、これらは大変多様です）

- 退屈、落ち着かない
- むやみにお腹が空く、やたらに眠っている
- 退屈しのぎに、お酒やドラッグを飲む、セックスに走る
- 周りを困らせる、周囲に迷惑をかける
- 空想に夢中になる
- 自分の生活や自分に不満
- 充実している人をねたむ

　次のタスクでは、1日に何回、刺激過多や刺激不足を感じたかを記録します。変化を起こすための第一歩は、自分をモニタリングすることです。記録は完璧でなくても大丈夫です。寝る前に、その日の気分の浮き沈みの記憶を頼りに書きます。記録をつけることが目的でもいいです。1日を3〜6つに分けます。平日なら次の6つです。身支度と出勤、午前の仕事、昼の仕事、最後の2時間の仕事と帰宅、夕方、夜遅い時間。遅くまで寝ている休日は、起床して朝食、昼すぎにハイキング、夕方に買い物、友達とディナー、就寝前の1、2時間、というふうに分けられるかもしれません。

　それぞれの区分ごとに、**刺激不足はマイナス（−）記号、ちょうどいい刺激はゼロ（0）、刺激過多はプラス（＋）記号で示します。**

　私のやり方ですが、極端ならダブル記号（＋＋、−−）を、そこそこならシングル記号（−、＋）を使うといいです。例えばこうです。

　初日は、身支度と通勤：＋＋、午前の仕事：0、昼の仕事：＋、最後の2時間と帰宅：＋＋、夕方：−−、夜遅く：0を入力します。

　休日の場合、朝：0、ハイキング：0、ショッピング：＋＋、友人と過ごす：＋、深夜：0です。

1日の終わりに、その日の平均を算出できます。

　プラスマイナスを計算し、その日の区分の数で割ります。先の平日の例では、プラスが5つ、マイナスが2つあり合計は3です。これを6で割り、平均は0.5です。

　休日は、プラスが3、とマイナスが0で5等分します。すると、0.6が平均です。

　刺激不足のカウントでは、瞑想や、十分に休めずに眠ったのはカウントしないでください。刺激不足で不快だったときだけを記録してください。退屈、落ち着かない、無気力、外出したり、人と会ったり、新しいことに挑戦ができずに不満、たくさん寝たのに眠い、などです。

　刺激過多の評価は、96ページを振り返ってみてください。あるいは、決断を急かされプレッシャーだった、じっと見られて緊張した、泣いてしまったといった出来事からも思い出せます。人前でほめられた、嬉しいサプライズがあったなど、ポジティブな刺激も忘れないでください。そういうものは、ポジティブな興奮、あるいは幸せなはずなのに無感覚として、記憶されているかもしれません。しかしそういう刺激も、実は負荷になっているのです。

　最後の欄で、その日の分を評価し平均を出した後は、就寝時の状態を同じように評価します。どれだけよく眠れたかで朝、この評価を修正する必要があるかもしれません。睡眠不足は就寝時の刺激の過不足からくることはよくあります。

　就寝時の刺激過多のサインは、筋肉の疲労や寝不足からくる疲労感だけではありません。消化不良、下痢、筋肉の緊張などのストレスサインの悪化に気づいたり、「操られている」感じ、イライラ、疲れすぎて眠れない、明日のことや未来を考えると希望が持てない、不安になる、落ち込むのもそうです。

　刺激不足のサインは、寝ようと思っても身体が落ち着かない、夜更かしをしたくなる、1日を充実させなかった自分に不満だったりすることです。

　他のことと同様、睡眠にも、最適な刺激レベルが必要なので、就寝前の評価が大事です。

日付	区分けした時間の刺激の評価						平均	就寝時
1日目	＋＋	0	＋	＋＋	－－	0	0.5	－
2日目	0	0	＋＋	＋	0		0.6	0

あなたの評価

日付	区分けした時間の刺激の評価						平均	就寝時

　1週間ほど、日中と就寝時の刺激レベルを記録した後、毎日の平均値と就寝時の平均値の全体の平均を求めます（全体の平均については、1日の平均を合計［必ずプラスの平均を足し、マイナスの平均を引く］して、日数で割ります。就寝時間全体の平均については、プラスの数を足し、マイナスの数を引いて、日数で割ります）。

　また、ダブルマイナスとダブルプラスが同数で生じて1日の平均が0になるよりも、0の連続のほうが、体にやさしいです。刺激の幅がどれほどかも注意して見てください。

　就寝時の刺激については、後から話す機会はないので、ここで注意しておきま

す。就寝時の平均が0を超えている場合は、落ち着ける環境にして、睡眠時間を守らなければなりません。つまり、寝る前に自分を落ち着かせることです。「マイナス」で刺激不足な時間だとしても、日課を守り、落ち着けるものやくり返し読めるものを読みます（私は最新のナショナルジオグラフィックを読んだ後、詩を数篇読みます）。

　起床も穏やかにいきましょう。理想は、寝るのに時間がかかったり夜中に目覚めたりして、時間が無駄になってしまっても十分に寝られるよう、早めに寝ることと、目覚ましをセットしても鳴る前に自然に目が覚めるくらい、十分に睡眠時間を確保することです。この睡眠習慣は、たとえ今は難しい状況であっても、目標とすべきです。優雅に暮らすと思えばいいのです。

対象 ： A群・B群・C群　　このタスクはディスカッション向きです。

(まとめ)

　自分の平均値と、日毎の振り幅をもう一度見てください。数分考えてから、自分の最適な刺激レベルについて考えを書きましょう。

タスク3-3 ： 「ほどほど」の刺激で過ごす時間を増やす

　次のタスクは、今のあなたに必要なリストのどちらか（あるいは両方）を読むことです。「もっと外に出るためのアイデア」と「少し休むためのアイデア」です。

　前回のタスクで、あなたの刺激状態が最適でないことがよくあるなら、このタスクの後、これらのアイデアを実行することを約束してください。これは私からの警告で

す。もし、最適な刺激レベルを維持できているなら、復習として、あるいはより有益な情報を得るために読んでください。

　刺激が多すぎず、少なすぎず、最適な範囲に留めることは、些細なことではありません。また利己的な目標でもありません。それによって、神経系は快適になり、あなたの全ての経験に影響が及びます。あなたの健康と幸福、周囲の人々への影響の多くがそれによって決まります。ですから真剣に取り組んでください。

● 刺激を増やす知恵 ―外に出る―

誰かに連絡をする

　友人やもっと仲良くなりたい人に電話をして、近々会う約束をする。

付き添ってもらう

「本当はこうなりたい」「本当はこうしたい」のに避けているのなら、最初は信頼できる人に付き添ってもらいましょう。

外出を妨げる特別な恐れや問題があるなら

　サポートや治療も考えましょう。広場恐怖症（自分の意志や都合で、その場所から逃れられない場所に行くのが怖い）や、運転の恐怖などの恐怖症や不安がある場合です。

最初の一歩を決める

　例えばあるHSPは、情報を得るのに電話よりも手紙やメールを選ぶかもしれません。計画を確定する前に、かなりの情報収集をします。その最初の一歩を踏みだすのです。

やりたいのにやらないのはなぜ？

　信頼できる人に話しましょう。アドバイスではなく、ただ気持ちを聞いて反芻（はんすう）してほしいとお願いします（その人があなたのために反復的リスニングを行う方法は199ページ）。

旅行の計画を立てる

数時間、数日でもいいから、旅に出ましょう。あるいはもっと長い計画を立てて、すぐに実行しましょう。

交通網を制覇する

運転できない場合（運転しないHSPも少なくないです）教習も検討しましょう。運転できるのに車がないなら、その都度レンタカーを借りましょう。万が一に備えて、タクシーにも慣れましょう。見知らぬ町で公共交通機関を使いこなす。あるいはいっそのこと飛行機で移動する。今必要に迫られていなくても、簡単にできるようになっておけば、どこか新しい場所に行くときに刺激要因が一つ減るでしょう。

さらに、それを使いこなすことで、爽快な開放感を味わうことができますし、新しい街を探検したり、面白くて優しい人と会話できたりと、新しいチャンスが広がります。といっても、HSPの多くは安全な隠れ家から出たがらないので、旅行は決して簡単なことではないことは忘れないでいてください。

失敗をシミュレーションしておく

行く直前になって、こんなはずじゃなかったと思うこともあるかもしれません。何かを忘れたり、失くしたり、間違ったりするのが心配になることを、想定しておきましょう。見慣れない景色の変化、微妙に危険な感覚、不自然で急な移動などで、すぐに刺激がいっぱいになってしまうことも、予測しておきましょう。私にはよくわかります。これらは強い刺激の主な原因ですが、私はそういった辛酸も十分になめてきました。私を信じてください。あなたにもきっとできます。

刺激は外出しなくても得られる

読書、退屈しないテレビやラジオ、インターネット、電話など。このワークブックを読むのもいいです。

次のページの表に、あなたの外に出たいという気持ちを妨げている恐れ（特に「子どもっぽい恐れ」）を挙げましょう（一行につき一つ）。次に、賢明なインナー・ペアレント（内なる親）を想像します。その人は、敏感な子の恐れを理解し、手助けの方法を熟知しています。この賢い親が言ってくれそうなことを一つ書きましょう。

恐れ	インナー・ペアレントの言葉

　自分の殻から少しずつ脱皮するプランを書きましょう。一歩一歩をスモールステップで設定して各ステップに慣れるのに十分な時間をかけます。しかし最初の一歩を踏み出すのは今日です！

● 刺激を減らす工夫 ―もっと休む―

次の@～©を実行する
····················

（子育て中など、どうしてもできない場合は、今のところ仕方ないです）

@ 1日8～10時間、（眠っているかどうかに関係なく）ベッドで寝てください。さらに2時間のダウンタイム（瞑想、熟考、ゴルフのパターなど）を取ります。静かに黙っていられるなら、運転中や家事をしながらでもいいです。さらに、屋外での運動のための1時間を取ってください。

ⓑ 週に1日は完全に休む。買い物も在宅勤務も無しです。

© 年間で1カ月分は休暇を取る。できれば年間を通して分散して取るといいです。HSPにはこれ以上の仕事はできないと認めましょう。

手帳の休みの日に斜線を引く

　できない週があれば次の週で補います。人前での発表や飛行機での旅行などハードな仕事をこなした後は、十分な時間を確保します。

できれば2週間の休暇を計画して好きなだけ眠る

　睡眠より優先すべきものなどありません。その次の優先は楽しめるものです。スピリチュアルなプログラム、観光、素敵なレストラン、素敵な自然の中を散策、音楽を聴いたり、芸術を鑑賞したりなど、気に入ったものなら何でもいいです。こういう休み方にはお金がかかりません。静かな家やオフシーズンのホテルがあるといいでしょう。ただし、おそらく家からは離れないといけません。

元気になれるスピリチュアルな体験をスケジュールに組み込む

　毎日、毎週、四半期ごとです。どんなプログラムかわからない場合は、時間をかけて調べてみましょう。

瞑想する

　やり方を学び、毎日やってみましょう。私は超越瞑想が好きですが、人それぞれです。

腹式呼吸をする

　胸式呼吸は緊張した浅い呼吸なのでスピードを上げないと十分酸素を取り込めません。

家に安全で心地よい場所を作る

　瞑想、祈り、読書など、プライベートなダウンタイムのためだけの場所を作りましょう。その場所は、清潔でシンプルにしておきます。花、キャンドル、お香、エッセンシャルオイルを持ち込んで、癒しの香りをお楽しみください。クラフトショップで噴水セットを買ってきて、拾ってきた石で噴水を作るのもよいでしょう。あるいは鉢に金魚を泳がせます。シルクや天然素材のブランケットなど、身体に巻いたり、座ったりできるものを買いましょう。紅茶など好きな飲み物を飲んでください。つまり、五感を喜ばせるのです。

日記をつける

自分のしていることを振り返り、より大きな視点で見ることができるようになります。

経験をシェアする

グループを作って、日記や人生経験を共有します。人生のバランスをとるのが難しい場合、グループに助けてもらいましょう。信頼できる友達に、生活のバランスをとるのが難しいことを相談しましょう。

タンパク質を常備する

チーズ、ゆで卵、プロテインバー、ツナ缶、ナッツなどがいいでしょう。

小分けして冷凍保存しておけば、1日分を保冷バッグで運べます。刺激が多いと血糖値が下がり、低血糖になると高ぶりやすくなります。生活が慌ただしいと、適切な食べ物を選ぶことが難しくなったり、全く何も食べなくなったりします。一度、身体のバランスが崩れると、刺激レベルを維持するために、さらに誤った選択をし、ますます調子を崩してしまいます。これは、30歳を過ぎるとさらに顕著になります。私もそうなったことがあるのでわかります。

必要な栄養と栄養補助食品を学ぶ

これらについての書籍や記事は無数にあります。最新の研究に基づいているか確認し、急に変えたり極端なことは避けてください。その上で必要なものを摂ってください。始めたら忘れないようにしてください。

耳栓を用意しておく

騒音に備えましょう。

本からインスピレーションを受け取る

私なら詩の本です。課題を抱えたときに、よりよい視点で見ることができるようになります。

毎週マッサージを受ける

できない場合は、親しい友達と一緒に本や講習で学び、お互いにマッサージし

合うのもいいでしょう。

アロマテラピーを使う

HSPにぴったりです。ラベンダーなどの香りは実際に高ぶりを下げてくれます。香りを心の安定と関連づけると、その香りを嗅いだ瞬間に高ぶりを下げられます。

定期的に、動物や植物、水や森の近くで過ごす

音楽などの音で落ち着く

肌に触れるものは慎重に

本当に自分に合うものが見つかるまで、衣服、シーツ、石鹸、ローションなどの刺激を見直しましょう。

一番のストレス要因となる人間関係と向き合う

ストレスが少しでも減るように変えられることはありませんか？ 境界線をはっきりさせる、自分のニーズを伝える、二人で仲介者やカウンセラーのお世話になる、その人と過ごす時間を減らす、他の人を同席させる、関係を終わらせるなどです。接しづらい人への対応に関する本を参考にするのもよいでしょう（参考文献は344ページ）。

対象 A群・B群・C群　A群、B群、C群がこのタスクについて話し合えます。

（まとめ）

99ページのタスクの刺激レベルの平均と、就寝時の平均刺激レベルを振り返ってみてください。0か概ね最適なら、以下のスペースを使って、リストにあった方法と自分の方法の類似点、相違点を振り返りましょう。刺激レベルが最適（0）よりも高かったり低かったりすることが多いなら、二つのリストを参考にしながら、「いつ」「何を」するか書きましょう。

タスク3-4 ： ＜重要＞刺激量の加減に取り組まない理由は？

　刺激が多すぎたり少なすぎたりしているのに、たった1、2個の提案や自分のアイデアも実行しないでいるのなら、その理由を真剣に考えてみましょう。人によっては、どうしても果たさねばならない責任があるとか、長時間働かなければ生活していけない、そんな場合もあるでしょう。でも本当にそうなのか、よく考えてみなければなりません。

　刺激の最適レベルを保つための努力は何もしないと、決めてしまったのは、自分の中の一体何なのか、アクティブ・イマジネーション（81ページ）をしましょう。その部分に「なぜ？」と尋ねるのです。

　自分で導いた答えが違う気がするなら、一体あなたの中の「何が」あなたを駆り立てて休ませようとしないのか、「なぜ」それがあなたを覚醒させず、あなたから人生の主役の座を奪い続けるのか、もう一度自問してみましょう。

　「だって忙しいので」とあなたのどこかが、さも現実的な理由で変化を拒んでも、あなたは、真実と向き合わねばなりません。健康で幸せになる可能性を危険にさ

らしているのです。あなたの周囲の人にも影響します。時間がない？ 最適な刺激レベルからかけ離れた生活が原因で、病気になったり、事故で寝たきりになったら、いくらでも時間はできるでしょう。

「まったく不合理な行動だ」（つまり無意識の欲求に突き動かされている）と気づくためのこのインナー・ワークによっても、あなたが洞察を得られないのなら、この「理由」を見つけ出し、やり方を変えられるように、心理療法を検討しないといけません。

あなたに合うセラピスト選びは、235ページを参考にしてください。行動を変えることは、自分への投資です。最適な刺激レベルを保つようにすれば、あなたはもっと賢く生産的でエネルギッシュで健康になれるのです。

まずは起きていることを否定するのをやめるだけでもいいです。だから、以下に**「あなたが変わらない理由」を書いてください**。

```
┌─────────────────────────────────────┐
│                                     │
│                                     │
│                                     │
│                                     │
│                                     │
└─────────────────────────────────────┘
```

対象　：　A群・B群・C群

刺激過多の人と過少の人は、お互いに違いすぎて、共感したり助け合ったりすることが難しいこともあります。グループでは、同じような悩みを抱えている人同士で話し合い、そうでない人は聞き役に回るといいかもしれません。あとでその役を交替します。

タスク3-5　：　他人の感情を"受信"しすぎない　"アンブレラ・ウォーク"

私は多くのHSPから、どうしたら赤の他人や関わりたくない人の気分に影響されないで済むか、という相談を受けてきました。そうしてできたのがこのタスクです。

私たちHSPは、生まれつきの受信機です。どんな小さなメッセージも検知し、瞬時に深いレベルで処理するように「設計」されているのです。「微細なエネルギー」

や「波動」が何を意味するのか私たちはよく知っています。では、どうすれば自分を守れるのでしょうか。

ワシントンに住む、HSPでセラピスト、講演者であるポール・ラッデが、このタスクのアイデアをくれました。

彼は傘に例えます。傘を降ろしてたためば、全ての折り目にたくさんの水滴が集まりますが、傘を上げて開くとアヒルの背中のように水は流れて落ちていきます。あなたも傘を「上げている」状態になれば、自分にやってくるものを、うまく受け流すことができるのです。

「上げる」とは、元気でいるという意味ではありません。元気でいることも大切ですが、それ以上に、気分が乗らないときに傘をさしていられることがもっと大切です。「上げる」とは、受信ではなく、発信していることを意味します。口に出すかどうかに関わらず、そのメッセージは、「ハロー、いい日ですね、私は忙しいです」です。あるいは単に「忙しい」など。こういうメッセージをあなたは絶えず発信しています。今、受信はしていないのです。

あなたが傘をさしているとき（傘が上がっているとき）、あなたは何より自分の目的を心に留めています。あなたは郵便局に行く途中です。あなたは店の野菜売り場に向かっています。あなたは周囲の人に何が起きているか知ろうとして、店内を横切っているのではありません。受信したいことがなければ、目的なしに外出してはいけません。

HSPは生まれつき好奇心が旺盛なので、みんながHSPに気づいてもらいたがるし、私たちも気づいてしまいます。しかしHSPの関心は貴重なものですし、簡単に浪費されてはならないものです。誰がそれを手にするかあなたが決めなければなりません。恥ずかしがったり、他の誰かに決めさせたりしてはなりません。

小銭をせがむホームレスはどうでしょう？　彼らは私たちの琴線に深く触れてきます。彼らにどう対応するか、態度を決め、それを貫きましょう。沈黙を守りたいなら、それはあなたの権利ですから「ノー」と言いましょう。または、ポケットにお金を用意しておく「イエス」の態度もあります。そうすれば「よい1日を！」だけ言って立ち去ることもできます。

セールスや宣伝の人はどうでしょう？　今日の目的が買い物でないのなら、受け取らない。それだけです。セールスに引き込まれないでください。広告看板も読まないようにしましょう。疲れます。

では、面白い人を見るのはどうでしょう? 今日のエネルギーをそれに使いたいのなら、眺めていてもいいでしょう。そうでなければ、見ないでください。目的地を見据えましょう。

マインドフルネスと瞑想についてひとこと。あなたは、花の香りを嗅いだり、マインドフルになることを教えられてきたので、世界をシャットアウトするようなタスクは、奇妙に感じたり、間違っていると思うかもしれません。しかし、身体の覚醒レベルに注意を払い、意識を目標に向けそれを守り通すこともマインドフルネスなのです。

以下のエクササイズでは、受信せず発信だけするようにしてみてください。

① 人混みでの「アンブレラ・ウォーク」

次に人前に出るときには、意図的に「アンブレラ・ウォーク」をしてください。目的をはっきりさせて、さっさと歩きましょう。考えるのは、どこに行くとそこで何をするかです。他人に対しては、「楽しいけど、忙しいね」という態度です。「今日は受信しません。ごめんなさい」と流すのもいいです。

② 大変だったか?

最初の「アンブレラ・ウォーク」はどれくらい大変でしたか?

振り返って、1(簡単)〜10(不可能)で評価してください。また、この試みに対して、あなたが気づいたことを記録してください。

もし評価が、3以上で難しかったのなら、もう一度やって再度、評価してください。

③ 仕事中にもする

次は新しい設定で「アンブレラ・ウォーク」を行いましょう。仕事で、どこかに向かっていて、止められたくないとき、あるいは歩いているときではなく座っていると

きにやってみましょう。1（簡単）～10（不可能）で評価し結果を書き、気づいたこと
を記録します。

---

4 **数週間続けてみる**

　数週間できるだけ「アンブレラ・ウォーク」をやってみましょう。スキルと習慣が身
について自然とできるようになり、やがて傘のイメージを忘れていきます。

> 対象 ： A群・B群・C群

誰かと一緒に静かに「アンブレラ・ウォーク」をやってみて、後で経験を語り合えます。グループでも話
し合えます。

（ **まとめ** ）

　タスクを通して自身について気づいたことを振り返り書きましょう。

タスク3-6 ： 逃れ難い騒音の悩みから逃れる

　騒音！ それは私たちの悩みそのものですよね？ 私たちはただただ音に敏感です。しかしそれは、HSPが聴覚に優れている、ということではなく、HSPの聴覚への入力が、脳に届くまでにすでに「増強」されていると、研究結果は示しています。しかも音波は光とは違って、壁を通過して来るので逃れることができません。耳には蓋がないのですから、どうしたらいいでしょう？ 音響技術者などできる限りの人から提案を集めてみました。

耳栓を使う

　寝るとき、地下鉄、大音量の音楽があるところ。そしてそう、用心深いHSPの皆さんなら、おそらく耳栓をしていても、火災報知器のアラームはちゃんと聞けるでしょう（保証はしませんが……）。耳栓はドラッグストアで購入できます。ただし、防水のためではなく、防音のための耳栓です。私の好みは、指で丸めて耳に押し込むと膨らむタイプのものです。説明書に従って小まめに交換し、ときに耳に異常がないか医師に診てもらいましょう。

　寝るときにもっと静かなほうがいいなら（横向きで寝る場合ですが）耳栓に加えて、上側の耳に軽めの枕を乗せましょう。寝返りを打つときに枕を動かすことには慣れが必要ですが。

静音タイプのものを買う

　静かな電化製品、特に静かな冷蔵庫、呼び出し音をオフにできる電話を買いましょう。デジタル式の留守番電話は、テープレコーダーを再生する方式のものより静かです。あるいは、留守番電話を引き出しに入れてしまいましょう。

住んでいる地域の騒音条例をチェックする

　騒音を出してはいけない時間帯が法令で定められている地域があります。高速道路などの騒音源の近くの建物には特に、建築基準法により防音措置が施されていることが多いです。壁の向こうの音が筒抜けで、隣人のライフスタイルが（知りたくないことまで）丸聞こえな場合、その建物は違法ということがあります。専門家に相談して、住んでいる建物が防音の法的要件を満たしているか、満たしていない

場合は誰に苦情を申し立てるかを確認しましょう。

防音措置を検討する

住居は、持ち家であっても、理解のある管理人からの賃貸であっても、防音することを検討してください（以下は住居の価値を高める提案です）。

騒音の発生源が外にある場合は、音は空中を伝ってきますから、対策は、すきま風を防ぐのと似ています。例えば、騒音に最も近い窓には、2枚目のガラスを入れる、などです。ガラスの厚みは少なくとも6㎜で、既存のガラスと新しいガラスの間にはできるだけ多くの隙間があり、その間に何も触れていないことを確認してください。壁に沿ってコーキングし、密閉して窓が開かないようにします。しかしこれは騒音に近い側だけでよいので、換気や避難のためには、他の窓を使います。騒音側のドアは、分厚く、しっかりと閉まるものでなければなりません。

住居内の騒音

室内から発生する騒音は、壁、床、天井を伝ってくるため、少なくとも一部は構造的なものです。

騒音がひどい側には、古い壁から構造的に独立した新しい壁を作ることもできます。二重壁は、間にグラスファイバーがあって、手前側の面は、厚さ12㎜以上の石膏ボードでできていないといけません。その壁を建物に打ちつける釘は、エネルギーを吸収するようなレジリエント・チャンネル（弾力性のある部品）である必要があります。技術者に聞けば教えてくれるはずです。

職場では、音に悩む他の人を探す

音に悩むのが一人でないのなら、その影響で生産性が落ちると主張できます。あなただけならば、特別に対応してもらえるように、十分な「信用」を得ておく必要があります。組織内であなたにしかできないことを頼まれたときに「ラジオを消してくれたら今すぐ喜んで」と交換条件にしてもいいです。

しかし、あなたの問題が、企業利益やあなたの上司の立場に影響を与えない限りは、「会社になんとかしてもらおう」という期待は持たないほうがいいです。転職するか、耳栓をするか、ウォークマンや気晴らしの音楽で気を紛らわすしかありません。

「ノイズバスター」を使う

特定の不快な周波数のみを除去する装置です。「ノイズ・キャンセリング・イヤホン」ともいわれています。

「ノイズジェネレーター」を使う

雨音など選んだ音だけがホワイトノイズとして生成されます。いびき、車の音、声、犬の鳴き声も聞こえなくなります。音と休息を関連づけられるようになると非常に役立ちます。

静かな席にしてもらう

騒がしいレストラン、美容院など、本来リラックスできるはずの場所に入るときは、静かなコーナーをリクエストしましょう。レストランによっては静かなセクションを設けていて、スタッフが店内を把握しています。

タバコと同じで時代は変わりつつあります。私が住んでいるサンフランシスコでは、レストランの批評家が、小さなベルのアイコンで、デシベルレベルを評価するようになりました。

映画では、音が大きすぎるときに苦情を言うことをご検討ください。またはビデオをレンタルして、自分で音をコントロールするのもいいです。

騒音はどこから来るのか、考え方をリフレーミングする

雨は落ち着くのに、なぜ水滴の音はうるさいのでしょう？ 原因の多くは頭の中にあります。一番騒音に苦しむのは、「静かにして」と言っても、その気持ちを尊重してもらえず、自分が犠牲になっている、と感じるときです。

路面の凸凹を直してほしかったとき、やっと誰かが工事に駆けつけてくれたなら、けたたましい音もウェルカムです。だからクリエイティブになりましょう。

近所の吠える犬や叫ぶ子どもたちのことをよく知り、愛せるようになりましょう。瞑想の先生が私にくれたアドバイスを紹介しましょう。

「海は波から逃れることはできない」

つまり、全てが必然で、ジャックハンマー（訳注：岩石に穴をあけたり、割ったりする建設機械）はあなたの波であり、あなたの運命の一部ということです。彼らは今日のあなたの教師であり、もっと忍耐強くありなさいとくり返し教えてくれているの

です。

音を閉ざす能力

　音をシャットアウトできるようになりましょう。これは簡単ではありません。間違いなく「アンブレラ・ウォーク」よりは大変です。それでも私が出会った人の中には、これを完璧にできる人もあれば、部分的にできる人もありました。彼らは皆それを学習した能力だと言います。しかしそれを実際の静寂と同じくらい心地よく感じられるのは、本当のプロだけでしょう。そして彼らにしてもそこには多少のエネルギーを必要とするのです。

　ここではその練習方法について説明します。待合室など他人が話している場所に座って、声が聞こえないようにする方法を試してみてください。例えば、彼らの言葉を聞いても、その意味が、自分の心に入り込まないようにするのです。他のことを考えて気を紛らわすのもいいですし、想像上の結界を張るのでもいいです。

> 対象 ： A群・B群・C群　やり方をお互いシェアします。

（ まとめ ）

　あなたの生活の中の騒音を減らすために、何をするか書きましょう。あなたにとっての騒音の意味とは？ 騒音との闘いから自分について何を学べるか？ 考えて書きましょう。

_____

_____

_____

_____

_____

第4章

子ども時代の「愛着スタイル」を振り返る

―安定した愛着がすべての土台―

　私たちは心理学によって、性格は、幼少期と学習経験とトラウマの産物であると教え込まれてきました。しかし心理学が登場する以前は、性格は主に遺伝や「よい血統」で決まるとされていたのです。この昔ながらの考え方は、HSPを含め多くの性格特性が「部分的には遺伝によって決まる」と発見されてきた今、復活しつつあります。生まれつきの気質が大きな影響力を持つと知った今、人生をつくり上げる力をどう捉えたらいいのでしょうか?

　遺伝的な特性が人生に大きな影響を与える、という考えはときに厄介です。自分の性格は変えられると思いたいのに、重要な遺伝的特性は、全てもう決まってしまっているように思えるかもしれません。確かにうつ病や不安症、人見知りといった問題を研究している人たちは、それが遺伝によるものか、学習によるものかで対立しています。

　私は、遺伝的な気質に関心はありますが、「性格は全て遺伝で決まる」という考え方には、決して賛同するつもりはありません。遺伝子が、性格やメンタルヘルスに関与しているのは明らかです。しかし、患者の人生経験によく耳を傾ける心理療法士ならば、大人の性格やメンタルヘルスと「(多くは幼少期の)客観的に見ても際立った人生経験」との間には、同等かそれ以上の強い関係を見出すでしょう。

　簡単に言えば、機能不全家庭からは、不幸な子どもと悩める大人が育つのです。

　しかし、私は「性格が決まるのは幼少期」とする研究にも賛同しかねます。例えば、双子は生まれた瞬間(経験で変化する前)から、全然違っていたりします。性格は、遺伝によっても大きく変わるという証拠です。したがって、真実は、遺伝的気質と幼少期の環境の相互作用にあることは間違いないと思われます。残念ながらこの辺りの研究は、研究者の意見が割れていて、進んでいません。しかしこれは、

あなたの人生にも直結することですから、信頼できる先駆的研究を少し紹介したいと思います。

研究者のミーガン・ガンナーは、生後たった9カ月の子どもでも、そばにいる人が協力的で思いやりのある人かどうかに気づいていて、それが母親から離れたときのストレスに影響を与えることを発見しました。無反応で無関心なベビーシッターに預けられると、子どもは唾液中にストレスホルモンであるコルチゾールを多く分泌するようになるのです。この影響は敏感な子にはさらに強く現れるとガンナーは言います。

ガンナーの同僚は、さらに重要な知見を報告しました。敏感な子の場合、母親からのサポートが、普段の生活に大きな影響を与えるのです。母親との愛着が安定しているHSCと不安定なHSC（生後18カ月）を、4種類のかなり刺激的で新しい場面（生きたピエロ、ロボットのピエロ、人形劇など）に引き合せて比較しました。研究者らは、アドレナリン（急に驚いたときに出るホルモンで、敏感な子なら慣れない状況に出合うとたいてい出ます）と、コルチゾール（ストレスと恐怖感の指標となるホルモン）とを測定しました。結果は察していただけると思いますが、皆さんが愛着スタイルを知った今、自分と養育者との関係はどうであったか振り返るとより深くわかっていただけると思います。

子どもの愛着スタイルは、乳児とその主たる養育者（多くは母親）を見ればわかります。子どもにうまく寄り添っている母親もいますが、一貫性がない、他のことを考えている、世話をしない、子の求めより自分を優先する母親もあります。私たち大人にとって大事なことは、愛着関係は変化に対するまさに抵抗力なのだということです。愛着スタイルは、幼少期に、親密な関係においてどう振る舞えば一番安全か、という点から形成されます。そして大人になってからも、信頼した人に手ひどく裏切られるような不幸な人間関係が起こらない限り、続くのです。

愛着が安定しているとは、そこから世界を探検しに出かける安全基地があるということです。あなたのニーズが最優先であり、養育者のニーズではありません。あなたが探検に行きたいなら「行っておいで」、あなたがそばにいてほしい、安全で安心だと感じたいなら「そばにいるよ」と言ってもらえるということです。安定型の愛着スタイルの人は、大人同士の親密な関係では以下に当てはまる傾向があります。

> 私は他人と親密になるのは、比較的簡単で、頼るのも頼られるも心地いい。
> 見捨てられたり束縛されたりすることを心配することもあまりない。

　不安定な愛着には、とらわれ型と回避型があります。

　とらわれ型の愛着スタイルは、養育者の世話に一貫性がなく、子どもが冒険しようとすると養育者が不安がるため、その子の最善の戦略は、養育者のそばを離れないことでした。とらわれ型の大人は次に当てはまる傾向があります。

> 相手は、私ほどには、私のそばにいたいと思わないようだ。
> 「パートナーは私と一緒にいたくないんじゃないかな」「本当は愛してくれていないのでは」とよく心配になる。私は誰かと親密になりたいし、一つになりたい。
> でも、こんなことを言ったら嫌われそうだ。

　回避型の愛着スタイルは、養育者が忙しすぎることで生じます。ストレスが多すぎる、病気、不在、放置、または危険な存在であるため、その子の最善の戦略は、その人を必要とせず、迷惑をかけないように距離をとることでした。回避型の愛着スタイルを持つ大人は、以下に当てはまる傾向があります。

> 人と親密になるのが不安だ。人を頼りたくない。
> 人はしばしば私が望むよりも、愛情を求め、心を開きたがる。

　さきほどの、18カ月の赤ちゃんの話に戻ります。敏感な子が、かなり刺激的な状況に直面したとき、母親との愛着が安定している子はアドレナリンの反応はあっても、コルチゾールは反応を示しませんでした。不安定な子はアドレナリンだけでなくコルチゾールの反応もありました。

　敏感であろうとなかろうと、養育者との愛着が安定している子は約50〜60％です。読者の皆さんの約半数は、新しい状況を楽しみ探検することを学んで育ったとわかります。一方、その他の半数は、養育者を頼ることができず、不安を感じながら育ってきました。あなたの身体は新しい状況ではいつもコルチゾールにあふれていました。神経も最適とはいえない環境で発達してきたということです。それは人間観や世界観にも影響するはずです。

　敏感な子たちは、良い状況では問題ないか、ひといちばい調子が良さそうですが、悪い状況ではひといちばい具合が悪いです。ここでの結論は非常に重要です。HSPとしての自分の身に起きていることを理解するには、子ども時代への洞察が

必要不可欠です。あなたには魅力も問題もありますが、それが全て「ひといちばい敏感だから」ではありません。また全て育った環境のせいでもありません。両方が作用しているのです。何が原因なのかを見極めるのは簡単ではありませんが、努力する価値は大いにあります。生まれつきの気質と人生経験の相互作用をはっきりさせれば、過去の問題の有無に関わらず、「暗い」「怖がり」「すぐ反応する」「ネガティブ」「メンタルが弱い」という否定的なレッテルを払拭できるのです。

　私たちは、もっと素晴らしい存在なのです。そして幼少期に困難を抱えていたHSPも「大変だったね、もう助けを求めていいんだよ」と自分を受容できるようになるでしょう。不遇な子ども時代を過ごしてきたのに「別に平気だよ」と言っていたり、たった10回の心理療法で完治したりする他の人たち（非HSP）に対しても、卑屈にならなくていいのです。

タスク4-1 ： 自分の子どもの頃の愛着スタイルを知る

　大人になった今も受けている影響は、気質からくるものか、愛着スタイルからくるものかを切り分けましょう。まずは以下の3つで、自分の養育者（多くは母親）の子育てはどうであったか評価します。

　下記の文を読み、それに対してあなたの養育者の場合はどうだったか、それぞれ1〜9で評価しましょう（1→「私の親とは全然違う」〜9→「私の親は全くこの通りだ」）。

評価	養育者の子育て
	彼女（彼）は概して愛情深く、私の求めに気づいてくれた。今は助けを求めているのか、自分でやりたいのか、よく理解してくれた。基本的に温かく、よく求めに応じてくれる心地よい関係だった。そのことを思い出すと気分がいい。
	彼女（彼）の私に対する接し方は、そのときどきで大きく違った。私の求めよりも、彼女（彼）のほうが優先されることがしばしばあった。彼女（彼）を頼れることもあったが、頼れないこともあった。愛されていると感じてはいたが、そのように思えないこともあった。
	彼女（彼）は、私に対して冷たかった。気づいてももらえず、ときには拒絶されることさえあったと思う。彼女（彼）は、ほとんどいつも自分のことを優先していた。「産まなければよかった」と思っているように感じることもときどきあった。

一番評価が高いのが1番目なら、幼少期はおそらく安全な関係だったことを示しています。2番目なら不安なとらわれ型、3番目なら回避的な愛着スタイルを示します。ただこれは、考えてもらうきっかけのために用意したものなので、当然多くの細かいニュアンスに欠けます。**幼い頃、養育者との愛着関係はどうであったか、もう少し詳しく書いてみてください。**

　適当な時期がきたら、アクティブ・イマジネーション（第2章）を使って、今書いたような状況で生活していた幼い子どもを呼び出しましょう。

　そしてその子に「どうだった？」「今の気持ちは？」「助けが必要なら何をしてほしい？」と尋ねてみましょう。アクティブ・イマジネーションはみなそうですが、これは軽々しく行ってはいけません。しかし準備ができたら、**ここで対話をするか、対話から学んだことを書きましょう。**

（まとめ）

幼少期の役割は過小評価されがちです。**今一度、自分の幼少期を振り返り、それが今の自分に与えている影響、そして自分の人生を形成しているこの力を今後どのように活かすか、考えてみてください。**幼少期が不遇だった場合、それを強みに変えられるなんて想像できないと思います。しかし大人になってから安定型になった、いわゆる「獲得された安定型」の人は、とても意識が高く、面白い人になると研究でわかっています。そして少なくとも回避型の人は孤独に対応できるようになり、とらわれ型は誰かの一貫した優しさに心から感謝できるようになるのです。

タスク4-2 ：[リフレーミング]幼少期の出来事を捉え直す

現在「自分をどう思うか」は、多くの場合、幼少期の自分を「自分や他人がどう見ていたか」から生じています。自己否定感は、幼少期の失敗、恥ずかしい出来事、誰かに言われた一番辛辣な言葉を、どう捉えたか、からきています。あなたのHSPとしての特性は、そこに何らかのかたちで関わっていたはずです。リフレーミングが不可欠です。

ただし時間をかけてください。1日に何回もリフレーミングをしてはいけません。例えば、性暴力（女性の3人に1人が経験しているそうです）など非常にトラウマ的な記憶について、今まで取り組んだ経験がない場合は、専門家の助けなしにリフレーミングしてはなりません。

以下はすでに学んだ「過去のリフレーミング」（41ページ）です。あなたの自己肯定感の低さに決定的な影響を与えたと思われる、幼少期の経験を選びましょう。そ

れは、幼稚園の入園式で圧倒されたというような、自分という人間を深く形成した一瞬かもしれないし、リトルリーグで優勝を目指していたなど出来事全体の分類分け（カテゴリ）でもいいです。サプライズ誕生会や初の乗馬体験など嬉しい出来事であっても、まずい反応をしてしまったのなら見落とさずに、リフレーミングしなければなりません。

あなたは自分の特性を知り、その経験を最終的には新たな観点で見られるようにならないといけません。しかし、最初はあまり深く考えずに、ただ最も決定的に動揺した出来事について考えてみてください。おそらくあなたは刺激でいっぱいになっていたのでしょう。きっと敏感さが関係しているはずです。

リフレーミングしたい幼少期の出来事やそのカテゴリを書きましょう。

ではリフレーミングしてみましょう。各ステップには番号が振られ、その下に具体例があり、さらにワーク用のスペースが続きます。

① 出来事にどう反応したか思い出す

そのとき、自分がどう反応したか、感情、行動、イメージを思いつく限り思い出してください。

> (例) 私は水は好きだったが、泳げるようにはならなかった。水泳の授業は私だけ恥ずかしい思いをした。顔を水に浸けられず、いつも挫折を味わった。自宅の洗面台で何時間も練習したがダメだった。他の子はみんなすぐにマスターして次を習うのに、私だけが取り残された。誰かにもうやめたら？ と言われた。いつもみんなに「あの子は変。関わらないほうがいい」と思われていた。

（空欄の記入欄）

2 その反応をどう感じてきたか

その反応について、いつもどのように感じていたかを思い出してください。

> 例 それは、私が欠陥人間であることを示す、一つの証拠にすぎなかった。
> 私は臆病者で、しかも変わる力もなかった。だから欠陥人間なのだ。

（空欄の記入欄）

③ 理解した気質の知識に照らすとどうであるか

気質について知ったことに照らして、あなたの反応を考えてみてください（私があなたにどう説明するか考えてみてもいいです）。

> 例 全ては、私の敏感さによるものだった。水が目、耳、鼻に入るのが大嫌いだった（個人レッスンの先生は私に耳栓と鼻プラグをくれた）。水が怖かったのは、親が私が溺れることを恐れていたからだ。私はその授業が後に控えているだけで不安でいっぱいになった。騒音や水しぶきも嫌い。冷たい水で誰よりも緊張した。先生の堪忍袋の緒も切れて、授業はもう無理だった。

④ 自分や周りがHSPを知っていたら、避けられたか? 違った結果になっていたか?

自分がHSPであることを自分か周囲の人が知っていて、その対策をとっていたら、上記の出来事に対してネガティブな結果は避けられたか、もしくは、もっと違う方法で変化に対処できたかを考えてみましょう。

> 例 私が13歳のときの出来事を考えると、こういうのは本当は最初から全部避けられのたかもしれない。そのとき、聡明な若い女性が個人指導をしてくれた。彼女は隅っこにいた生徒（私）にそっと潜り方を教えて浅いところの石を拾わせた。彼女は私を決して叱らず、ただ成功したらほめてくれた。それから彼女は石を深いところに置いた。その石にまで潜ると身体が浮いた。私は自分の息子（HSC）にも、1回授業を試させた後、同じ方法で教えた。ラッキーな子だ!

_____
_____
_____
_____
_____
_____
_____

5 人生の苦しみや無駄を防げたか?

　もしこの知識のおかげで、あなたの苦しみや人生の一部を無駄に過ごすことが防げたとしたらどうでしょう。それについて**感じることを何でも**、**時間をとって**考えてみてください。

> 例 その気持ちを想像することは難しい。自分の感情を堂々と表現できない惨めで卑屈な少女は、今の私とはまるで別人。夏は毎年ひどい思いをした。そのときの腹痛は、今も覚えている。今になってわかることは、同じような出来事がある度に、私はうつと不安に苛まれていたということだ。

_____
_____
_____
_____
_____
_____
_____
_____
_____

これまで取り上げてきた出来事に関して、新たに理解したことをまとめ、その意味を完全に理解するまで何度も読み返してください。

> 例 私は何の問題もなかった。私はどこも悪くない。私はただ他人とは違うだけ。素敵で面白い素質を持って生まれた貴重な人間だ。海に入る元型（本能）的な情熱もある（冬のサンフランシスコ湾も平気で泳げるし）。私は特別に注意深く育てられる必要があったのに、それを知る人がなかった。たくさんの成功経験が必要だった。敏感な反応を恥じる必要などなかった。両親がHSPを知っていれば多くの痛みを防げたかもしれない。まぁ、そのおかげで少なくとも他人の痛みがわかる人間になれたからいいか。

対象 ： **B群・C群**　第11章を使うグループは5番目のセッション（335ページ）でこれを行います。

（ **まとめ** ）

学んだ自分自身を振り返り、47ページ（第1章）に要約しましょう。

タスク4-3 ： ［リフレーミング］思春期の出来事を捉え直す

今度は、思春期でその後の人生が変わってしまうほど一番つらかった出来事を

リフレーミングします（ただし、深いトラウマ的な出来事に対するデリケートな作業を、専門家の助けなしに初めて行うことのないよう、再度警告しておきます）。私の調査では、思春期はHSPにとって最も大変な時期で、特に注意が必要です。他の研究によるとこの時期に多くの対人不安が始まります。

リフレーミングしたい出来事やそのカテゴリを書きましょう。

> 例 イケてる10代とは、いろいろな異性と性を楽しめる人を指すが、
> 自分にはそれは無理と思ってきたこと。

それでは、リフレーミングしましょう。

① 出来事にどう反応したか思い出す

その出来事に対して自分がどう反応したか、そのときの感情、行動、イメージをできるだけ多く思い出してください。

> 例 キスゲームがあった最初のパーティー。そのことを全く忘れていた。幼なじみが私のいなくなったことに気づいたが、私にはとても無理だとわかっていた。そのパーティーで私は瞬時に察した。男は全員キスをしたがっていて、それに応えるか拒否するかどちらかを、私は期待されていること、でも実際どうすればいいか全くわからなかったこと。当時、私は、妊娠は死んだほうがましなくらい嫌だと思っていた。その後すぐ13歳で彼氏ができた。かなり年上でガリガリで、他の女子には、とてもモテそうにないタイプだった。でも、誰かとの性交渉が怖かったので「男除け」のためだけに、その人と付き合ったのだった。そのまま結婚までした。

② その反応をどう感じてきたか

その反応について、いつもどのように感じていたかを思い出してください。

> 例 最初の結婚についても、それまでの彼との長い付き合いについても、その意味を私は全く理解していなかった。私は、自分に問題がある―つまり自己肯定感が低い―と思っていたし、自分をいいと言ってくれる人なんて他に誰もいないから、彼と一緒にいるしかないと思っていた。

③ 理解した気質の知識に照らすとどうであるか

気質について知ったことに照らして、あなたの反応を考えてみてください。

> 例 敏感な私は、そのパーティーにいたどの子よりも「性は深く神秘的でパワフルなもの」と常々考えていた。私の敏感さは、性の略奪的な側面（見栄を張るためだけに近づいてくる男の心ない言葉）を嗅ぎ取った。彼らの動機は信用できないが、拒絶して相手を傷つけるのも怖くて、とった安全策がそれ（その場から立ち去ること）だった。

（罫線のみの記入欄）

④ 自分や周りがHSPを知っていたら、避けられたか? 違った結果になっていたか?

　自分がHSPであることを自分か周囲の人が知っていて、その対策をとっていたら、上記の出来事に対してネガティブな結果は避けられたか、もしくは、もっと違う方法で変化に対処できたかを考えてみましょう。

> ⑩ わからない。もし誰かが私を理解して、自分と同じような男の子を紹介してくれて、セックスについてオープンに話せて、怖がる必要も我慢する必要もなくていいのなら、違った方向に行ったかもしれない。

（罫線のみの記入欄）

5 人生の苦しみや無駄を防げたか？

もしこの知識のおかげで、あなたの苦しみや人生の一部を無駄に過ごすことが防げたとしたらどうでしょう。時間をとって考えてみてください。

> 例) なんだかんだ言っても、性的には自分のペースでいられたので、まぁよかったところもある。とはいえ、結婚生活は悲惨な結果に終わり、お互い結婚なんかしなければよかったと心底思っている。結果的に相手を深く傷つけてしまったのは、申し訳ないと思っている。

---

6 新しい理解を吸収する

これまで取り上げてきた出来事に関して、新たに理解したことをまとめ、その意味を完全に理解するまで何度も読み返してください。

> 例) 敏感さが、私の性に対する考え方に影響を与え、不安感から安全策に走った。敏感さや性について誰からも助けを得られなかったので、自分なりに最善を尽くした。私は障害があるのでも性的におかしいのでもないし、魅力がないわけでもない。私はただHSPなのだ。ただそれだけ。

（空白の記入欄）

対象 ： B群・C群

（ まとめ ）

自分について学んだことを振り返り、考えを47ページにまとめましょう。

タスク4-4 ： そのときの両親の言葉や態度を評価する

　新しい状況や生活でとる行動に多大な影響を与えるのは生まれ持った気質です。しかし、こんなときはどうしたらいいか、自分の気質とどう付き合うか、という具体的な方法は、親から学習します。もしあなたが自分の生き方に概ね満足しているなら、その強みの源泉を知るのはいいことです。もしあなたが変わりたいと思っているのなら、自分の行動がどこからくるのか、理解することは重要です。それが「自分のものでなかった」とはっきりすれば、そこから必ず変わっていけるからです。

　次のページで、同じ2つの質問が3度くり返されます。あなたの人生の3つの場面に対して、このタスクを行うことができます。

　最初の質問では、あなたが人生で困難に直面したとき、両親（またはその場面であなたに最も影響を与えた人）が何を言ったか、何をしたかを訊かれます。

　2つめの質問は、先ほどと同じ場面で、課題に直面したとき、あなたが何をするか、自分に何を言うかです。最後に、これらを比較してもらいます。

　1日目は、これから示す人生の3つの場面において、最初の質問だけに答えてください。別の日に、2つめの質問に答え、最初の答えと比較することをお勧めします（そうすることで全体を通して思い出せます）。

第1の場面

　下記のリストに目を通してから、一番下に、あなたが考えたい場面（困難に直面した場面）を一つ書いてください。リストから場面を（後で詳しくやることもできます）一つ選ぶこともできるし、リストにない場面を選ぶこともできます。

- 身体能力や危険……自転車に乗る練習、自動車を運転する練習など
- 見知らぬ相手への対応力と危険……知らない人への接し方、一人旅、遠出など
- 学校や職場など……学問や職業の選択、入学や就職、退学や退職、転学や転職、仕事量の調整（多すぎない、少なすぎない）など
- 教師や上司への対応……「ご意見」への対応、自分の意見を伝えること
- 社会活動……クラブに参加、他人とのスポーツ、会食への参加、仲間の中で居場所があると感ずること
- 社会的リーダーシップ……人前で話す、演じる、立候補するなど
- 恋愛と性……デートや性的な誘いをどうするか、自分の性的衝動を理解する、メディアで扱われるセックスにどう反応するか
- 親しい友人関係を選んで関係を進展させる
- 遊び、趣味、冒険（一人でも、誰かと一緒でも）

① 場面を一つ選びましょう。

② 回答するときに思い浮かぶ人、つまりその場面において最も影響を受けた人を書きましょう（母親、父親、その両方、祖父など）。

③ 選んだ場面において、②で書いた人物があなたの試みに対してとった行動や態度はどうであったか、下記の1〜3の基準で考えましょう。当てはまるものをアルファベットの横に回答してください。

1（あまり当てはまらない）、2（ときどき当てはまる）、3（よく当てはまる）

a		私が少しでもリスキーなことをしようとすると、とても怖がり、「気をつけなさい」を連発した
b		私が失敗した理由、リスクを冒さなかった（冒すべきではない）理由として、体調上の理由（刺激過多以外）を探した
c		ある程度の範囲内なら「あなたはやるべきことはちゃんとやる人だと信じている」と言ってくれた
d		私がリスクをとることを認めなかった
e		私の行動に注意を払わなかった
f		新しいことを、スモールステップで少しずつさせてくれた。慣れるのに十分な時間を与えてくれた
g		私がやりたい以上のことを押しつけた
h		私が要望に応えられないと、非常に怒った
i		私の了解を得て、塾や家庭教師を探した
j		私に受けたくない授業を受けさせた
k		問題を見なかった、あるいはなかったことにした
l		私が失敗したら、食べ物やプレゼントで慰めようとした
m		私を他の子と比べて否定した
n		私を現実的で前向きに他の子と比較し、私の自尊心を育もうとした
o		本当は嘘だとわかっていることでも、私を他の子と比較してほめた
p		私の決めたことを批判した
q		私が決めたことをほめてくれた
r		私が決めたことにあまり口出しをしないが、心配や不満があるようだった
s		私のことを専門家に相談していた
t		私の了解を得て、私の問題について他人と話し合っていた
u		私の了解を得ずに、私の問題について他人と話し合っていた

④ ⑤〜⑦に進むのは別の日にします。今日は2つめの場面を選び、再度質問に
答えてください（→139ページへ）。

⑤ 1つめに選んだ場面に対して、あなたの普段の行動を評価しましょう。以下のリストの「評価」の欄に、下記の1〜3の中で当てはまるものを書いてください。

1（あまり当てはまらない）、2（ときどき当てはまる）、3（よく当てはまる）

☆印	反対か同じか	アルファベット	評価	行動
		a		少しでも危険を冒すとかなりの恐怖を感じる
		b		リスクを取るべきではない、あるいは取らない理由として、体調上の理由（刺激過多以外）を挙げる
		c		自分の決断、その決め方ー理由、直感、心の声ーを信じている
		d		どんなリスクも冒してはいけない
		e		問題を考えてはいけない
		f		新しいこと、難しいことには、少しずつトライし、慣れるのに十分な時間をかけている
		g		本当はそんなにやりたくなくても、もっと頑張ろうとする
		h		他人と同じようにできないと、自分にとても腹が立つ
		i		状況を打開しようと、セミナーや先生や本を探す
		j		本当は嫌でも、指導を受けるようにしている
		k		そのことを考えないようにしている
		l		失敗したとき、あるいは失敗しそうなとき、飲食や買物で気を紛らわせる
		m		他人と自分を比較して、自分を否定的に考える
		n		他人と自分を比較して、自分の長所も見ながら自分を肯定的に考える
		o		自分の長所に気づいたり、他人にほめられたりしても、それが本当かどうか疑う
		p		決断した後から、それで本当によかったのか、疑ったり自分を責めたりする
		q		我ながらいい決断をしていると思う
		r		自分に対しても、自分が決めたことにも、いつも漠然とした不安や心配や不満がある
		s		専門家に相談している
		t		適切な相手に、その場面での自分の悩み事を話している
		u		誰彼構わず（助けてくれない相手にも）その場面での自分の悩み事を話している

⑥ アルファベットに合わせて、自分の回答⑤と、両親（または②に書いた人）の反応③を比較してください。そしてそれが同じなら、「反対か同じか」の欄に、「同じ」と、反対なら「反対」と書いてください。

⑦ ⑤の「行動」という欄に書かれていることを読み直し、回答に関係なく、課題に対するアプローチとして、あなたがよい方法だと思うものに星印（☆）をつけてください。その後、その星印をつけた行動のうち、あなたが実際にやったもの（評価が2か3のもの）の数を、後でわかるように下線を引きながら集計してください。願わくば、あなたが行っていることと、すべきだと思っていることの間に、大きな乖離がないとよいのですが。これについては、後で詳しく説明します。
次に、第2の場面に対して、⑤～⑦を行います（→141ページへ）。

第2の場面

① 場面を一つ選びましょう。136ページのリストを参考にしても構いません。

┌───┐
│   │
│   │
└───┘

② 回答するときに思い浮かぶ人、つまりその場面において最も影響を受けた人を書きましょう（母親、父親、その両方、祖父など）。

┌───┐
│   │
│   │
└───┘

③ 選んだ場面において、②で書いた人物があなたの試みに対してとった行動や態度はどうであったか、下記の1～3を使ってアルファベットの横に回答してください。
1（あまり当てはまらない）、2（ときどき当てはまる）、3（よく当てはまる）

a	私が少しでもリスキーなことをしようとすると、とても怖がり、「気をつけなさい」を連発した
b	私が失敗した理由、リスクを冒さなかった（冒すべきではない）理由として、体調上の理由(刺激過多以外)を探した
c	ある程度の範囲内なら「あなたはやるべきことはちゃんとやる人だと信じている」と言ってくれた

d		私がリスクをとることを認めなかった
e		私の行動に注意を払わなかった
f		新しいことを、スモールステップで少しずつさせてくれた。 慣れるのに十分な時間を与えてくれた
g		私がやりたい以上のことを押しつけた
h		私が要望に応えられないと、非常に怒った
i		私の了解を得て、塾や家庭教師を探した
j		私に受けたくない授業を受けさせた
k		問題を見なかった、あるいはなかったことにした
l		私が失敗したら、食べ物やプレゼントで慰めようとした
m		私を他の子と比べて否定した
n		私を現実的で前向きに他の子と比較し、私の自尊心を育もうとした
o		本当は嘘だとわかっていることでも、私を他の子と比較してほめた
p		私の決めたことを批判した
q		私が決めたことをほめてくれた
r		私が決めたことにあまり口出しをしないが、心配や不満があるようだった
s		私のことを専門家に相談していた
t		私の了解を得て、私の問題について他人と話し合っていた
u		私の了解を得ずに、私の問題について他人と話し合っていた

④ ⑤〜⑦に進むのは別の日にします。今日は最後に、3つめの場面を選び、再
　度質問に答えます(→142ページへ)。

----

⑤ 2つめに選んだ場面に対して、あなたの普段の行動を評価しましょう。以下のリストの「評価」の欄に、下記の1〜3の中で当てはまるものを書いてください。

1（あまり当てはまらない）、2（ときどき当てはまる）、3（よく当てはまる）

☆印	反対か同じか	アルファベット	評価	行動
		a		少しでも危険を冒すとかなりの恐怖を感じる
		b		リスクを取るべきではない、あるいは取らない理由として、体調上の理由（刺激過多以外）を挙げる
		c		自分の決断、その決め方ー理由、直感、心の声ーを信じている
		d		どんなリスクも冒してはいけない
		e		問題を考えてはいけない
		f		新しいこと、難しいことには、少しずつトライし、慣れるのに十分な時間をかけている
		g		本当はそんなにやりたくなくても、もっと頑張ろうとする
		h		他人と同じようにできないと、自分にとても腹が立つ
		i		状況を打開しようと、セミナーや先生や本を探す
		j		本当は嫌でも、指導を受けるようにしている
		k		そのことを考えないようにしている
		l		失敗したとき、あるいは失敗しそうなとき、飲食や買物で気を紛らわせる
		m		他人と自分を比較して、自分を否定的に考える
		n		他人と自分を比較して、自分の長所も見ながら自分を肯定的に考える
		o		自分の長所に気づいたり、他人にほめられたりしても、それが本当かどうか疑う
		p		決断した後から、それで本当によかったのか、疑ったり自分を責めたりする
		q		我ながらいい決断をしていると思う
		r		自分に対しても、自分が決めたことにも、いつも漠然とした不安や心配や不満がある
		s		専門家に相談している
		t		適切な相手に、その場面での自分の悩み事を話している
		u		誰彼構わず（助けてくれない相手にも）その場面での自分の悩み事を話している

⑥ アルファベットに合わせて、自分の回答⑤と、両親（または②に書いた人）の反応③を比較してください。そしてそれが同じなら、「反対か同じか」の欄に、「同じ」と、反対なら「反対」と書いてください。

⑦ ⑤の「行動」という欄に書かれていることを読み直し、回答に関係なく、課題に対するアプローチとして、あなたがよい方法だと思うものに星印（☆）をつけてください。その後、その星印をつけた行動のうち、あなたが実際にやったもの（評価が2か3のもの）の数を、後でわかるように下線を引きながら集計してください。願わくば、あなたが行っていることと、すべきだと思っていることの間に、大きな乖離がないとよいのですが。これについては、後で詳しく説明します。

ここで、第3の場面に対して、⑤〜⑦を行います（→144ページへ）。

第3の場面

① 場面を一つ選びましょう。136ページのリストを参考にしても構いません。

② 回答するときに思い浮かぶ人、つまりその場面において最も影響を受けた人を書きましょう（母親、父親、その両方、祖父など）。

③ 選んだ場面において、②で書いた人物があなたの試みに対してとった行動や態度はどうであったか、下記の1〜3を使ってアルファベットの横に回答してください。

1（あまり当てはまらない）、2（ときどき当てはまる）、3（よく当てはまる）

a	私が少しでもリスキーなことをしようとすると、とても怖がり、「気をつけなさい」を連発した
b	私が失敗した理由、リスクを冒さなかった（冒すべきではない）理由として、体調上の理由（刺激過多以外）を探した
c	ある程度の範囲内なら「あなたはやるべきことはちゃんとやる人だと信じている」と言ってくれた

d		私がリスクをとることを認めなかった
e		私の行動に注意を払わなかった
f		新しいことを、スモールステップで少しずつさせてくれた。慣れるのに十分な時間を与えてくれた
g		私がやりたい以上のことを押しつけた
h		私が要望に応えられないと、非常に怒った
i		私の了解を得て、塾や家庭教師を探した
j		私に受けたくない授業を受けさせた
k		問題を見なかった、あるいはなかったことにした
l		私が失敗したら、食べ物やプレゼントで慰めようとした
m		私を他の子と比べて否定した
n		私を現実的で前向きに他の子と比較し、私の自尊心を育もうとした
o		本当は嘘だとわかっていることでも、私を他の子と比較してほめた
p		私の決めたことを批判した
q		私が決めたことをほめてくれた
r		私が決めたことにあまり口出しをしないが、心配や不満があるようだった
s		私のことを専門家に相談していた
t		私の了解を得て、私の問題について他人と話し合っていた
u		私の了解を得ずに、私の問題について他人と話し合っていた

④ 今日はここでストップしましょう。別の日に第1の場面（138ページ）の⑤〜⑦を行います。第2、第3の場面の⑤〜⑦も同様に別の日に行います。

----

⑤ 3つめに選んだ場面に対して、あなたの普段の行動を評価しましょう。以下の
リストの「評価」の欄に、下記の1～3の中で当てはまるものを書いてください。

1(あまり当てはまらない)、2(ときどき当てはまる)、3(よく当てはまる)

☆印	反対か同じか	アルファベット	評価	行動
		a		少しでも危険を冒すとかなりの恐怖を感じる
		b		リスクを取るべきではない、あるいは取らない理由として、体調上の理由(刺激過多以外)を挙げる
		c		自分の決断、その決め方―理由、直感、心の声―を信じている
		d		どんなリスクも冒してはいけない
		e		問題を考えてはいけない
		f		新しいこと、難しいことには、少しずつトライし、慣れるのに十分な時間をかけている
		g		本当はそんなにやりたくなくても、もっと頑張ろうとする
		h		他人と同じようにできないと、自分にとても腹が立つ
		i		状況を打開しようと、セミナーや先生や本を探す
		j		本当は嫌でも、指導を受けるようにしている
		k		そのことを考えないようにしている
		l		失敗したとき、あるいは失敗しそうなとき、飲食や買物で気を紛らわせる
		m		他人と自分を比較して、自分を否定的に考える
		n		他人と自分を比較して、自分の長所も見ながら自分を肯定的に考える
		o		自分の長所に気づいたり、他人にほめられたりしても、それが本当かどうか疑う
		p		決断した後から、それで本当によかったのか、疑ったり自分を責めたりする
		q		我ながらいい決断をしていると思う
		r		自分に対しても、自分が決めたことにも、いつも漠然とした不安や心配や不満がある
		s		専門家に相談している
		t		適切な相手に、その場面での自分の悩み事を話している
		u		誰彼構わず(助けてくれない相手にも)その場面での自分の悩み事を話している

⑥ アルファベットを合わせて、自分の回答⑤と、両親（または②に書いた人）の反応③を比較してください。そしてそれが同じなら、「反対か同じか」の欄に、「同じ」と、反対なら「反対」と書いてください。

⑦ ⑤の「行動」という欄に書かれていることを読み直し、回答に関係なく、課題に対するアプローチとして、あなたがよい方法だと思うものに星印（☆）をつけてください。その後、その星印をつけた行動のうち、あなたが実際にやったもの（評価が2か3のもの）の数を、後でわかるように下線を引きながら集計してください。願わくば、あなたが行っていることと、すべきだと思っていることの間に、大きな乖離がないとよいのですが。これについては、後で詳しく説明します。

最後に3つ全て行う

⑧ ここまで行ってきた3つの場面全ての「⑤のリスト」を見てください。リスト内の星印（☆）と下線の両方のある項目（実際にいいことを行っている）を確認します。それらの横に「同じ」と書いてあれば、育ててくれた両親に感謝しましょう。「反対」があるなら、"悪いしつけ"を克服してきた自分をほめましょう。そしてそれが意識的に選んだのか、無意識の反応だったのかを考えてみてください（無意識だったのなら、ストレスがかかると「同じ」に戻ってしまう可能性があり、よりリスクが高いといえます）。

⑨ 実行していない☆つき項目と、実行している☆無しの項目を見てください。そこはあなたが変えたいと思っているところです。隣に「同じ」が多いなら、そこを変えるために意識的な練習が必要です。隣に「反対」が多いならそれが何を意味するのか自分で考えてみないといけません。項目が多くて一つずつ話すことはできませんが、☆がついている項目で親と「反対」のことをしているのは、親のよい提案に対して、あなたがただ反抗のための反抗を試みている、ということになります。しかしそれは最終的には、あなたはやはり親の考え方にどこかで縛られている、ということなのです。

対象 ： B群・C群　BとCは結果を話し合いますが、まずは個人のタスクです。

（まとめ）

学んだことを振り返り、新しい状況や困難な状況に対処するために、自分自身を
「どう変えたいか」決めましょう。

タスク4-5 ： 内なる子ども（インナー・チャイルド）との対話

インナー・チャイルドについては、いろいろいわれていますし、中には冗談めかし
て語られることもあります。私の心の中にいる小さな少女は、非常にプライベートな
存在で、このテーマにまつわる馬鹿騒ぎを嫌っています。しかし、インナー・チャイル
ドを考えるそもそもの意義は否定しません。

もちろん、私たちはそれぞれの年齢での自分も、持ち合わせています。幼少期に
働きかけるとき、私たちはその子に対して、「最も尊敬するコンサルタント」として接
するべきです。そうでないと私たちはその子を侮辱することにもなるでしょう。

なぜ「子ども」の声を聞くのか？

インナー・チャイルドは、特にHSPなら尚更、とても賢い子です。彼らは、幼少期
の問題が再発しそうなとき警告してくれます。遊びを手伝ってくれたり、何が善で何
が悪か、強い直感を持っていたりします。それでもまだピンとこないなら、自分の人
生がまるで「強力な子どもやわがままな人に乗っ取られた」と感じることはないで
しょうか？ 彼らにはそれができてしまうのです。私たちは突然、怒ったり、見捨てら
れたり、虐待されたり、怯えたり、恥ずかしがっている子どものように振る舞います。
ときには、ほんのわずかな挑発に乗ってしまうこともあります。

しかしひとたび、この敏感なインナー・チャイルドに耳を傾け、少し交渉しさえす

れば、もはや人生を奪われることはなくなるでしょう。あなたは、自分自身とその子にふさわしい人生を歩めるようになるのです。

　内なる少年少女たちと、どうつながればいいのでしょうか？

　それは、思考、「子どもっぽい」空想や行動、特に夢の中に現われます。81ページ（第2章）で説明したアクティブ・イマジネーションによっても、彼らとつながることができます。

夢の中の子

　あなたの子どもは、夢の中ではどうしていますか？　私の小さな女の子は最初、幼い動物として現れました。彼女は自分の姿を見せるのが怖かったのか、あるいは私にはまだ手に負えないと思っていたのでしょう。

　やがて彼女は最も悲惨な姿（病み、虐待され、苦しみ、死にそうな姿）で現われました。それは、私を動揺させるためではありませんでした。私の注意を引き、彼女と私が困っていることを伝えるためだったのです。

　どのような夢においても、最も重要なポイントは「感じられている」または「感じられていない」感情です。

　夢の中で誰かが表現する感情が強いほど、または表現されるべき感情が強いほど（誰かが無残に殺されているのに誰も気にしないときのように）夢とその感情にもっと注意を払う必要があります。その感情は抑圧されているか、何らかのかたちで今現在、あなたの人生を支配しているのです。

　夢の中の子どもの年齢は、あなたの現在の状況に影響を及ぼしている、あなたの人生の中での年齢を示します。つまり、7歳の自分の夢を見るなら、7歳のとき何が起きたかを考えてみましょう。それは、祖父が他界したとか、あなたが転校したとかかもしれません。心に最初に浮かび上がってくるのはたいてい（いつもではありませんが）、あなたが築こうとしていたつながりです。

　また、夢の設定も重要です——それによって、夢のテーマがわかります。例えば、あなたの「子ども時代の家」の夢は、あなたの家庭の、家族内力動を示します。「教室」は今のあなたの学びのプロセスを象徴し「外国」は不慣れな土地を表します。

　女性が男の子、男性が女の子の夢を見ることがあります。その理由は慎重に考える必要があります。その子が知り合いならば、第2章で話した通り、実際のその子についてであるかもしれません。しかしまた、その子と似た「あなたの子どもの部分」についてということもあるのです。

ある男性が、生まれたばかりの姪が捨てられる夢を見るのは、自分が幼少期に何らかのかたちで見捨てられたことに、向き合う準備ができていないからかもしれません。捨てられた子を「他の誰か」にすることで、そのような状態にあった子どもの頃の自分を直視せずにいられるからです。自分の一部が異性の姿で現れるとき、象徴されているのは、現在の自分からかけ離れた、思ってもみない自己の一面であり、特に性役割に対する自分の考え方が反映されています。

　例えば、自己主張が強くなり始めた女性が最初に見るのは、「活発で自己主張の強い少年」の夢かもしれません。——それは、まだ若く、成長途中で、そして彼女の考える「女性らしさ」から、まだかけ離れた部分です。自身の敏感さを受け容れ始めた男性は、最初「繊細で美しい少女」の夢を見るかもしれません。——少女は、彼の心の中でまだ少年として現れることが許されていない彼の一部です。

　おもちゃの夢や自分が周りのものよりずっと小さくなっている夢もまた、あなたに子どもの部分を引き合わせようとする無意識の慎重な働きかもしれません。

あなたの仕事

　あなたの課題は、あなたの中にいる子どもと、新たに、あるいは初めて、つながることです。初めての場合は、あらゆることに備えておくことです。それはテディーベアやオルゴールとは限りませんから。二人は相反していたり、敵対していたりすることもあります。

　私の最初の抑えきれない衝動は、信じられないかもしれませんが、その少女を殴ったり蹴ったりすることでした（もちろん想像上です）。今にして思えば、私は「敏感すぎる」子どもの頃の自分を嫌っていただけなのです。最近も、私は、忙しそうにしている男が「邪魔するな！」と彼女を溺死させる夢を見ました。最初は誰でもそんなものです。

　もう一度いいます。困ったときは専門家の助けを求めてください。ゆっくり進めばいいのです。

　インナー・チャイルドとコンタクトをとるには、二つの方法があります。

● アクティブ・イマジネーション

　その子に「話をしよう」と誘いかけましょう。もう少し「呼び水」が必要なら、今あなたに不満な子、ひといちばい敏感であることで最も影響を受けた子、125ページでリフレーミングした出来事を経験した子を呼び出すこともできます。

● ドリームワーク

　子どもについて見た夢に取り組み、その子の感情、年齢、設定、状況について、上に述べた方法で考えてみます（ドリームワークについては、81ページと271ページに詳細を述べてあります）。アクティブ・イマジネーションで、無意識が見せる夢に能動的（意識的）に取り組むこともできます。

アクティブ・イマジネーションやドリームワークの記録を残しましょう。

対象 ： C群

(まとめ)

　アクティブ・イマジネーションやドリームワークで見つけた子どもにメッセージを書いてみましょう。

「尊敬しているし、愛している。そして助けてあげたい」だから「僕の秘密を教えるよ」と伝え、「だけど君のことは信頼できる人以外、誰にも話さないからね」と約束するのです。そして、その子が嫌がることをしないといけなかったときは、なぜそのようなことになったのか、教えてあげるとよいでしょう。

　それはその子と今後、話し合いを続けるために重要です。あなたは、その子が好まないことをしなければならないでしょう。人生は楽しいことばかりとは限りません。そして、あなたが知っていることをその子も知っていると思い込まないことです。

　しかし、その子の答えに耳を傾け、それが悲痛なものなら、思いやりに満ちた妥協点を見出すようにしましょう。二人の関係が深まることを願っています。

第5章

社交におけるHSP
―70％のHSPが人間関係に消極的に見える理由―

　HSPの30％は外向的で、普段から社交的な性格の持ち主です。しかし全ての HSPは、社会生活の中で、刺激過多になり圧倒される可能性があります。それが おそらく、HSPの70％が、内向的であることを選ぶ理由です。すなわち、知らない 人や集団から離れ、特に大人数の、騒々しい環境、緊張するフォーマルな状況を避 けるのです。私たちは、ただ刺激過多を避けているだけなのです（外向的なHSP はそのような環境に身を置いて育ってきたので、比較的平気ですが、それでも一 人静かに過ごすダウンタイムがたくさん必要です）。

　問題はこの、知らない人や集団を回避する習慣が、より慢性的な症状、つまり人 見知りや社交不安症に変わってしまうことがあることです。私は敏感さと人見知り はイコールとは考えていません。しかし本章では、私たち誰もがなり得る人見知り の瞬間をリフレーミングし、HSPらしくそれらに対処できるようにしたいと思います。 それはまた敏感さに照らして、今までの社会的「失敗」を見直して、社会的スキル を磨くことでもあります。

「人見知り」になる4つの理由

① 社会の価値観
　人見知りについて。これは結構やっかいな問題です。その理由は、社会がその 反対（外向的であまり敏感でないこと）を理想としているからです。実際には、その 理想に適う人はほとんどいないのが現実です。全ての人（つまりHSPだけでなく非 HSPも含めて）のうちの40％が、自分のことを人見知りと思っています。

　自分のことを人見知りだと感じる原因の一つは、多くの人があまりにも外向的な

スタイルを理想として目指しているので、自分がそれに適っているとなかなか思えないからです。

② 幼少期の家庭

2番目に考えられる理由は、幼少期の家庭生活が困難な状況にあったことです。うつ病や不安症もそうですが、不幸な幼少期を過ごしたHSPは、同じ不幸な子ども時代を過ごした非HSPよりも、シャイな大人になる可能性が高いことがわかりました。

前章の冒頭で話したミーガン・ガンナーの研究と3つの愛着スタイルについて考えてみると、知らない人に会って批判されることへの恐れは、不安定な愛着スタイルの人に多く見られます。特に不安定型のHSPの場合、コルチゾールによる過剰な高ぶりがよく起こるので、社会的に「うまく立ち振る舞おう」とするときにその高ぶりが余計に問題になってしまうのです。また、不安定なとらわれ型のHSPは、自分自身の存在価値に強い不安を持っているので、人との出会いで強く高ぶってしまうのも無理からぬことなのです。

回避型のHSPは、刺激過剰になることを必要以上に言い訳にして、引きこもっています。「人との出会いになんか興味がない」という態度をとって、結局一人になってしまいます。しかし、そんな彼らも心の中では寂しさや悩みを感じているかもしれません。結局のところ私たちはみんな社会的な生き物なのです。

③ 青年期のトラウマ

HSPが人見知りになる3番目の理由は、よく研究されている事実です。青年期のトラウマ的な経験は、しばしば人見知りを引き起こします。人見知りになった瞬間を正確に思い出せる人は多く、またそのような人の多くは、おそらくHSPでもあるのでしょう。

④ 刺激過多

最後に私が「人見知りに滑り落ちる」と表現する理由があります。

HSPは社交の場でよく刺激過剰になり、過度に高ぶってしまうので、賢明で適切な行動をとれなかったりします。多くは単に騒々しく刺激の多い環境のせいなのですが、刺激過多が原因だとわからないと、また同じような状況になったときに、もっと緊張してよくない振舞いをしてしまい、さらにその状況が怖くなる、という悪

循環になってしまいます。

　このような状況を避け始めると、もともと持っていた社会的スキルも錆びついてしまい、いわゆる「引きこもり」とか「社会恐怖症」といわれるような状態になってしまうのです。

　4つのケース、いずれにおいても、敏感さは人見知りに対して、重要な、あるいは唯一の役割を果たします。それでは、そのようなHSPの人見知りに対して、私がどうアプローチするか紹介しましょう。

社交術を見直すための3つの心構え

① レッテルを貼らない、貼らせない
　人見知りにはたくさんの否定的な意味合いと絶望的な響きがあります。人見知りは生まれつきではありません。そして誰でも人見知りになることはあります。だからあなた自身にも、彼らにももう言わせないようにしましょう。そんなレッテルは何の解決にもなりません。

② 刺激過多から高ぶりに至ることが、たいてい最初のきっかけです
　高ぶりは、恐れや人見知りとは違います。実際に高ぶっているときの反応を、恐れや人見知りとはいいません。「恐るべきは恐れ自体だ」ということはよくあります。ですから、社交の場で怖くなったときは、これは高ぶりだと考えて、刺激を減らしましょう。

③ 無理な理想は追わない
　外向的な非HSPのように振る舞うのはやめましょう。あなたは、その内向的なスタイルで十分社会貢献しているのです。例えば、あなたの身近な人との人間関係がうまくいっているのは、おそらくあなたの敏感さのおかげでしょう。喪失体験や死の話題になったとき、あなたは誰よりもいい聞き手になり、相手を癒し助けることができます。

　本章の後半は人見知りに戻りますが、次のタスクは外向的なHSPにも当てはまります。私たちは誰でも、社会的な「失敗」をすることがあります。

タスク5-1 ： 「失敗体験」を分析する

　どのようなスキルであっても、直後に動きを再生して、改善の余地がなかったか点検することが大切です。うまくいっているところはいいのですが、そうでない部分に目を向けてみましょう。よく見直してみると、それは案外大丈夫だったりもするものです。

　ここ最近、誰かと話をして「自分は口下手だ」と思ったり、黙ってしまったり、拒絶されたと感じたことはありますか?

　そのときのことを1つか2つ書いてください。

　では、以下の一覧に目を通し、心当たりのあるもの全てにチェックを入れましょう。

□ 相手は自分と話したくないようだ……

　これはかなり恐ろしいですよね。自分は欠陥人間だと見抜かれているんじゃないか。これが人見知りの本質です。

① その人が話したがらないのは、本当にあなたと関係があるのでしょうか。

② 人間同士、みんな惹かれ合うわけではありません。通常、惹かれ合うのは、似た者同士が多いです。しかしHSPのあなたは少数派ですから、ほとんどの人（特に集まりに参加してくる人）とは似ていません。ですから相性のいい相手がなかなか見つからないのは、致し方のないことかもしれません。

③ たとえその人があなたと話したくなかったとしても、それが何か問題ですか? あなたは全員を喜ばせたいのでしょうか? むしろ気遣ってばかりの自分を解放する絶好のチャンスではありませんか?

④ これは他人と違っている人には、よくあることなので注意してください。何でも「自分のせい」と結論付けるのは早計です。研究によると人見知りに悩まされる人は、実際より遥かに「他人は自分のことが嫌いだ」と思っています。

　とりあえず、あなたに何か落ち度があったと仮定しましょう。まずコミュニケーション能力を高めるために、フィードバックや指導を受けることができます。対人関係やその恐れについての関連書籍がありますし、地域にもグループ療法を提供できる

セラピストがいたり、勉強会やクリニックがあったりするかもしれません（344ページ参照）。

すでに会話のスキルを体得しようとしているのに、失敗して疲れているのなら愛着の問題を考えることをお勧めします（122ページ参照）。「どうしても一緒にいなきゃ嫌だ」とささやく、必死で人を求めるタイプもあれば「そんなの知るものか」とつぶやく、人を拒絶するタイプもあります。不安定型はどちらのタイプであっても他者を困惑させてしまうのです。いずれのケースでも信頼できる人との安全な関係を築くためには個別療法が最も有効です。

人を信じることを学んでいくとき、頼れるのは、あなたの「一緒にいてくれないとだめ」とか「もう近寄らないで」という呪いの文句を気にしないでくれる人です。その人は、後からあなたが他の人との関係を築こうとするときに助けてくれるでしょう。

ここは、前章で出会ったインナー・チャイルドと一緒に取り組みましょう。あなたが最初に誰かと出会うときにはその子が不安定型の子だったら「出てこないでね」と頼んでおきましょう。その子のニーズは、あなたのことをよく知らない人にとっては、本当はもっと違った深い理由があるのに気づいてもらえず「わがまま」に聞こえてしまうかもしれません。

☐ その人は、たまたま誰とも話したくなかった

こんな風に考えたことはないのでしょうか？ あなたのせいではないですよね？「誰とも話したくない」自分がそういう気分になる頻度を考えてみてください。しゃべりたくないと、それを露骨に現す人だっています。あなたは他人を傷つけたくないから違うかもしれませんが。あるいはその人たちなりに「話したくないオーラ」を慎んでいるつもりなのかもしれません。その人たちはあなたほど敏感ではないので、自分のとっている態度が、そういう気分を示しているとは気づかないのです。

少し違うケースもあります。あなたがその人に声をかけたのは、「忙しいとき」「疲れているとき」または「大勢に追われて求められているとき」かもしれないです（サインに追われる著者とか）。一人になりたい人を捕まえてはいけません。

☐ 話したくないのは実は自分だった

本音に反したことをするのは川の上流に向かって船を漕ぐようなもので、あなたの問題です。あなたの仕事は、外ではなく自分の内面との交流です。「誰とでも話せる自分になりたい」と願っていて、現実は「話したくない」自分がいることに気づ

かず、それを他人のせいにしてしまったのです。

□ 単に言葉が浮かばない

これは大した問題ではありません。すぐに直せます。次のタスク（雑談）でその時間をとってあります。

□ 延々と話し続け、結局恥ずかしいことになる。
変なことや不適切なことを口走った……

これにはいくつかの原因が考えられます。

① 話したくない人がいた——話したくない誰かがあなたに質問して喋らせていた（「インタビュー」していた）可能性があります。それなら、あなたはその人に任せたらいいのです。それで大丈夫です。

② 興味を持たれた——その人はあなたをとても知りたがっていたのです。あなたは慣れないかもしれませんが、きっと大丈夫です。

③ 相手は非HSPだった——あなたが一緒にいた相手は、非HSPで、その人は、世界に対するあなたの見方にただただ唖然とし、圧倒されていたのかもしれません。あなたは、非HSPから見ると、まるで違う人種に見えると、今さらながら気づいたのです。それも大丈夫です。あなたは、人と違っていて当然なのでそれでいいのです。

④ 相手はHSPだった——話し相手がHSPだった可能性もあります。ご存じの通り、私たちはお互いを圧倒してしまい、それに後から気づくのです。私たちは非HSPに慣れているので、HSPもいることを忘れてしまい、敏感な反応が返ってくることを予期していないこともあります。

⑤ コンプレックス——おそらくその交流の途中であなたは「コンプレックス」の一つに滑り込んだのでしょう。コンプレックスは、ある話題に対し、強い感情エネルギー、強烈な感覚、熱い見解を帯びています。誰もが複数のコンプレックスを持っています。コンプレックスについて第8章ではもっと深く話します。それらは個人的なものであることもありますが、常に「元型的」（普遍的で本能的）な静脈が通っていて怒張したエネルギーを与えているのです。エネルギーが強まるときは特に声に現れて、自分か相手がコンプレックスの中にいるのがわかります。あなたや誰か、または二人ともが、お互いのコンプレックスに触れてしてしまうともう言葉が止まらなくなります。下り坂を突っ走るようにコントロールが効かない感じがします。例えば、ちょうど離婚の真っただ中にいるときの「別れ」の話題全般がそうです。トラウマ的

な幼少期や、傷ついた男性性や女性性があったりしてもそうです。それで後から必ず「あんなことを言いたかったわけでない」「相手はどう思っただろう」とクヨクヨするのですが、悲しいかな後の祭りです。

それほど個人的ではなく集合的で、会話に向いたコンプレックスもあります。ただし、多くのコンプレックスは強い磁場を持つので危険です。政治や宗教の話は炎上しやすいです。最近だと、児童虐待と抑圧された記憶の話題です。あるいは、男女の違い。中絶。災害。誰かの手術や出産も元型的な静脈に触れます。同じ意見だったり共通の経験があるなら、会話も弾むかもしれませんが、二人とも後になって気まずくなるものです。多くの場合「私今、ちょっと熱くなっちゃってますよね。このぐらいにしておきましょう」と言葉にして「何か変わったことが起きた」と認めてしまうといいです。そのように言ってしまえば、そんなことが起こらなかった場合よりも、相手を安心させ関係を深められます。会話中のコンプレックスは、放っておいたほうがいいものもありますが、出してしまえば親しくなれるのです。

コンプレックスに近づかないこと。コンプレックスの中にいるときは上手に管理すること。それには訓練が必要です。あなたが傷を負っているのなら人生を語るときに一番気をつけましょう。実際、研究者が愛着スタイルを判定する方法の一つは幼少期の語り方です。「安定型」はただ話しますが「回避型」は思い出せません。「とらわれ型」は話が止まりません。親密な関係のためにプライベートな歴史の話はとっておくといいと思います。

□ **一方的に話されて退屈する……**

特に女性や内向的な人は気づくかもしれません。私たちはこちらが丁寧に聞いて質問すれば、相手がすぐに質問し返したり「こうやって聞いてくれてありがとう」と言うと思っています。しかしそうでないルールに慣れている人だっているのです。彼らは、妨げるのも乱入するのもオッケーで、朗々としゃべり倒します。そんな人と一緒なら、あなたもアグレッシブになるしかありません。相手にとってもそのほうがいいか、少なくても気にはしないです。あなたも意外と話せる自分にびっくりしてそれをエンジョイするかもしれません。平等な時間話す権利があなたにはあります。その権利を使いたいなら行使していいのです。

□ **相手がしばらくして立ち去った……**

誰かが会話を打ち切る理由なんてたくさんありますし、多くはわからないままで

す。自分にとって最高級のお世辞になる理由を考えて、もうそれ以上詮索しないことです。

　もっといいのは先に立ち去ることです。真剣な話です。私たちHSPは「宴もたけなわ」となると会話を終えたくないほど盛り上がっていることがあります。またお喋りも潮時と察しても上手に切り上げる方法を知らない人も多いです。どちらの場合でもどうお開きにするか前もって計画しましょう。「ねえ、もっと続けていたいけどさ、何か食べ物を取りに行かない?」これなら当たり障りがないです。

□ 失礼な相手にケンカを売られ気分を害した

　これは悪いのはその人で、あなたではありません。相手の態度に鋭敏に反応するのは、欠点でも落ち度でもありません。それがあなたなのです。良識ある人は、少なくともわざわざ人を傷つけるような話をしません。性格、意見、気質の違いを尊重し、会話では逃げ道も残しておいてくれます。あなたに何か対策ができるとしたら「不快に感じていること」「そんな風に扱われたくないこと」を相手に知らせておくことです。

> 対象 ： A群・B群・C群

お互いの思い込みについて話し合い、
経験や意見を共有するのが大変よいです。

(まとめ)

　役立つことはありましたか? あれば、それをもう一度考えて、いったん心に納めてから洞察を書きましょう。

タスク5-2 ∶ 雑談をパターン化しておく

　HSPは、世間話や雑談を嫌う傾向があります。退屈になるし、あっという間に気持ちが落ち込む習性があるからです。私たちは激しいのです。今、雑談すべきときとわかっているだけでは不十分です。不慣れで何を言えばいいかもわかっていません。高ぶると本当に言葉を失います。ですから、馬鹿らしいように聞こえるかもしれませんが、私たちがお喋りで成功するにはプランが必要です。

　HSPと非HSPが使うお喋りのパターン認識から始めるといいです。相手と自分の気分を考慮して、自分に最適なパターンに落とし込めるようになります。それも、「アンブレラ・ウォーク」のところで書いたように、単に「受信」するのでなく、「傘を上げて」警戒を怠らないようにするためです。パターンを最初に読み、次に使い方の練習をします。

誠実さとは

　相手と会う前から会話を操作したり段取りしたりすることを、不純と思うかもしれません。これはよくいわれます。もちろん、あなたがその高ぶる瞬間にも純粋でいたいのなら突き進めばいいです。しかし、少し計画を立てることで会話が続き、お互いの好きな気持ちを確認するチャンスも増えるなら、少なくともその計画には純粋な目的があり害はないです。

　かなり一般的なことを言ってしまうと、HSPはなかなか理解されません。しかし本当は知る価値がある人です。ですから、みんなにあなたのことを知る機会を与えてください。そして、相手もHSPならば、あなたと相手の二人にチャンスを与えてください。

インタビューする

　一つは、あなたが相手に質問し、一人で語ってもらうことです。これが一番楽です。退屈するか啓発されるかは質問の内容次第なので、よい質問を用意することです。私なら、個人的すぎないプライベートを聞きます。

　また「はい／いいえ」で単純に答えられないように聞きます。ちょっと気のきいた質問（くり返しますが、事前に考えておきましょう）なら、相手に会話の価値を感じてもらえます。私が使うのは「○○の集まりに来てないときは、何していますか？」で

す。それほど気のきいた質問でもないですが、まぁ、これくらいでいいです。

　他にも「幸せそうだね。最近いいことあった?」(もちろん相手がそうでなくても)と聞いたりします。次に、仕事や家庭生活の質問へと続いていきます。

　また、(絵画、フラワーアレンジメント、植木、誰かの服をしばらく見つめて)「今それを見ていたんだけど、どうして素敵って感じるのかしら? あなたもそう感じます? 何が特別なのかしら。どう言えばいいんでしょう?」と話します。

「こうして仕事から離れると、もっと休まなきゃって思うのですが、いつも休日に何したらいいか決まらないんです。最近、いい休暇をとりました?」「(最近の映画や話題のニュースについて)あなたはどう考えるのか、とても気になります」なども試してみてください。

会話が苦手なあなたへ

　初対面の人にも訊けて、相手が乗り気になり独白が始まりそうな質問を3つ書きましょう。彼らの反応を想像してフォローアップを用意することもできます。こうしておくと準備ができて後はボールが転がっていくだけだと感じられるでしょう。

質問1:
フォローアップ:
質問2:
フォローアップ:
質問3:
フォローアップ:

特定の相手との会話が怖いあなたへ

　思い出したり想像したりするだけで、強い不安や恐れを感じる人との会話や状況を考えましょう。その状況で使う質問を3つ書き、相手の反応を想像しフォローアップも書きます。

質問1：
フォローアップ：
質問2：
フォローアップ：
質問3：
フォローアップ：

　型どおりのインタビューをしている間に相手への接し方をたくさん学べます。つまりほめることができます。心からのほめ言葉はいつでも喜ばれます。そして調査によると度の過ぎたほめ言葉は不誠実と思われます。どうほめますか？

　例えば映画の感想なら「それは、今週聞いてきた中で一番面白い意見です。あなたって映画評論家なのではないですか？ あなたの感想ですか？ それともどこかのものですか？」と試してみましょう。

ほめ言葉を3つ考えましょう。よければ最近出会った人やこれから会う予定の人を想像して当てはめましょう。

1 :
2 :
3 :

インタビューされる

　インタビューを受ける側の人となるよう、誰かの関心を惹きつけるスキルも磨けます。これには自分が退屈するのを防ぐメリットもあります。また人脈を構築したいときは、相手に自分を知ってもらう必要もあるかもしれません。秘訣は、みんなが「何それ、もっと教えて」と聞かずにいられない刺激的なコメントを前もって計画することです。何であっても(食べ物のことでも)自分の関心の高い分野に話をもっていけます。敏感で創造的で直感的な心を使って、受け身ではなく能動的になりましょう。

　例えば「素晴らしい食事！ レースに向けて準備するのにぴったり！」「素晴らしい料理。うちの蛇が好きそう」「素晴らしい料理。本の表紙用に写真を撮りたいな」などです。
　簡単に話せて、興味を持たれる珍しい(誰も知らない)トピックを3つ考えましょう。多くは、あなたの仕事や趣味です。
　各トピックの後に刺激的なコメント^{リーディングコメント}を添えて、間につなぎとして使えば誰もが飛びつき会話も弾むでしょう。

```
┌─────────────────────────────────────────────┐
│ トピック1：                                    │
│                                               │
├─────────────────────────────────────────────┤
│ リーディングコメント：                          │
│                                               │
├─────────────────────────────────────────────┤
│ トピック2：                                    │
│                                               │
├─────────────────────────────────────────────┤
│ リーディングコメント：                          │
│                                               │
├─────────────────────────────────────────────┤
│ トピック3：                                    │
│                                               │
├─────────────────────────────────────────────┤
│ リーディングコメント：                          │
│                                               │
└─────────────────────────────────────────────┘
```

深い会話をしたい（バレーボールのように）

　難しくてやりがいのある会話は、このような二つの会話の後の、何度も行き来する会話の中にあります。先程のように、仕事、生活の調整、最近の休暇、観た映画などについて、片方がもう片方にインタビューする会話では、それ程深い会話にはなりません。バレーボールのようにラリーが続く会話にはロマンやコメディが盛りだくさんです。なぜなら、脚本家が、自分が面白いオチを担当しないといけないというプレッシャーを感じずに、浜辺のリクライニングチェアでくつろいでやっているかのように自然だからです。彼らは宴会で即興でやったりはしません。多くのHSPはそうでしょう。

　それでも、特別な関係の相手となら、そんな決まったパターンの会話ではなく、もっと自由に話をしたいと思うかもしれません。あなたは恋に落ちたり友達関係になったり、ただ興味深い相手と楽しんでいるだけかもしれません。確かにそのような会話はリハーサルできません。しかし、バレーボールではサーブの練習があるように、オープニングを考えておくことはできます。

深い会話になりそうな「出だしの2、3行」を書きましょう。例えば……

「あなたがドアから入って来た瞬間嬉しくなりました。今日私たちはきっと話ができるって思ってたんです」

「あなたと二人で話せないか一晩中考えてました。あなたとの話が刺激的なんです」

「どういうわけか、あなたと過ごすと気分が上がるんです」

「実は心の中にあなたがよく現れます。そういうことを、私は大事にしたいんです」

「出だしの2、3行」を書きましょう。

出だし 1：
出だし 2：
出だし 3：

　どれか一つを架空の会話で拡げてください。あなた好みのロマンチック（ドラマチック）な映画のワンシーンのように想像しましょう。おそらく二人がお互いに興味を持ち始めるシーンがいいです。

想像上の会話：

HSPに不向きなグループでの会話

　グループでの会話は、物事を深く処理したいHSPには、展開が速すぎるという点で難しいことがあります。見たり聞いたりするだけで刺激を受けてしまい、うっかり何も話せなくなることもあります。

　自尊心が低かったり人見知りだったり、職場や学校や家庭で責められた経験を持つHSPは、特に話すことに苦手意識を持っているかもしれません。

　他にも、みんなに注目されることであまりにも高ぶってしまい、多くを語れない人もいるかもしれません。

　黙っていればやり過ごせる、ということもありません。結局みんなの視線が集まってきます。

　ですから、「私は大丈夫だからスルーしてほしい」と思ったときは、無難なことを少し言っておけばいいのです。空間も注意力も限られている中で、多くの人は自分のことを話したがるので、あなたが節約すれば喜ばれるでしょう。

　逆に影響力を持ちたい場合は、しばらく黙って事態を観察してください。すると彼らはあなたが話そうとすることに興味を持ち、あなたのコメントは僧侶の相談役（HSP）としての知見に富んだものになるでしょう。あなたはきっと、もっと話してほしいとお願いされるので、表面的な雑談を越えてそのグループを動かすようになるのです。

　第11章では、章を通じてグループについて書いています。しかしここでは、あらゆる集まりにおいて、雑談にもっと関わり、雑談から多くを引き出すためのタスクを紹介します。

　最近参加したグループを思い浮かべ、何が起こっていたか深く考えてみましょう。そして、それについて書いてください。

- 雑談の裏で、実際に起きていること、言われていることは何だと思ったか。例えば離婚の話題なら、最近離婚したグループの誰かが、黙っているか、激しい意見を言っていると気づいたかもしれません。
- その状況で取ったあなたの言動は、あなたやグループの役に立ったかもしれません。

● もしあなたがそれをしなかったのなら、それはなぜですか？

```



```

対象 ┊ A群・B群・C群

雑談のパターンは、ペアかグループで行うのが最適です。グループは、二人組に分けることができます。
制限時間（5〜10分）を設けて、大きなグループでは、自分の経験を話し合う時間も確保しましょう。

(まとめ)

　タスクから学んだことを踏まえ、社会的存在としての自分について少し考えて、結
論を書いてください。

```



```

タスク5-3 ： [リフレーミング] 人見知りになった経験を捉え直す

　以下は「過去をリフレーミングする」(41ページ)で学習済みの手順です。あなたが人見知りになったり、人づきあいが苦手だと感じたり、気まずかったりしたときのことを考えましょう。誰もが状況によっては人見知りになるのですが、なかなか覚えていません。そういう目に遭うとすぐに忘れようとするからです。もし、あなたが社会的な自尊心を損なうような出来事があったのであれば、それを取り上げましょう。これは社会的な「失敗」以上のものです。例えば、「スピーチをするはずだったのに言葉が出なかった」というような、その人となりを形成する一瞬の出来事かもしれません。あるいは「乾杯の音頭をとったり自己紹介をしたり」など、人前に立たないといけない一連の出来事かもしれません。

　その経験は、自分の特性を知った上で、最終的に新たな視点で見る必要があります。しかし、最初はそんなことは考えずに、敏感さとは無関係に思えても、最も決定的に動揺した出来事について考えてください。おそらく刺激過多になっていたのです。**リフレーミングしたいと思う、人見知りになったきっかけの出来事を書きましょう。**

　では、リフレーミングしましょう。もうやることはおわかりでしょうから例は挙げません。

① 出来事にどう反応したか思い出す

そのとき、自分がどう反応したか、感情、行動、イメージを思いつく限り書き出してください。

② その反応をどう感じてきたか

その反応について、いつもどのように感じていたかを思い出してください。

③ 理解した気質の知識に照らすとどうであるか

気質について知ったことに照らして、あなたの反応を考えてみてください。

④ **自分や周りがHSPを知っていたら、避けられたか? 違った結果になっていたか?**

　自分がHSPであることを自分か周囲の人が知っていて、その対策をとっていたら、この出来事に対してネガティブな結果は避けられたか、もしくは、もっと違う方法で変化に対処できたかを考えてみましょう。

┌─────────────────────────────────┐
│   │
│   │
│   │
│   │
│   │
│   │
└─────────────────────────────────┘

⑤ **人生の苦しみや無駄を防げたか?**

　もしこの知識のおかげで、あなたの苦しみや人生の一部を無駄に過ごすことが防げたとしたらどうでしょう。それについて感じることを何でも、時間をとって考えてみてください。

┌─────────────────────────────────┐
│   │
│   │
│   │
│   │
│   │
│   │
│   │
│   │
│   │
│   │
└─────────────────────────────────┘

6 新しい理解を吸収する

これまで取り上げてきた出来事に関して、新たに理解したことをまとめ、その意味を完全に理解するまで何度も読み返してください。

対象 ： A群・B群・C群

(まとめ)

このリフレーミングから学んだこと、社会的存在としての自分について振り返ってみてください。47ページに考えをまとめましょう。

第 6 章
職業の選び方、働き方
―くり返すパターンから抜け出す―

　HSPにとって、自分に合った仕事や働きやすい環境を見つけることは簡単なことではありません。なぜならHSPは、他人から「得意なことをやったらいいよ」とか「これをすべきだ」と言われてそれに従ってしまったり、他人の真似をしようとしたり、自分に不向きなことを我慢して引き受けようとしたりして、自分にとって正しいものに落ち着くのに時間がかかるからです。そのため、HSPは転職や仕事を変えることが多くなりがちです。でも、一度や二度の失敗くらい、あってもいいじゃないですか。自分の人生です。地球上のどこかにある、自分にぴったりの仕事を探せるのはあなただけです。本章がこの難しいテーマに対処する助けになれば幸いです。

天職を生業にする

　「天職」とは、一般的には「自分に合った仕事」という意味ですが、英語では"vocation"で、「天から呼ばれた」という意味も持っています。ちょっとロマンチックに言えば、「それをするために生まれてきた」といえるものです。HSPなら僧侶の相談役としての側面を持つものです。

　天職で生計も立てられる、つまり「自分の一番の幸せ」と「世界で最も必要とされていること」の両方を満たす仕事に就いて、十分な給料ももらえるのなら、これ以上幸せなことはないでしょう。しかし多くのHSPはそれを見つけるのに苦労しています。

　例えば多くのアーティストやミュージシャンは、商業的すぎることや自分らしくないことをしないと稼げないと気づかされます。多くのHSPは、これぞ天職と思って就いたけれど、近頃のやり方はストレスが多すぎる（例えば多くの看護師や教師は不満を抱えています）と感じたり、他人の世話に振り回されて自分を磨く時間をと

れなかったりします。こんな嘆かわしい悲劇は、人生の後半戦で挽回するしかありません。

居心地のいい職場は、感度の違う人間関係が鍵

　中には、食べるために仕方なく働く人もいれば、天職を副業として追求しなければならない人もいるでしょう。しかし、職場が和気あいあいとしていれば、どんな仕事も楽しくなります。調査によると、仕事への満足度は、「仲間に恵まれている」場合が最も高いという結果が出ています。HSPならば、在宅や外出先、住みたい地で働けることも満足度につながります。

　それなのに現実には、実に多くのHSPが不幸な働き方をしています。確かに、HSPは、他の人とは違います。HSPには、社会に貢献できる特別な才能があります。人と違うニーズもありますが、それは簡単に満たすことができます。しかし外見的には違っているように見えないので、「私たちは違う」と主張しても、今日の気質を無視した世間の物差しでは、変人だとか、泣き虫だとか、傲慢だとか言われてしまうのです。

　自分のことを説明せずに人と違うやり方で仕事をすると「それは違うよ」とか「効率が悪い」と指摘されます。つまりこれは全くあなた個人の問題ではなく、HSPの価値が理解されていないという、社会の問題なのです。

　私たちの特性を考えていくと「職場の人間の多様性」の問題に行き着きます。最近の労務管理の分野ではホットなテーマですが、これはジェンダーや民族の多様性よりも根深く、避けられないことが多いのです。生物学的に私たちHSPは異なります。私たちは、良心的で、ビジョンがあり、創造性を持っています。協力的で、ミスに用心深く、完璧主義です。組織、顧客、部下やスタッフ、製品等の課題を何でも察知し、何が必要か気づくことができるのです。

　しかし、その反面、簡単に圧倒され、人より休息が多く必要で、自分の特性を無視すると病んでしまいがちなところもあります。その結果、自分は差別されるのではないかと感じています。本章でこれについて、できる限りのことをやっていきますが、社会の進歩には少し時間がかかるかもしれません。

企業がHSPを求める時代がやってくる

　HSPは、いつの日か企業で奪い合いになるくらいに評価されるようになるでしょう。HSPを採るほうが経営的に賢明だからです。もちろんそれには、HSP自身も、教養も技能も高めていかないといけないでしょう。それが僧侶の相談役の責任というものです。一方、HSPの中でも、特別な能力を身につけた人は、その影響力を利用して、特別な貢献に見合った別の待遇(テレワーク、静かなオフィス、妥当な勤務時間、出張後の疲労回復期間など)を求めることで、仕事社会を再教育することができます。

　それでも、社会が変わるまでは、自分でHSPらしい働き方を見つけるしかありません。最初のタスクで、HSPとしての自分をよく理解しましょう。その次に自分の敏感さを周囲にわかってもらう必要があります。

タスク6-1 ：＜重要＞自分の長所を再発見する
　　　　　　　　　 ― HSPの魅力、人徳、才能 ―

　このワークブックで完遂しないといけないタスクがあるとすれば、これです。私はどこに呼ばれても、できるだけこれをしてもらっています。やる前は抵抗があるものですが、後には感謝の言葉が絶えません。「やっと自分の敏感さをポジティブに語れるようになった」と。ではやってみましょう。

　次のページの空欄に、**HSPが持っていると思われる長所、魅力、得意分野、才能をできるだけ挙げてください**。一般的なHSPの特性でもいいし自分自身の長所でもいいです。仕事に関係するものだけでなく、いろいろな性質を挙げましょう。

　あなたの長所や魅力、才能を全て挙げてもらってもいいですが、あなたのHSPとしての資質を見逃してはいけません。今、焦点を当てるべきは、そこだからです。

　これは頭に浮かんだこと全てに対して、一切否定することなく、心を開く、一種のブレインストーミングです。似たような言葉を二つ挙げてもいいし、全てのHSPに当てはまるものでなくても構いません。ただできるだけ多く書き出してください。

　もし行き詰まったら、これまで取り組んできた各章について、あるいは人生のさまざまな側面(メンタル面、感情面、社会面、スピリチュアル面、自然派の面、肉体

面など）について、体系的に考えてみてください。空欄は全部埋めるようにしてください。欄外にはみ出すのも歓迎です。

　アイデアを出しやすいよう、私が手始めに5つ挙げます。

- 共感力がある　● 注意深い　● 人の話をよく聞く
- クリエイティブ　● 深く考える

（対象　：　A群・B群・C群）このタスクは必ずやりましょう。
グループで協力してHSPの特性を一覧にします。

（ まとめ ）

　左記のリストをじっくりと読み込んでください。あなたはおそらく、これを読んだら「自惚れてしまう」「エゴが増長しないか」と心配しているのでしょう。でも、大丈夫です。これをするのは、これまで否定しすぎてきた自分に対する解毒剤にすぎません。やがて客観的な評価がそれにとって代わります。さてここで、**自分とこのリストに感じていることを書きましょう。**

```

　　　　　　　　　　　　　　　　　　　　　　　　　　　　　　
　　　　　　　　　　　　　　　　　　　　　　　　　　　　　　
　　　　　　　　　　　　　　　　　　　　　　　　　　　　　　
　　　　　　　　　　　　　　　　　　　　　　　　　　　　　　
　　　　　　　　　　　　　　　　　　　　　　　　　　　　　　
　　　　　　　　　　　　　　　　　　　　　　　　　　　　　　
　　　　　　　　　　　　　　　　　　　　　　　　　　　　　　
　　　　　　　　　　　　　　　　　　　　　　　　　　　　　　

```

タスク6-2 ： 自分の特徴を文章にする

　たとえあなたが今の職場で十分評価されていたとしても、これは本書で必須の重要なタスクです。どんな人間関係にも活かせるいい練習になります。

　自分を売り込んだり、ひといちばい敏感であることも含めて強みを知ってもらうような内容を文章に書きましょう。

　面接や会話の中に織り込むちょっとしたスピーチを原稿にするつもりでやってみてください。前のタスクで見出した言葉を使いましょう。そしてどのような条件なら、それらの長所が引き出されるかについても触れます。慎重に言葉を選んで、HSPとしてのニーズを伝えるのです。

文章の例を示します。

> 例 このポジションで、私が提供できると思うメリットについて述べます。私は生産部門で長年、品質管理の責任者に就いておりました。多くの人から、物事が将来問題になるかどうかを見抜く、鋭く繊細な感性を持っているといわれました（そういう敏感さは生まれつきです）。前の上司からは「効率を落とさず、チームの調和を保つ"第六感"を持っている」と評価されました。
>
> 私は、敏感で直感力があり、誠実です。「果たしてこれを放置したらどうなるか？」先を鮮明に見通せます。間違いや誤解を長引かせることはできないのです。
>
> ある程度静かでプライバシーの守られる環境があれば、私の敏感さと直感を最大限発揮できると思います。私の生産性が高まれば、会社にとってもそれ以上の利益があると思います。静かな環境とは例えば、週に1回の在宅ワークなどです。ですが、働く環境については、相談しながら対応させていただきたいと思います。

以下に、自分なりの文章や台本を書きましょう。もしあなたに、転職や仕事の見直しが迫っていたり、過去に「こうしておけばよかった」と思うことがあれば、それを具体的に考えながら書くとよいでしょう。

もし、学校、友達、デートでの会話など違う設定のほうがよければ、その必要性に応じて自由に調整してください。教師や友人、恋人や将来のパートナーとなる人に宛てた手紙や台本を書くのです。

このタスクは必ず行ってください。お互いに文章や原稿を読み上げたり、相手から（鋭い）コメントをもらったりしましょう。

このタスクを行って何を感じましたか？ 自分を大切にするための行動を振り返り、それを記録しておくとよいでしょう。

```
_____
_____
_____
_____
_____
_____
```

タスク6-3　好きなことで稼ぐために（職業選択の自由を手に入れる）

　仕事選びのための、適性ややり甲斐について書かれた本はたくさんあります（344ページ参照）。また、職業カウンセラーは、ウェブサイトにも載っていますし、学校や関係機関にもたくさんいます。私がここでそれを掘り起こすつもりはありません。それでも、自分が一体何をしたらいいのか悩んでいる人には、本書の中で、改めて自分の特性を深く掘り下げ、次の課題をこなしてもらうのも、意味のあることではないかと思います。

　もしあなたが、今の仕事に心から満足しているのであれば、この作業は飛ばしても構いませんが、空想や創造性の訓練としてやってみるのも楽しいかもしれません。

① **自分の好きなこと、やりたいこと、マスターしたいことを、次の空欄に全部挙げてみましょう。**将来そういう仕事に就くかどうかは気にしないでください。自転車に乗りたい。犬といたい。災害や病気、救命活動、代替医療についての読書が好き、等。そういうものを挙げましょう。

（枠内は空白の罫線ノート）

❷ そして、そのうちどれかで生計を立てることができないか、想像力を働かせてみましょう。多くの人がすでにやっていたり知っていることなら、もっといい商品や新しいサービスがあるかもしれません。少数の人がやっていることでも、それが楽しいことなら、あなたのようなスペシャリストの助けがあれば、もっと多くの人が楽しめるようになるかもしれません（あるいは、まだスペシャリストでなくても、ぜひそうなりたいと思っている人もいるでしょう）。

　コンサルタント、作家、講師として自分を売り出すときには、知識は大切な資源になります（どの仕事も僧侶の相談役たるHSPにはぴったりの役割です）。何か、あなたに向いたニーズやリクエストはないでしょうか？ それを満たせば、あなたは対価をもらえるのです。

　私はある晩、カリフォルニア州サン・ファン・バウティスタのプールで、「ブレインストーム」に興奮しながら、パドリングをしていたときのことをよく覚えています。「HSPについて講座で教えてほしい」「本だけでも書いてほしい」という声が続々と寄せられていました。みんながそれを求めている。きっと彼らは私に対価を払ってくれる。これは、私が収入のためではなく、テーマへの純粋な想いから研究者になった後のことでした。しかし結果的には、私は、好きなことをしながら、報酬を得ることができるとわかったのです。

もちろん、何で収入を得られるかわかりません。他人のニーズや自分の能力を買いかぶりすぎることもあるでしょう。アイデアが浮かんだら、それをぜひ市場で試してみましょう。ただHSPにはリスクは低いほうがいいです。安定した職に就きながら、小規模で試して感触をつかむのがいいでしょう。

　先ほどリストアップしたうちの3つを選んで、どう生計を立てられそうかブレインストーミングしてみましょう。あまり批判的にならずに、創造性と可能性に満ちた遊び心を大切にしましょう。

1：
2：
3：

対象　：　A群・B群・C群　話し合い、互いに励まし合い、アイデアや経験を共有します。

（ まとめ ）

　タスクを通して、自分の未来を想像して楽しめたか少し振り返ってみてください。もしかして自分で限界をつくってしまいがちなことに気づきましたか？ だとしたら、それはなぜでしょう？ 物質的な目標はあまり考えたくはなかったですか？ 気づいたことを書きましょう。

タスク6-4 ： あなたの職歴を見直す
—なぜ転職をくり返すのか—

　以下の各質問について、自分はどうか、下記の印を使って考えてください。

◎：非常に当てはまる、〇：ある程度当てはまる、×：ほとんどないか全く当てはまらない

　全てに印がついたら、次のセクションの「評価」にある各質問の説明を読みましょう。

質問

1		自分は今まで、いろいろなところで働いてきた
2		多くの人に引き留められても、辞めたいときは辞める
3		雇用主に「辞めてくれ」と言われたことがある
4		自分の働きぶりを知る人なら「給料が安すぎる」と言うだろう
5		いい仕事をしていると評価してくれる人が職場にほとんどいない
6		変化が怖くて仕事を断ったことがある
7		仕事は、自分の人生で最も大切なものだ
8		職場の人間関係がよく、それが今の仕事の楽しさにつながっている
9		仕事がうまくいかないせいで生きづらい
10		職場の物理的な環境のせいで健康を害するのが心配
11		上司にこき使われたり、不当な扱いを受けたりしている
12		自分の仕事に誇りを持っている

評価

1　転職の頻度に関する答えが「◎」か「〇」なら、一般的には「仕事が続かない」とか「定着できない」と考えられますし、その可能性は確かにあります。しかし、HSPにとって転職をくり返すことは、本当によくあることで、合理的であることも多いです。「他人のニーズ」や「自分で必要と考える」ものではなく、「HSPとしての自分に何が必要か」、わかるまでには少し時間がかかるのです。

「×」のあなたはずっと同じ場所に居続けました。それほどよい仕事だったからでしょうか？ それとも変化への恐れがあったからでしょうか？

2　引き留められながら、転職をくり返してきたのであれば、同じ問題がそこにありますが、その意味はより強くなります。それは前向きな転職でしたか？ 生活は向上しましたか？ それともあなたは一所に留まるのが苦手なのでしょうか。あなたを評価してくれる人に対して公正でしたか？ 執着すること、依存することを恐れますか？ 転職しようとするのは、責任が重くなったり他人を管理・監督するように求められたりしたときですか？（HSPは必ずしも管理者向きではありません。特に非HSPを管理するときには、真剣に受け止めてもらえるよう、非HSPのようにきっぱりと厳しいくらいの言い方をしないといけませんが、それはHSPには難しいのです）

一方で、違う場所で求められているのにそれを無視して、自分のための転職をしたことがない場合は、自己評価が低い可能性があります。今が変わるチャンスかもしれません。

3　「◎」なら、頻繁に退職を迫られてきたのですね。その理由を考えることは大切です。不景気や業界の動向でたまたま運が悪かったのかもしれません。あるいは雇用主に頻繁に解雇されてきたのなら、あなたは周囲に何を求められているか、自分は何をしたいのか、何ができるのかを理解することに問題があるのかもしれません。同じパターンや問題がなかったか振り返ってみてください。そして、自分自身で、あるいは適切な専門家と一緒に、その問題に取り組んでみてください。一方で、雇用主の性格や解雇の理由はさまざまなので、一回くらい失業するのは避けられません。落馬と同じように、一度経験しておくと、それ以降は恐れずに済むようになるかもしれません。

4　周囲によく「給料が安すぎるのでは？」と言われるのなら、おそらく彼らの言う通りです。内気な人（あなたは違うかもしれませんが当てはまるHSPもいます）に関する調査によると、彼らはたいてい低賃金です。HSPは、真面目に長く勤めていればいつか報われると思っています。忠誠心が高く「大事なのはお金ではないので、これでいいですよ」と言ってしまいます。企業に人件費を節約され、喜んでいることさえあります。しかし、それは正当ではないし、あなたにとってもよくありません。社会にとっても悪です。HSPは利用しやすい、という固定観念を助長することになります。全てのHSPのために今こそ立ち上がりましょう。

一方、HSPは、どちらかというと安い給料の職種（教職や芸術）を選ぶことが多く、非

営利団体や公的機関に勤めたりすることも多いです。ですから一度、同じような仕事をする人と比べてみなければなりません。自分に聞いてみてください。やりたいことをやるために、その給料に甘んじているのですか？ それとも何か訳があって不当な低賃金を受け入れているのですか？ 私が尊敬する人に教えられた大切なモットーは「自分を安売りするな」です。

5　あなたが職場でどんないい働きをしているか、理解する人がほとんどいない（「◎」か「○」）のは、HSPにはよくあることです。しかし、それは変えなければなりません。もう一度言います。それはあなたにも組織にもよくありません。なぜなら、上の人が、正確に事態を把握していない、つまりあなたの価値を理解していないと、間違った人事配置をしてしまうことになるからです。

6　仕事のオファーを辞退したのが、変化を恐れてのことならば、それはおそらく合理的でよい兆候です。しかし、それが「非常に当てはまる」場合、その仕事があなたの得意分野なのにそうなら、周りの人は、あなたが認めようともせず育てようともしていないあなたの潜在能力をちゃんと見ているのです。無理をしすぎずに成長できるのなら、責任を持つのもいいことです。世界は私たちを必要としているのです。

7　仕事が人生で一番大事だと思うこともあるのは、それはそれでいいと思います。非常に当てはまる（◎）のなら、生活にもっとバランスを取り入れれば、逆に仕事もうまくいくかもしれません。仕事と関係ない本を読んだり、異業種の人とつながったりすることが、プラスにならない仕事はないと思います。

仕事が自分にとって重要と思えないのなら、変えるチャンスかもしれません。何をしているときが一番楽しいですか？ あなたの役割は何ですか？ たとえそれが生計の足しにならなかったとしても、そこにあなたの天職があるかもしれません。仕事の定義を間違えている可能性もあります。私の息子は絵が大好きでしたが、ある日、コロンブスの「ニーニャ」「ピンタ」「サンタマリア」号の絵を描くという宿題（ホームワーク）を持ち帰ってきたとき、うなだれていました。「ワーク（仕事）」という言葉が彼から創作の喜びを奪ったのです。あなたはどうでしょう。

8　ここで「◎」は素晴らしいです。同僚との人間関係は仕事のやりがいの中で見落とされがちな要素ですが、それは最高の喜びの一つです。意見を交わし助け合い共に笑う、それだけで多くのことを補うことができます。このチームでの役割の中に、あなたの天職が隠されているかもしれません。

「×」はよくないです。もう少し会話が必要かもしれません。一人か二人の不愉快な人のために全く会話することができないのであれば、転職を考えてもよいと思います。家庭と同じように職場環境にも良い悪いがあります。あなたには健やかに働ける環境が必要なのです。質問11のコメントを参照してください。

9 「仕事がうまくいかないせいで生きづらい」に非常に当てはまる（◎）のなら、明らかに何らかの対応が必要です！ まずそのことを認めることが大事です。理由はいろいろあります。外的要因でどうしても変えることができない場合は、その状況を利用して、自分をどう成長させるかを、考えてみてもよいかもしれません。

---

10 「職場の物理的な環境のせいで健康を害するのが心配」に当てはまる（「◎」か「○」）場合は、それも何とかしなければなりません。どんな仕事でも（座っているだけでも）身体は疲れて消耗します。しかしその害が限度を超え、居るだけでどこか逃げたい気持ちになるとしたら、相当なストレスです。幸い雇用主は、訴訟のリスクを恐れているので、通常、大きなリスクを放置することはしません。しかし、文句を言う人がたった一人しかいなければ、管理者は当然、煩わしい従業員の異常な敏感さを責めようとするでしょう。そして確かにあなたは他の人より敏感なので、そこで戦うよりもその仕事は自分に向いていないと受け入れる必要があるのかもしれません。健康を損ねた人が口を揃えて言うように、身体が資本です。

あるいは、従業員の2割（HSPの確率）の業務効率が高まるような改善提案もできるかもしれません。HSPがもたらす特別な利益を失うよりも、HSPに対応したほうが経済効果のあることを、気質の知識を使って示すのです。

---

11 もし、職場で不当に扱われていると感じたことがなかったなら、それは喜ぶべきことです。また、自分がこれほどよい待遇を受けるのは、誰かが自分のことを給料以上の価値があると思ってくれていて、引き留めるためではないかと思うこともあるでしょう。しかし不当な扱いをされている（「◎」）場合、それがHSPのいつものパターンなのかを考えてみてください。

もしそうではなくて、他の人もその管理者や上司の元で同様の問題を抱えているのなら、そのときは、悪い環境から逃れる行動をとるべきだとわかるでしょう。もしそれがいつものパターンであったり、他の人があなたほど気にしてないようなら、それはあなたの感受性が原因の一つである可能性があります。HSPは厳しい言葉を真に受けるだけでなく、いじめのターゲットにもなりやすいので、よけいに反応してしまうのです。いじめに慣れてしまって、知らず知らずのうちに被害者役が板についてしまうこともあります。この厄介で微妙な状況は、私たちが自分の特性の価値に気づかず、社会の価値観の中で軽んじられていることによって、さらに悪化しているのです。

私たちは、自分のことを「劣っていて弱くて無力な人間」と思いがちです。だから「支配されて当然な人間」と思ってしまうのです。

職場で何度もつらい思いをしているのに、そこから離れられない理由はもう一つあります。他人の怒り（結局は自分の怒り）を恐れ、必要な境界線を最初に設定しないからです。「すみませんが、そのような扱いはお断りします」と言ってしかるべきです。私たちは変化を恐れているのかもしれません。職や収入を失うのは怖いです。おまけに素晴らしい忠誠心と良心を持っているせいで、相手を正当化してしまうこともあります。相手の仕事が世間的に立派で、誰もがその人をほめているから、と思ってしまうのです。

全ての人に「シャドウ（影）」という醜い一面があります。それは人間というものの一部なのでしょう。仕事でも、友達でも、恋愛でも、相手の影を知り、その影と付き合う覚悟ができるまでは、本当の意味での人間関係は始まらないと思っています。しかし特にHSPは、自分の気質を理解せず、欠陥や弱さのように思っているので、他人を理想化しがちです。そして、自分より強い人に近づいて寄りかかり、彼らの人生の一部になりたがります。しかしそれはまるで、自分の強みを知ろうとせず、全ての人間のシャドウに無知であり続けようとするかのようです。そして理想化された相手のシャドウにやっと気づくと、幻滅するほどのショックを受けるのです。相手を憎んだり恐れたりして、過剰に反応することもあります。

しかし私たちは、相互関係の中で、あまりにも損な役回りに陥りがちです。例えば、ナルシストを称賛するオーディエンスであったり、偉大な支配者の奴隷であったり、大きな赤ちゃん（本来は自分のことは自分でやらないといけない、さらに上司なら向こうが私たちの面倒を見てしかるべき）の世話人になったりしています。

少し付き合っただけでいずれどんなシャドウの問題が出てくるか察知するには、経験が必要です。しかし、付き合いのはじめは、むしろ明るい気持ちで何らかの問題を予想することです。特に、どんな人にもシャドウがあることを予め想定しておくことは、転職したほうが本当に幸せになれるのか、それとも「小難を逃れて大難に陥る」となるのか、判断しなければならないときに有効です。

あなたが関わりに苦労した相手は、それが完全に虐待的なものでない限りは、あなたにとって何らかの恩恵をもたらした存在でもあります。そこは微妙なラインです。

一方、あなたが「あの人の性格は難しいな」と思う人のことは、みんなも「付き合いにくいよね」と思っているものです。どの程度悪いのかは、最終的には自分で決めなければなりません。

特に、何度もくり返し陥ったり、長く留まりすぎたりする悪い関係には、注意が必要です。

そのような関係を築いてしまう人は、自分のある部分とのインナー・ワークが必要でしょう。過去の人間関係が心の中に居座って、あなたをそのような人にし、そう行動させているのです。

---

12 自分の仕事に、とても誇りを持っているなら何よりです。もし、そうでないのなら、その理由を突き止めないといけません。人生は一度きりです。限られたエネルギーをどう使うのか、墓場まで後悔を持っていかないようにしてください。

対象 ： C群

これは、議論には非常によいのですが、難しさもあります。あなたのことを知った人たちから適切なフィードバックや提案を受けるには、ある程度の安全性が必要です。

(まとめ)

　私からの質問とあなたの回答、そしてあなたの回答に対する私の考えを伝えました。ただ私の考えはあくまでも私の考えです。あなたの考えを深めるきっかけとして考えてください。私はあなたを知りませんが、あなたは自分のことをよく知っているはずです。ですから、今ここに書く内容の方がずっと大切です。まずは**自分の職歴から気づいたことをここに書いてみてください。**

タスク 6-5　［リフレーミング］仕事を変えた決定的な出来事を捉え直す

　どのように仕事を決め、あるいは決められなかったのか、なぜ辞めたのか、なぜある仕事に就かなかったのか、あるいは一つの職場に長く留まったのはどうしてか、仕事上でどんな苦労をしたかなど、仕事にまつわる重要な出来事をリフレーミングする準備がこれで整いました。

　自分のキャリアや仕事がうまくいかない場合は、その仕事を決めるきっかけとなった出来事や人について、もう一度考えてみましょう。

　以下は「過去を捉え直す」（41ページ）で学習済みの手順です。

　いつものように、あなたの自尊心を傷つけた決定的な出来事を選んでください。それは、インストラクターや雇用主の発言など、自分の人となりを形成する一瞬の出来事や決断かもしれませんし、テストされたり、観察・評価を受けるたびに起こるような、一連の出来事かもしれません。その経験は、自分の特性を知った上で、最終的に新たな視点で見ることができなければなりません。しかし、最初はそんなことを考えずに、**自分の敏感さとは関係ないように思われても、最も決定的な動揺を**

与えた出来事について考えてみてください。おそらくそれは敏感さと関係していると思います。

┌───┐
│   │
│   │
│   │
│   │
│   │
└───┘

① 出来事にどう反応したか思い出す

そのとき、自分がどう反応したか、感情、行動、イメージを思いつく限り書き出してください。

┌───┐
│   │
│   │
│   │
│   │
│   │
│   │
│   │
└───┘

② その反応をどう感じてきたか

その反応について、いつもどのように感じていたかを思い出してください。

┌───┐
│   │
│   │
│   │
│   │
│   │
│   │
└───┘

③ **理解した気質の知識に照らすとどうであるか**

自分の気質について今理解したことに照らして、自分の反応を考えてみてください。

④ **自分や周りがHSPを知っていたら、避けられたか？ 違った結果になっていたか？**

自分がHSPであることを自分か周囲の人が知っていて、その対策をとっていたら、上記の出来事に対してネガティブな結果は避けられたか、もしくは、もっと違う方向に進んでいたかを考えてみましょう。

⑤ **人生の苦しみや無駄を防げたか？**

もしこの知識のおかげで、あなたの苦しみや人生の一部を無駄に過ごすことが防げたとしたらどうでしょう。それについて感じることを何でも、時間をとって考えてみ

てください。

---

6 新しい理解を吸収する

これまで取り上げてきた出来事に関して、新たに理解したことをまとめ、その意味を完全に理解するまで何度も読み返してください。

対象 ： A群・B群・C群

(まとめ)

一歩引いて、自分の職業や仕事について学んだことを振り返ってみてください。そして考えたことを、47ページにまとめておきましょう。

第7章

親密な関係を進展させる
―聞き方、話し方、つながりについて―

　HSPは対人関係では、親密な長い付き合いをしていくのが得意です。その相手はたいてい少数の友達や家族の中でも選ばれた誰かで、おそらく恋愛のパートナーもそうです。私たちHSPは、親密な関係において、非HSPとは違った、良くも悪くも強烈な経験をすることが多いので、逆に、親密な関係を発展させ、維持することにひといちばい長けているともいえます。しかしそういうHSPにとっても、敏感さが身近な人間関係にどう影響するのか、さらに気づけることは多くありますし、スキルも磨いていけます。それが本章のテーマです。

HSPと相性のいい相手は、波長の合うHSPなのか

　ワークに取りかかる前に考えてもらいたいことが二つあります。一つは、HSPと話しているといつも話題になることですが、HSPが一緒にいるのは、同じHSPがいいのか、それとも自分の特性を補ってくれる非HSPがいいのか、という問題です。相手はたいてい選ぶことができますから、この問題は重要です。私の経験では「二人ともHSP」のほうが、満足できる可能性が少しだけ高いです。それはそうでしょう。「何をして過ごすか」「どれくらいの時間か」であまり衝突しません。一人でいたいとき、相手も「拒絶された」と思わないです。「ちょっと静かにして」とか「その冗談傷つくんだけど」とか滅多に（あるいは全く）言う必要がありません。「敏感すぎるよ」とか「もう疲れちゃったの？」とも言われません。HSP同士は神経の波長が合うのです。そうでない人がたくさんいる中で、自分に似た人と一緒にいるのは、とても心地いいです。

　HSP同士の相性がいいといっても、HSPと非HSPだとうまくいかない、というわけではありません。私の30年間のワンダフルな（波乱も少々含む）夫婦生活がその

証です。気質の異なる二人は互いの能力や視野を分かち合い、おそらく相手がいなければ手にすることのない素晴らしい恩恵を受け取るのです。

　例えば、非HSPは、あなたを冒険に引っ張り出し、あなたが圧倒されてしまうような仕事や状況を切り盛りしてくれるでしょう。その人はHSPであるあなたを心から尊敬し守ってくれます。なぜならあなたは、この世界ではなかなか見つけられない大切なものを、その人の人生に届けるからです。それは、深さ、激しさ、洞察、愛、スピリチュアリティ、創造、人生の儚さへの気づきであり、数えきれない甘美とほろ苦さです。お互いにリスペクトし、寛容になるには特別な努力が必要ですが、それはおそらく自分の人格を磨くことにもなるはずです。

　ところで、人口の約30％は、HSPとは真逆の性格です。彼らはHSPの特性がとても低いです。この気質の人は、優秀な救急隊や消防士になってくれて有り難いのですが、その人たちの生き方を真似してはいけません。そのような人と一緒にいるとHSPは岩場をガタガタとドライブする心地になるでしょう。本章を通じて、誰か身近な人との人間関係について考えるとき、相手と自分の気質の相性が、それぞれのタスクにどう影響するか、頭の体操をして考える必要があるでしょう。

愛のトラブルは、敏感な気質のせいか、過去のトラウマの影響か

　本章に進むとき心に留めおいてほしいもう一つのことは、私が心理療法士として取り組んでいる問題です。人間関係のトラブルは、どこまで生来の気質に起因し、どこから過去の経験（幼少期から最近の職場での待遇まで全て）によるものなのか、ということです。

　この問いが重要なのは、もちろんお互いの気質に合わせるためだけでなく、うまくいかないパターンの原因を知り、それを変えるために必要だからです。「気質か過去の経験か」は、決して簡単に解決できる問題ではありません。気質は常にその人の歩みに影響を与えます。しかしあなたの成育史の中で、具体的にどのように作用したのでしょう？　その答えに近づく方法があります。人間関係の歴史を振り返り、くり返されるパターンを探すのです。

　パターンを見る一つの方法は、愛着スタイル（122ページ）の観点から見ることです。私たちは自分の乳幼児期を覚えていませんし、乳幼児期の自我がそれほど重要とは思っていないので、乳児期の影響を過小評価しがちです。ですから私は

特に強調しておきます。乳児は誰かにつながるように、高度にプログラムされています。彼らの生命は、それに左右されるからです。彼らは、養育者に合ったスタイルを選択し、その後はよほどの理由がない限り、世話をしてくれる全ての人に対して、同じスタイルを貫きます。

　気質と愛着が、どのように相互作用するのか、例を示して説明しましょう。成功し、自信があり、社交的なHSPがいます。彼は自分のことをHSPだと言いますが、他のHSPなら不安になるような環境でも安心していることができます。聞けばそのHSPは安全で幸せな人間関係の中で育っており、外向的な人である可能性も伺えます。さらに聞くと、素晴らしい両親や理解ある教師、いい幼なじみと過ごした幸せな時間を語ってくれます。

　それから「典型的なHSP」もいます。もっと一人の時間が欲しいのに「私だけを見て」という恋人が「わがままで重い」と嘆きます。気質の対立なのでしょうか？　恋人は、もっとその人（HSP）と愛を深めたいのにそれをしようとすればするほど、相手は嫌そうで、敵対してしまうこともある、と悲しみます。このようなHSPの場合は、私は回避型の愛着スタイルが身についていると推測します。母親が、忙しすぎたり病気だったりネグレクトだったりして、HSCの我が子を十分ケアできなかったのだと思われます。そう育ったHSPはこのような親の「育児放棄」に対する恐れや痛みを抑圧して、「他人を頼らない」ことを学んだので、親密さに不快感を覚えます。相手の、近づきたいという普通の求めが、回避型には「わがまま」と見えるのです。

　ここで、身近な人との人間関係を考えるときに、気質の観点ともう一つ、愛着の観点を導入したいと思います。本章を読みながら、自分と相手の気質を考えつつ、さらに、自分の愛着スタイルとこれまでの人間関係はどうであったかも考えてください。

タスク7-1　：　過去の恋愛はどうであったか

　何よりも先に、恋や友情が始まったときのことを書きましょう。本章で興味深い考察が得られるのでしょうから、今書いておくといいでしょう。その人を好きになったときの状態、恋する前の自分はどうだったか、それが起きた状況、二人が交わした言動、二人は結局どうなったかなどを書きます。

さて、書き出したストーリーを振り返りながら以下の質問に答えましょう。私のコメントはその後に続きます。

① 当時、あなたは自分のことを肯定していましたか？ それとも否定的でしたか？ それがその後の関係の進展にどう影響しましたか？

概して自己肯定感が低い時期は、自分に関心を示してくれる相手に反応する可能性が高くなります。自己肯定感が低いとあまり幸せな関係になれません。ただしそれは鶏が先か卵が先かでどちらが原因かわかりません。

② **一人暮らしができていましたか? 寂しかったですか?**

> （記入欄）

　どのような関係も、もし「一人で生きられない」「寂しいから」という理由で交際するのなら、選択肢が少なく不幸になるかもしれません。一方ほんの少し寂しいのは内向的なHSPにとって、付き合ってもいいかなと思う大きなきっかけにもなります。

③ **慣れない状況にいたか、刺激の多い場面でしたか?**
　それにより相手の第一印象がよかったと思いますか?

> （記入欄）

　不慣れで刺激的な状況（旅行中とか危機を共に乗り越える等）で出会うと、惹かれ合う可能性が高くなります。HSPはすぐに過覚醒になるので、惚れやすいです（しかしこうした出会い方をしたからといって、その後の長い付き合いが、幸福なものになるかどうかは別の話です）。

④ **どちらから愛を告白しましたか?（以降の質問はそこまで進展した前提です）**
　それによって相手は、どのくらい、あなたへの愛情を自覚したでしょう。

> （記入欄）

　人はまず相手が自分を好きと知ってから自分も相手に対して同じ気持ちでいるのを「発見」します。平均的に多くの人はそうして恋に落ちていくのです。このことは、HSPにとって重要です。告白することは、とてもリスキーなことですが、それが愛を手にするための優れた手段なのです。

5 お互いすぐに多くのプライベートを開示しましたか? もしそうなら、
そんなに急に親しくなれたことが嬉しかったですか? 少し怖かったですか?

```



```

急速な自己開示は、急激すぎなければいいと思います。しかしHSPには刺激が過ぎることもあります。特に回避型の愛着スタイルなら、刺激過多になりかねません。

6 相手と敏感さの程度は近かったですか? 異なっていましたか?
それは出会いや初めの頃のコミュニケーションにどう作用しましたか?

```



```

HSPとHSPは、ただHSPと一緒になれる純粋な喜びから恋することがあります。一方、HSPと非HSPは、相手の魔法のような能力に心を奪われることがあります。いずれも相手に惹かれる理由として悪くはないですが、さまざまなタイプの人との経験が乏しい場合は、出会ったばかりの眩しい相手がそれほど特別でないのに気づかないかもしれません。もっと相手のいろいろな性質も見極める必要があるでしょう。

7 ここでその恋の結末を振り返りましょう。付き合いが始まったなら何が起きましたか?
その経験をどう捉えますか? 質問に回答してきて今違うことも感じますか?
もしそうなら、それを少し書いて、新しい理解を忘れないよう誰かと共有しましょう。

```



```

対象 ： A群・B群・C群

ただしその話で、プライベートをどれだけ開示するかは考えましょう。

　全ての人は人間関係の歴史で深く形作られています。くり返しになりますが、その理由の一つは、人間の脳が、乳児期に長い依存の時期があることで、周囲から与えられる生存の可能性を最大限にするために、愛着スタイルを維持し徐々に修正を重ねるよう、特別に設計されているからかもしれません。成人した私たちは、愛着スタイルを、さらに安定する方向に修正してゆきたいものです。その一つの方法は、私たちが不安定な愛着スタイルを持つ原因となった不幸な人生経験が、実は、私たちの敏感さによって、より強調されていた、あるいは、私たちが非HSPにくり返し傷つけられてきたときと同様、敏感さが、愛着スタイルを不安定にする経験を引き寄せていた、と考えてみることかもしれません。この場合、人間関係の歴史をリフレーミングすることで、愛着スタイルを見直せる可能性があります。

　以下は「過去をリフレーミングする」（41ページ）で学んできた、おなじみの手順です。あなたが親密な人間関係に対して抱いている不安感を、決定的に強めたと思う出来事を選んでください。間違いなく、敏感さが関与していると思うことを選びます（ただこのあたりは、双方の生い立ちなど敏感さ以外の要素も大きいでしょうし、敏感さという観点で捉えすぎると、実際に起きたことを歪めてしまうかもしれません）。

　例えばそれは、卒業式の後、街で一番人気のある女の子に打ち上げに誘われたのに（密かに憧れていて、今でも結ばれたい相手なのに）断ってしまって、その後のあなたの性格を深く形作ることになった、「ある瞬間」かもしれません。あるいは「休日はずっと一緒にいたい」という恋人にイライラしてしまい、そのために何度も別れ話に発展してしまったという、出来事全体を思い起こすかもしれません。

リフレーミングしたいと思う出来事を書きましょう。

では、リフレーミングしましょう。

① 出来事にどう反応したか思い出す

そのとき、自分がどう反応したか、感情、行動、イメージを思いつく限り書き出してください。

② その反応をどう感じてきたか

その反応について、いつもどのように感じていたかを思い出してください。

③ 理解した気質の知識に照らすとどうであるか

HSPという気質を知った今、自分の反応をどう見るか、考えてみてください。

4 自分や周りがHSPを知っていたら、避けられたか? 違った結果になっていたか?

　自分がHSPであることを自分か周囲の人が知っていて、その対策をとっていたら、上記の出来事に対してネガティブな結果は避けられたか、もしくは、もっと違う方法で変化に対処できたかを考えてみましょう。

```



```

5 人生の苦しみや無駄を防げたか?

　もしこの知識のおかげで、あなたの苦しみや人生の一部を無駄に過ごすことが防げたとしたらどうでしょう。感じることを何でも、時間をとって考えてみてください。

```



```

6 新しい理解を吸収する

　これまで取り上げてきた出来事に関して、新たに理解したことをまとめ、その意味を完全に理解するまで何度も読み返してください。

```



```

対象 ： B群・C群

（まとめ）

　親密な関係における自分自身について、リフレーミングで学んだことを振り返り、47ページにまとめましょう。

タスク7-3 ： 相手の感情を映し返す—リフレクティブ・リスニング—

　リフレクティブ・リスニングは、相手の話の中の感情部分を相手に返すことで、それによって、相手はあなたにちゃんと聞いてもらえたとわかり、このミラーリング（訳注：鏡のように返すこと）効果によって、相手が自身の感情を十分に感じられるようになるという、一見シンプルな技術です。これは特に、親しい人が強い感情を抱いていたり、混乱していたり、何かに対して（特にあなたに）圧倒されるような感情を持っているときに役立ちます。

　文脈からすると、ちょっと堅苦しい感じがするかもしれないので、抵抗もあるかもしれません。しかしHSPにとっては、欠かせないスキルです。例えば非HSPには、自分に何が起きているか認識してもらうことができます。自分と同じように、相手も自らの感情に気づいていることは、気持ちがいいものです。コツさえつかめばHSPはリフレクティブ・リスニングが得意中の得意なはずです。

● リフレクティブ・リスニングで「すべきこと」は少ないです。

① **姿勢を相手に向ける**

　身体的にも相手に注意を向けましょう。時計に目をやったり腕を組んで座ったりしないことです。

② **感情を再表現する**

　聞いた内容から感情を再表現する言葉を使います。事実関係はほとんど無視し、表現された感情を正しく汲むことに集中します。

● してはいけないことをしないのはかなり難しいです。

① **何も質問しない**

　重要な答えはすぐ聞けるでしょう。

② アドバイスしない

よいアドバイスができるほど、まだ十分に話を聞けていません。それに、あなたが自分の役割に徹すれば、相手は自分で解決策を見出します。そのほうが相手のためにもなるし、おそらくよりよい解決につながるはずです。

③ 自分の似た経験を話さない

共有することが目的なら結構ですが、相手が強い感情を抱いているとき、あなたが自分の話をしても、相手は、自分の内面で起きていることから注意が逸れてしまうだけです。

④ 心理学者ぶらない

「本当はどうか」や「あなたの本音」を説明したり心理学者を演じたりしないことです。それは後で役立つかもしれませんが、今のあなたの仕事は、相手の話を聞いて、その人の非常に個人的な経験から、注意が逸れないようにすることです。

こういう同調的な聞き方は、一つの贈り物であり、たとえひとことでも強力です。私たちは往々にして、こんな会話をしがちです。

「ねぇねぇ、いいことがあったんだ！ うちの子（犬）に赤ちゃんが産まれたの！」

「いいね！ うちの子（犬）は去勢したんだけどすでにお腹にいたんだよね。写真見る？」

あなたの話は求められていません。

こんな返し方はどうでしょう。

「いいことがあったね！ よかったね！ かわいい孫ができたような気分でしょ？」

「何匹産まれたの？」と質問で返すよりもよいです。もちろん、それは次にくる質問ではありますが。

このように、リフレクティブ・リスニングは、会話の中でも使うことができます。しかし、その本当の重要性は、相手が自分の経験に根ざすことを助け、二人の関係を保つ（ときには救う）ことにあるのです。試す前に、例を見てみましょう。

相手の経験をどう聞くか

　まずは親友や家族との間で、二人の関係に関することではない、別の問題を話し合うために、リフレクティブ・リスニングを使う例から始めます。これは、心理療法で最も重要な基本を学ぶための簡単なコースです。心理療法士が、他の技術を一切使わず、リフレクティブ・リスニングだけを使ってカウンセリングをしたとしても、それだけで効果があります。ですからこれは強力なスキルなのです。

　夫が、嫌な職場に初出勤した日の晩の、夫婦の会話です。夫が「今日は、今までで一番ひどい日の何百倍もひどかった。いや、もうマジで最悪。どこかに消えて死んじゃいたいよ。俺、明日から仕事に行く自信ないわ」と言います。

　これを聞かされた妻（あなた）の頭の中では警報が鳴りまくります。夫が自信を喪失し職も失うのではないかと心配します。「たった1日くらいちゃんと働けないの?」と苛立つかもしれないし、当然事態がわからないので混乱します。そしてつい質問したくなります。しかしそれらを全て飲み込んで、「今日は悪夢のような1日だったのね」とだけ言うのです。「そんな場所、もう二度と行きたくないのね」と続けてもいいかもしれません。

　何も質問しないことです。質問しなければ、時が解決します。
「上司に相談して、何を求められているのか、はっきりさせたほうがいいかもよ」のようなアドバイスはしないほうがいいです。あなたは何があったか知らないからです。「大変だけど、慣れればきっと大丈夫（＝あなたの気持ちを聞きたくない）」と秘かなメッセージを伝えるのもいけません。「だって今回の転職は楽勝って言ってなかったっけ?」とか「え、私に外で稼いでこいってこと?」は論外です。

　心に余裕を持って、「相手はきっとなんとかできる」と信じてみましょう。意識がダメでも無意識の助けを信じます。「こうなったらいい」などの期待も要求も持たずに、ただ聴きます。相手の無意識を信頼すればするほど、きっと相手の結論をあなたも気に入るはずです。

　私ならこの会話はこうすると思います。

	そんな職場もう嫌よね　妻
夫　(泣き出して)嫌だよ	
	(同情を込めて)そんなにひどかったのね　妻
夫　もう行けない	
	本当、そんな場所、もうとっても行けないよね　妻
夫　大失敗。こんなこと、何で先にわからなかったのかな。悔しいよ	
	悔しいね。 何で先にわからなかったのかなって、自分を責めちゃうのね　妻
夫　レジなんて、誰でもできるのにさ…	
	レジで自信がなくなったのね　妻
夫　並んでる客が急かすから、俺、固まっちゃってさ。 店長が駆けつけてきてみんなの前で言ったんだよ。 「こののろま！」って。しかも後で 「あんな物覚えの悪い奴、見たことないよ」だとさ	
	お客さんが並んでるとプレッシャーだよね。 でもその店長、本当に失礼で、ムカつくよね…　妻
夫　俺、別にのろまじゃないし覚えるのも早いほうだし。 でもああいうプレッシャーがあると、どうもダメなんだよね	

妻：私もあなたって頭がいいと思う。でも状況によってはね…

夫：初出勤の人間にあんな言い方する？
あの店長、ちょっと信用できないよ

妻：ほんとびっくりだよね。ちょっとでも
脳みそがあったら、そんな指導の仕方しないよね

夫：いや、きっと人事資料で俺がプレッシャーに強そうって
思ったんだわ。それだけだって

妻：違う店長のところだったら、今日は全然違ってたんじゃないかな

夫：言い訳かもしれないけどな

妻：あなたは別に悪くないのに、今日みたいなことがあったら
自分が信じられなくなるわよね

夫：いやそうとも限らないよ。あの店長は誰にでもああなんだ。
そばに誰もいないと思って
誰かさんを「ろくでなし」って罵るのが聞こえたよ

妻：本当に嫌な人だね

夫：そんな人のとこに行けないよ

妻：（沈黙）

夫：俺を採用した人はぜひ俺に来てほしいって言ってくれて、
その人は店長の上司なんだ。こんなことがあったことは
その人の耳に入れておこうと思うよ

相手の解決策が間違っていると思うなら、二つのアプローチがあります。可能なら、その人にそのままやらせてみて、失敗から学ばせましょう。それができない場合は、次のような「行動/感情の言語化（210ページ）」から始めてみてください。「あなたがそんなことをしたら、と想像すると怖くなるんだけど」や「あなたがそれをすると仕事を失うんじゃないかと心配になる。家賃を払えなくなるのも不安」などです。このように言っても、相手の考えが改まらないようなら、その状況で、自分だったらどうするかを付け加えます。ただし、相手に直接「こうすべきだ」とは言わないようにします。悩んでいる人に、直球でアドバイスをすると、抵抗にあったり、そんな解決法を思いつかなかった自分を恥じて、よけい自信をなくしたりします。そもそもあなたは全体を知らないでしょう。おまけにあなたのアドバイスで失敗したらあなたの責任になってしまいます！

相手が脅威になっているときの聞き方

　リフレクティブ・リスニングの最も重要な使い方（そして成功させるのが難しい）は、二人が対立し、お互いに防衛的になったり、コントロールが効かなくなっているときです。こういうときは、何らかの「コンプレックス」が複数絡んでいて、お互いが、相手の大事なものを脅かす存在と見られているのです。リフレクティブ・リスニングでは、対立は解決しませんが、防衛的にならないよう相手の感情を引き出すことで、相手の視点を聴くことができます。その視点は無意識に入り込んで、より深いレベルで変化を生み出すのです。

　もう一つ、例を示します。今度は回答を練習できます。私なら相手の言葉にどう反応するか、後に書いてありますが、よい回答は一つではありません。昨晩、夫婦ゲンカがこんな風に勃発したとします。

> **夫**　一体どこに行っていたんだ？ 男友達とお茶するとか言って出て行って3時間も戻らないなんて。もうその男に会わないでくれ。ただの友達とは思えない。俺のことを愛してずっと一緒にいたいなら、もうあいつと連絡はとるな

　そこで今晩、妻と夫はリフレクティブ・リスニングを30分だけ行うことにしました。まずは夫の気持ちや状況を聞くことから始めます。いったん休憩した後は、夫も同

じように、妻の気持ちやそのときの状況を聞きます。堅苦しい感じがするかもしれませんが、カッとせずに、リフレクティブ・リスニングを続ければ、本当にうまくいきます。妻の立場になって回答してみてください。では、始めましょう。

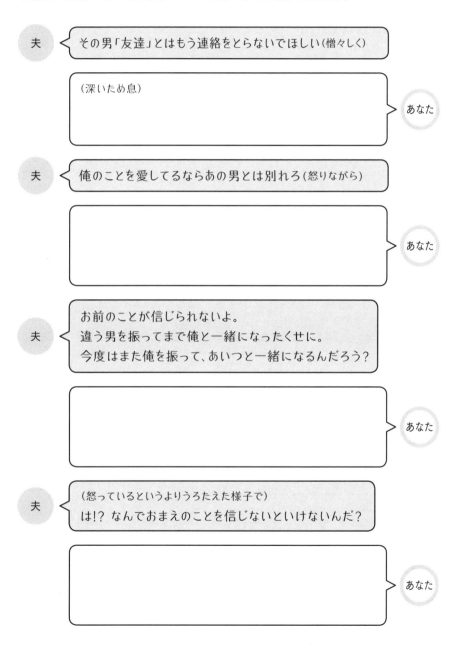

夫
その男「友達」とはもう連絡をとらないでほしい（憎々しく）

（深いため息）

あなた

夫
俺のことを愛してるならあの男とは別れろ（怒りながら）

あなた

夫
お前のことが信じられないよ。
違う男を振ってまで俺と一緒になったくせに。
今度はまた俺を振って、あいつと一緒になるんだろう？

あなた

夫
（怒っているというよりうろたえた様子で）
は!? なんでおまえのことを信じないといけないんだ？

あなた

夫 ＜ ああ、自分がこんな風に言われるなんて嫌だ！
まるで嫉妬してるみたいじゃないか。
つーか、嫉妬してるんだけど

あなた

夫 ＜（涙目で）お前のことが好きでたまらないんだよ！

あなた

夫 ＜ その男とお前が一緒にいるところを見たんだ。
あいつのことが好きなんだろ？ 俺なんかより。
お互いに見つめ合っちゃってさ。もう死にそうだよ

あなた

夫 ＜（涙を流しながら）お前を失いたくない

あなた

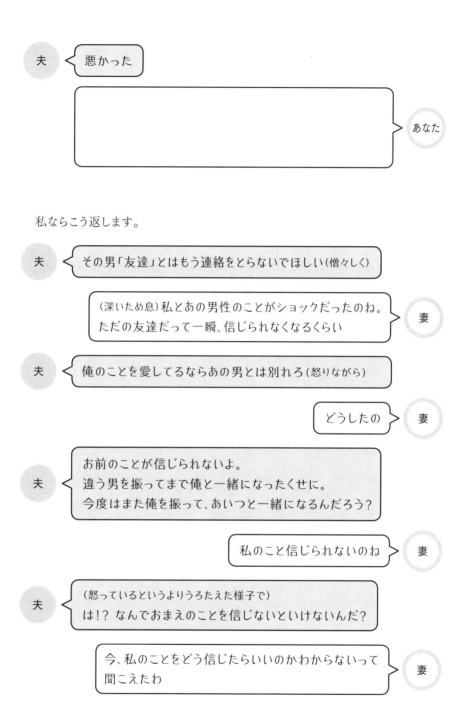

夫　悪かった

あなた

私ならこう返します。

夫　その男「友達」とはもう連絡をとらないでほしい(憎々しく)

妻　(深いため息)私とあの男性のことがショックだったのね。
ただの友達だって一瞬、信じられなくなるくらい

夫　俺のことを愛してるならあの男とは別れろ(怒りながら)

妻　どうしたの

夫　お前のことが信じられないよ。
違う男を振ってまで俺と一緒になったくせに。
今度はまた俺を振って、あいつと一緒になるんだろう?

妻　私のこと信じられないのね

夫　(怒っているというよりうろたえた様子で)
は!? なんでおまえのことを信じないといけないんだ?

妻　今、私のことをどう信じたらいいのかわからないって
聞こえたわ

夫 ああ、自分がこんな風に言われるなんて嫌だ！
まるで嫉妬してるみたいじゃないか。
つーか、嫉妬してるんだけど

妻 私を誰かにとられたくないって思うのが悪い気がするのね

夫 （涙目で）お前のことが好きでたまらないんだよ！

妻 （しばらく黙ってから）うん。今夜のあなたの愛はアツいわね

夫 その男とお前が一緒にいるところを見たんだ。
あいつのことが好きなんだろ？ 俺なんかより。
お互いに見つめ合っちゃってさ。もう死にそうだよ

妻 （同情の眼差しで）私があの友達のことを好きだと思って、
とても傷ついちゃったのね。自信を無くしちゃうくらい。
私が彼と3時間お茶を飲んで
あなたの自信を奪っちゃったのね

夫 （涙を流しながら）お前を失いたくない

妻 うん。あなたがどれだけ私を想ってくれていて、
失いたくないのかわかったよ

夫 悪かった

妻 うんうん。私が、あなたじゃない別の男といて楽しそうに
していたら、私があなたのことこんなに必要としていて、
こんなに愛しているってこと、信じられなくなっちゃうのね

この会話がこの後どうなるか、誰もわかりません。あなたは、この後、夫の理不尽な嫉妬に逆ギレするかもしれません。夫婦関係を揺るがす新しい恋が始まった現実に直面することも、何を犠牲にしても二人の関係を最優先にしてきた自分を、裏切ることだってあるかもしれません。あなたはリスニングセッションで怒りを感じ、また別のセッションで「友達」関係を終わらせる決意をするかもしれません。しかし、確かなことが一つあります。あなたは、自分がパートナーの中に生み出した感情を知っていて、おそらくこれ以上、その感情に向き合うことを避けることはできない、ということです。

● セッションをクローズする

「初出勤の晩」（202ページ）の例では、結末はごく自然なものでした。しかし激しいケンカの最中や危機に瀕しているときは、相手に耳を傾ける時間はあらかじめ決めておくほうがいいでしょう。時計がそのセッションを終了させてくれます。結局、聞き手はそれほど多い時間を割けないのです。その場で役割を交代したほうがいいのでしょうか？ それも事前に合意しておく必要があります。しかし通常はそうしないほうがよいでしょう。たとえ聞き手のあなたの中に強い感情が沸き上がったとしても、相手には、浮かんだ感情や洞察を消化する時間が必要だからです。

聞き手は最後に何らかの感情を表すことができます。「それは私にはキツイ。後で私の気持ちも聞いてください」などです。そして聞き手は、自分が話を聞いてもらうときのために、何かメモをしておくとよいでしょう。

「初出勤の晩」の例では、こう伝えてもいいかもしれません。「ねぇ、あなたが帰宅した瞬間、何かあったなって思った。こうして話してくれてありがとう。信頼してもらえて嬉しい。おかげで一晩中あれこれ心配しなくてよくなったわ」もし、このようなことを定期的に行っている相手なら、「今日は今までで一番ヤバかった日の何百倍もダメだった」と聞かされた最初の段階で、気持ちを伝えてもいいでしょう。

ところで、ケンカ中にリフレクティブ・リスニングをするときは、「リフレクティブ・リスニングをちゃんとしてくれない」と、相手を責めて、ケンカが中途半端に終わってしまわないよう注意してください。

● 実演してみる

リフレクティブ・リスニングの練習は誰かとするのが一番です。このタスクをパートナーや親しい友人に伝えて、ケンカしたときや片方が困難を乗り越える助けが必

要なとき、このツールを使えるよう一緒に練習できないか聞いてみましょう。最初の練習では、二人のどちらかが、自分の生活の中で実際に起きている問題を選びます。途中で止めたり、役を交代することは難しいので、あまり大変なテーマにしないほうがいいでしょう。そして、今のところは二人の人間関係とは関連のないものを選ぶようにしましょう。まず、あなたが自分のことを話して、相手は耳を傾けます。次に役割を交代して、その逆を行います。あらかじめ時間を決めておき(10〜20分で十分でしょう)守らないといけません。それから、それがどう進んだかを話し合い、一緒に改善していきましょう。くり返しになりますが、最初は重いテーマや激しいテーマを選んではいけません。

> **対象 ： A群・B群・C群**

グループは二人ずつに分かれて、誰かが時間を計って、10〜15分のリスニングセッションを行います。大人数のグループなら、3人ずつに分かれて、3つの役割を交代で行います。聴き手、聴かれる人、聴き手を指導する人です。

(まとめ)

リフレクティブ・リスニングの練習をして、自分についてわかったことをメモしましょう。

タスク7-4 ： 「行動」と「感情」を言葉にする

このアクティビティーはクロード・スタイナーの著書"Achieving Emotional Literacy(エモーショナル・リテラシーの達成)"に基づいています。交際中であるかどうかに関係なく、全ての人にお勧めです。感情に関するコミュニケーションについて、彼は長年の経験を凝縮して、わかりやすく頼りになるハンドブックを作りま

した。

　親しい間柄でよいコミュニケーションをとるために、リフレクティブ・リスニングの次に必要なのは、事態が複雑になったとき、相手の行動に対して自分が感じたことを、事実に基づいて、シンプルな言葉にできることです。これは自分の行動に対し相手が感じたことを単純な言葉にするのを助ける能力でもあります。これを「行動と感情の言語化」と言います。簡単なようで、結構難しいです。

　リフレクティブ・リスニングもそうですが、HSPにこの技術が必要なのは「自分の感情波長を合わせることが少ない非HSP」や「刺激過多で周りの全てに波長を合わせられなくなっているHSP」とのコミュニケーションを円滑にするためです。「行動と感情の言語化」は、行動を解釈することではなく、行動そのものを言葉にすることです。「あなたが早く帰りたがったから、私は悲しかった」は違います。「あなたが早く帰ったから、私は悲しかった」です。相手が「帰りたい」と口にしていないなら、あなたが知るのはその人が早く帰った事実だけです。

　行動から離れて解釈してしまう例をもう一つ挙げます。「あなたが私を、自分の母親みたいに思っているから、腹が立つのよ」です。相手は、あなたが怒るような行動を、自分の母親に対してもしているかもしれないし、していないかもしれないのです。行動と感情をきちんと言葉にするなら「あなたが連絡もくれずに遅刻するから、私は腹が立つの」です。

　次は、非HSPと、大切な問題に取り組むときの例です。「君がとても敏感すぎるから、イライラするんだよ」と言われたとします。あなたは「すまないけど、私のどんな行動が、あなたを怒らせているのか、具体的に教えてくれる?」と言っていいのです。

　では、解釈を行動に書き直しましょう。私がどう直すかは、後に書きます。

| あなたが失礼だと、
私は恥ずかしい。 | → | あなたが(　　　　　　　　　　　)とき、
私は恥ずかしい。 |

※これはひっかけ問題です。

| あなたが危険運転をすると、
私は怖い。 | → | あなたが(　　　　　　　　　　　)とき、
私は怖い。 |

※これは面白い問題です。

| あなたが私の敏感さをリスペクトしないとき、私は怒る。 | → | あなたが(　　　　　　　　　　　　　　)とき、私は怒る。 |

これらの言葉を私はこう書き直します。

| あなたが失礼だと、私は恥ずかしい。 | → | あなたが紹介されたばかりの人の名前を覚えていないとき、私は恥ずかしい。 |

※これはひっかけ問題です。

| あなたが危険運転をすると、私は怖い。 | → | あなたが車間距離を3台未満にするとき、私は怖い。 |

※これは面白い問題です。

| あなたが私の敏感さをリスペクトしないとき、私は怒る。 | → | 「疲れたから帰りたい」と言っているのに何時間も残ろうとしたから「何バカなこと言うの!」と言った意味をあなたが理解できないと、私はとても腹が立つ。 |

　恥ずかしい、怖い、腹が立つなど、言葉の後半部分を理解するのも、なかなか難しいです。本当の感情は、怒り、恐れ、悲しみ、憎しみ、羞恥心、動揺、幸せ、愛、プライド、喜びなど、ほんの数種類しかないのです。孤独、好奇心、心配、不安、嫉妬、罪悪感、絶望や希望もあるかもしれません。しかしこれらの多くは、むしろ派生的なものです。また「無視された」「馬鹿にされた」といったその他の「感情」は、存在しなかったかもしれない相手の動機と行動(「無視する」「嘲笑する」)を意味しています。また英語では「予感する」「直感する」という意味で"I feel(アイ・フィール)"と言うので、口では"I feel"と言いながら、感情という意味での「気持ち」を述べていないことに、気づきにくいというのもあるかもしれません。

　例えば「あなたが私の友達と話してくれないと、私はあなたに拒絶されていると感じる」は、実際には、あなたがその人に拒絶されていると直感しているだけです。もしかしたら、その人は、引きこもり気味なのかもしれません。これも感情を、思考や直感と混同している例です。「君が微笑むとき、僕は君を幸せにしたと感じる」何が笑顔の原因か。それはあなたの考えです。行動と感情をもっとよい言葉にするな

ら「君が微笑むとき、僕は幸せを感じる」です。

　HSP向けの例です。

「あなたが声を荒げると、なんて無神経なんだろうと思う」。しかし、あなたにはその人が無神経である確証があるわけではありません。怒鳴らないHSPがいますか?「あなたが声を荒げると私は腹が立つ」とだけ言ってみたらどうでしょうか。

　相手の言葉を正すために、どうしてこのスキルが必要なのでしょうか。その例を示しましょう。

「飲み会に行こう、と誘っても、いつも君が断るから、ぼくはがっかりするんだよ」

　それに対して、飲み会に行かずに相手の気持ちを理解し、和らげるために、このように尋ねてもいいでしょう。「私が断ったら、腹が立つの? 何か心配なの? 悲しいの? 詳しく教えて」。

　下記を書き直してみましょう。私の回答も続きます。

あなたがコップを割ったとき、私はあなたが私の一部を割っているように感じた。	→ あなたがコップを割ったとき、私は（　　　　　　）。

あなたが背を向けると、私はあなたがもっと面白い話し相手を探しているように感じる。	→ あなたが背を向けると、私は（　　　　　　）。

あなたが「忘れた」と言うとき、私はあなたが本当は忘れたいのだと思う。	→ あなたが「忘れた」と言うとき、私は（　　　　　　）。

あなたがため息をつくとき、私は「敏感な君が嫌い」と言われているように感じてきた。	→ あなたがため息をつくと、私は（　　　　　　）。

私ならこう書き直します。

あなたがコップを割ったとき、私はあなたが私の一部を割っているように感じた。	→	あなたがコップを割ったとき、私はとても悲しかった。
あなたが背を向けると、私はあなたがもっと面白い話し相手を探しているように感じる。	→	あなたが背を向けると、私は不安になる。
あなたが「忘れた」と言うとき、私はあなたが本当は忘れたいのだと思う。	→	あなたが「忘れた」と言うとき、私は腹が立ちます。
あなたがため息をつくとき、私は「敏感な君が嫌い」と言われているように感じてきた。	→	あなたがため息をつくと、私は心配になります。

　いつもこのような話し方をしなければならないわけではありませんし、確かに、なぜ自分が悲しいか、怒っているか、心配するのか、理由を説明したくなるでしょう。しかし、リフレクティブ・リスニングもそうですが、衝突したり混乱したり強烈な感情が多数飛び交うときこそ、事実としての感情に向き合い、解釈やアドバイスをしたり、防御したり、非難したりすることは、極力排除していきたいものです。

　心に正解も不正解もありません。ただ思うだけです。よい「行動と感情の言語化」には、相手への非難の意図は含まれないので、受け取った側も、非難されたと受け取る必要はないのです。相手の感情反応は、愚かで、不合理で、病んでいるように見えるかもしれません。しかしくり返しになりますが、それを攻撃したり拒否したりしても、それは解消できない事実なのです。特にあなたはHSPなので、誰かの「行動と感情の言語化」を、内容はどうであれ、受け入れることを学んだほうが賢明でしょう。それは二人の立ち位置についての貴重な情報です。そこからリフレクティブ・リスニングを使ったり、行動を変えたり、謝罪したり、怒りを表現したり、自分の行動や相手の反応に提言したりするなど、好きな反応を選べるのです。

　もしよければ、このアクティビティをパートナーや友達に紹介して一緒にやらないか聞いてみましょう。どちらかが、身の回りの出来事や気持ちの交流にまつわる小

さな衝突ややり残したことを選びましょう。できれば、そんなに重大でないテーマがいいです。

　手順は下記の通りです。
① あなたがはっきりした行動／感情の言葉をつくり始める。
② 相手は、しばらくその言葉を聞きながら、それを心に刻み、
　同じ言葉を使ってその考えをくり返す。
③ あなたは今思うことについて次の行動／感情の言葉をつくる。

私があなたにこう進めてもらいたいという例を示します。

① あなたがはっきりした行動／感情の言葉をつくり始める。	あなたがゴミ捨てに行かないと私は怒る。
② 相手は、しばらくその言葉を聞きながら、それを心に刻み、同じ言葉を使ってその考えをくり返す。	僕がゴミを捨てに行かないと君は怒る。
③ あなたは今思うことについて次の行動／感情の言葉をつくる。	「あなたが私の言葉をくり返したとき、私はさらに腹が立った」でも「よかった」でもなんでもいいです。自分が何を感じているかに注意を向けるのが基本です。

　こう始めれば「ゴミ当番」をめぐって、よい話し合いが始まるはずです。「最近私ばっかりいいように使われている」とか「1日はあっという間（短い人生何をなすべきか）」と話したり、リフレクティブ・リスニングをしたり、何か閃いたり、謝罪をしたりと、いろいろなことにつながります。しかし焦点が曖昧になったら「行動と感情の言語化」に戻るのです。

対象 ： A群・B群・C群

ペアやグループでなくても、架空の会話や、あなたが身近な人に言いそうな言葉で練習することもできます。なお、ペアやグループメンバーがお互いの行動について言葉にしてみることができるのはBとCのみです。ペアやグループが、親密さを高めるためにも非常に有効です。

（ まとめ ）

行動と感情を言葉にしようとして何がわかりましたか？ 少し書きましょう。

タスク7-5 ： なぜこのつながりか、深層心理から解く

　ここでのアクティビティは大まかにはハーヴィル・ヘンドリックスの著書に基づきます。彼の著書"Getting the Love You Want：A Guide for Couples（望む愛を手に入れる：カップルの手引き）"はお勧めです。シュタイナーのように、ハーヴィル・ヘンドリックスの考え方には、豊富な経験からくる、深みと複雑さがあります。このタスクが複雑なのには理由があります。あなたが無意識の精神にアクセスできるように、私が手助けをしているのです。ですから、それだけの価値があると思います。

1 幼少期の家族の性格を列記する

① 父親や母親など、あなたの幼少期に強い影響を与えた人の、最も好きなところと嫌いなところを3つずつ考えましょう。兄弟、姉妹、親友、日中の世話人、祖父母でも誰でもいいです。以下は、その一例です。後でときどき振り返ることになると思います。

例

人物	好きなところ			嫌いなところ		
母親	優しい	真面目	献身的	疲れている	大袈裟	鈍い
父親	面白い	強い	成功している	怒る	いない	堅い
姉	頭がいい	裕福	気楽	支配的	敏感でない	意地悪

あなたの場合を以下に挙げましょう。

人物	好きなところ			嫌いなところ		
母親						
父親						

② 次に、自分自身の、好きなところと嫌いなところを3つずつ書きます。

例）

人物	好きなところ			嫌いなところ		
自分	よく働く	思いやりがある	敏感	貧乏性	理解が遅い	元気がない

あなたも挙げましょう。

人物	好きなところ			嫌いなところ		
自分						

③ 家族や自分の気質について上記に書いたことが記憶から薄れ始めた頃に、パートナーの最も好きなところと嫌いなところを書いてみてください。あなたはその人の何を愛せて、何が一番許せないですか?

例）

人物	好きなところ			嫌いなところ		
パートナー	面白い	エネルギッシュ	尽くす	働きすぎ	会話が陳腐	お金にだらしない

あなたも挙げましょう。

人物	好きなところ			嫌いなところ		
パートナー						

② コンプレックスを特定する

　タスクの目的は、パートナーとの関係であなたが抱えている問題、つまりあなたがパートナーに不満があって、ときどき別れようと思うことについて、あなた自身のコンプレックスがどう関係しているかを知る手がかりをつかむことです。221ページの表は、先程使った特徴を、あなたが人を考えるときに使う大きな枠組み、つまり自分のコンプレックスに、整理し直すものです。例を示しましょう。

1　216ページの①幼少期の家族の性格を列記する、というタスクで、誰かを説明するために使用した単語を「ポジティブ」か「ネガティブ」かの二極にカテゴリ分けしてみましょう。単語をカテゴリ分けするときは、その説明を使った相手も、単語の後ろに括弧をつけて一緒に書き込みましょう（訳注：次ページの例を参照）。

　最初に書いた気質から始めます（最初は母親についてでした）。その気質をカテゴリとして考えます。次にそれと似た単語を探します。カテゴリに置いたらその単語（217ページに書いたもの）にチェックを入れます。次の性格が最初のカテゴリに当てはまらない場合は、新しいカテゴリを作ってそこに入れます。同じ性格が複数のカテゴリに当てはまる場合は、複数使用して結構ですが、全ての性格を少なくとも1つのカテゴリに入れましょう。

　219ページにある例では、最初の性格と大カテゴリの項目は「優しい」です（母は括弧に入れる）。「優しい」はポジティブな気質なのでポジティブな極に置きます。

　母親については最も好き・嫌いな気質を続けても「優しい」と似た、あるいは反対の気質はありません。しかし父親には「怒る」があり、それは「優しい」の反対です。ですので、例のように「怒る」を優しいの反対にあるネガティブに置きます（父を括弧に）。さらに続けて「意地悪」（姉）も、ここのネガティブに置きます。「思いやりがある」（自分）が出てきたら、優しいの下のポジティブの行に入れます。

2　1で示したように、216〜217ページで説明に使った全ての単語を分類していきます。完璧でなくても大丈夫です。例では、母親に使った2番目の単語「真面目」に戻ります。これは難しいです。例では、母親の真面目さは好きでも、その反対にあるものがユーモアだと感じており、母親の真面目さより、パートナーのユーモア（面白い）をずっと喜んでいるからです。このため、母親の「真面目」はネガティブに置いて、パートナーの「面白い」をポジティブに置きます。父親の「面白い」と姉の「気楽」もここに置きます。くれぐれもパーフェクトでなくて大丈夫です。

3　すでに作ったカテゴリと類似か反対か判然としない場合は、次の行に「関連性のありそうな単語」として置きます。例では「関連性のありそうな単語」の行に、「献

身的」(母)と「尽くす」(パートナー)を「優しい」に関係していそうに思われる単語として入れます。「支配的」(姉)と「働きすぎ」(パートナー)には「意地悪」な性質もあるので「意地悪」に関係していそうに思われる単語として、ネガティブ側に置きます。

　どこにも当てはまらなそうな単語は、自分にとって重要なら、それ自体をカテゴリにしましょう。そうでなければ「関連性のありそうな単語」に入れましょう。完璧でなくていいのです。

4　カテゴリ全体(ポジティブ・ネガティブ)のタイトルを作り「大カテゴリ」に書きます。例では、最初の「大カテゴリ」のタイトルは「親切/意地悪」と付けられます。

5　全員分の「好き(嫌い)なところ」を全部使い切るまでカテゴリを追加し続けます。

例

大カテゴリ　親切／意地悪	
ポジティブ	ネガティブ
優しい(母)	怒る(父)
思いやりがある(自分)	意地悪(姉)
献身的(母)	支配的(姉)
尽くす(パートナー)	働きすぎ(パートナー)

似た意味の単語 ▶（ポジティブ：優しい(母)、思いやりがある(自分)／ネガティブ：怒る(父)、意地悪(姉)）

関連性のありそうな単語 ▶（ポジティブ：献身的(母)、尽くす(パートナー)／ネガティブ：支配的(姉)、働きすぎ(パートナー)）

大カテゴリ　ユーモアがある／真面目	
ポジティブ	ネガティブ
面白い(パートナー)	真面目(母)
気楽(姉)	
面白い(父)	
	よく働く(自分)

似た意味の単語 ▶（ポジティブ：面白い(パートナー)、気楽(姉)、面白い(父)／ネガティブ：真面目(母)）

関連性のありそうな単語 ▶（ネガティブ：よく働く(自分)）

大カテゴリ　エネルギッシュ／疲れている

	ポジティブ	ネガティブ
似た意味の単語 ▶	エネルギッシュ(パートナー)	疲れている(母)
		元気がない(自分)
関連性のありそうな単語 ▶	強い(父)	
	成功している(父)	
	よく働く(自分)	

大カテゴリ　いる／いない

	ポジティブ	ネガティブ
似た意味の単語 ▶	献身的(母)	いない(父)
	尽くす(パートナー)	働きすぎ(パートナー)
関連性のありそうな単語 ▶	成功している(父)	よく働く(自分)
	よく働く(自分)	

大カテゴリ　頭がいい／愚か

	ポジティブ	ネガティブ
似た意味の単語 ▶	頭がいい(姉)	理解が遅い(自分)
		会話が陳腐(パートナー)
		鈍い(母)
関連性のありそうな単語 ▶	成功している(父)	お金にだらしない(パートナー)

大カテゴリ　裕福／貧乏性

	ポジティブ	ネガティブ
似た意味の単語 ▶	裕福(姉)	貧乏性(自分)
関連性のありそうな単語 ▶	成功している(父)	お金にだらしない(パートナー)

大カテゴリ　敏感／敏感でない

	ポジティブ	ネガティブ
似た意味の単語 ▶	敏感(自分)	敏感でない(姉)
関連性の ありそうな単語 ▶	大袈裟(母)	強い(父)
		堅い(父)

あなたもやってみましょう。

大カテゴリ　　　　　　　／

	ポジティブ	ネガティブ
似た意味の単語 ▶		
関連性の ありそうな単語 ▶		

大カテゴリ　　　　　　　／

	ポジティブ	ネガティブ
似た意味の単語 ▶		
関連性の ありそうな単語 ▶		

大カテゴリ ╱

| ポジティブ | ネガティブ |

似た意味の単語 ▶ _____ _____

_____ _____

_____ _____

関連性の
ありそうな単語 ▶ _____ _____

_____ _____

_____ _____

大カテゴリ ╱

| ポジティブ | ネガティブ |

似た意味の単語 ▶ _____ _____

_____ _____

_____ _____

関連性の
ありそうな単語 ▶ _____ _____

_____ _____

_____ _____

大カテゴリ ╱

| ポジティブ | ネガティブ |

似た意味の単語 ▶ _____ _____

_____ _____

_____ _____

関連性の
ありそうな単語 ▶ _____ _____

_____ _____

_____ _____

大カテゴリ ／

	ポジティブ	ネガティブ
似た意味の単語 ▶	_____	_____
	_____	_____
関連性の ありそうな単語 ▶	_____	_____
	_____	_____

大カテゴリ ／

	ポジティブ	ネガティブ
似た意味の単語 ▶	_____	_____
	_____	_____
関連性の ありそうな単語 ▶	_____	_____
	_____	_____

③ コンプレックスは両極端

　156ページのコンプレックスの説明を振り返ってから、今記入した内容を確認しましょう。一緒にこのタスクを進めていくために、まず「大カテゴリ」は、あなた自身の（少なくとも人間関係に関する）コンプレックスのおおまかなスケッチだと考えてください。コンプレックスはあなたのエネルギーが向かうところです。あなたはその話題になると、怒りっぽくなり、多弁になります。コンプレックスは似たような経験を全て吸い込むブラックホールのようなものともいえます。

　例えば、もしあなたが被害者／加害者コンプレックスや、被支配者／支配者コンプレックスを持っている場合、意識的であれ無意識であれ、全ての人はあなたによってこのように仕分けられてしまいます。立ち位置があなたより上の人なら、支配

したり虐待したり管理する人間、下の人なら、あなたの望み次第で、簡単に支配したりコントロールできる人間、という具合です。

コンプレックスにはいつも二つの側面（極）があります。コンプレックスの一つの極は、私たちが認識し、「所有」し、意識している側面です。もう一つは、私たちが否定したり嫌ったり、自分の中にあることを全く意識していない側面です。人はコンプレックスの中にあるときは、常にそのどちらか片方の極にいます。その話題になったとき「白か黒か」両極端な思考になり、曖昧にしておけないのも、コンプレックスがあるサインです。他人を善人か悪人か、どちらかにレッテル貼りしがちです。どちらか一方であり中間がないのです。

他にもこのようなカテゴリ（コンプレックス）があります。

- 自立した大人/わがまま子ども
- 男性的/女性的
- 信頼できる/裏切りそう
- 合理的/非合理的
- 上品/下品
- 親しい/距離がある
- 従順/支配的
- 偉大な業績がある/何も達成していない
- 内向的/外向的
- 責任感がある/無責任
- 人徳がある/罪深い

リストは延々と続きますが、無限ではありません。あなたにとって「ホット」だけれども忘れていたトピックがあったなら、それもこの後のために「大カテゴリ」にしましょう。

これであなたのコンプレックスと人間関係のつながりを考える準備が整いました。まず、新しいリストを作ります。自分のコンプレックス（221ページからはじまる前回のリストの「大カテゴリ」がそれに当たります）と、そこでポジティブ/ネガティブで識別した人たちを改めてリストアップするのです。それらの人たちに自分を含めていたら、それは最後に挙げます。

作ると例えばこうなります。

ポジティブ	人物	ネガティブ	人物
親切	母、パートナー、自分	意地悪	姉、父、パートナー
ユーモアがある	パートナー、姉、父	真面目	母、自分
エネルギッシュ	パートナー、父、自分	疲れている	母、自分
いる	母、パートナー、父、自分	いない	父、パートナー、自分
頭がいい	姉、父	愚か	パートナー、母、自分
裕福	姉、父	貧乏性	パートナー、自分
敏感	母、自分	敏感でない	姉、父

あなたも作りましょう。

ポジティブ	人物	ネガティブ	人物

4 つながりを探す

　次につながりを探していきます。しかし今の段階ではパートナーは除いておきましょう。

① 最初のつながりは、「自分を誰と同一視しているのか?」「自分は誰と一緒に出てくるのか?」と問うことで見つけられます。例では一番多いのは母親です。次に、このタスクの最初にあなたが選んだ誰かの、好きなところ嫌いなところを振り返って、「パッケージ売り」(いいところも悪いところもセット)について考えてみてください。自分に対しては出てこなかったけれど、その人を考えるときには出てきた性質について、どう思いますか? その人と性格が似ているというなら、自分に対しては出てこなかった性格も、本当は自分にあると思いますか? 自分にあるとわかっていても、忌み嫌って、まるでない振りをしたり反対を強調したりしますか? 好き嫌いに関わらず存在に全く気づかなかったですか?

　仮に先にあげた例があなたなら、あなたが自分のこととして挙げたものの中には、母親と重なる部分がかなりありますね。では、彼女について他に何を書いたか確認してみましょう。「反応が大袈裟だ」。自分も母親のように過剰反応することがあると思いますか? 思い当たるところがありますか? それともそれを認めるのに抵抗がありますか?

　あなたが最も似ている人(パートナーを除く)にはあって、**自分になかった好きなところについて、書いてみてください。**

> 　
>
> 　
>
> 　

② あなたと正反対の性格の人は誰でしょう(これもパートナーを除く)。例では父親と姉の二人が候補のようです。あなたと対極の人物は「あなたのシャドウ(影)」を背負っているのです。これは特に自分と同性の場合、そして兄弟姉妹の場合ではそうです。二人の姉妹や、二人の兄弟は、性格が「正反対」であることが非常に多いのです。家族からはいつも比較され、半ばそうならざるを得ないこともあります。「お兄ちゃんは頭がよくて、弟くんもせめてその半分の脳みそがあればよかったのに」とか「弟くんは明るくて、お兄ちゃんも少しはそうだといいのにね」などです。「お

姉ちゃんはとってもよい子。妹は落ちこぼれで……」は最悪かもしれません。

　家族が兄弟や姉妹のほうに「割り当てた」性格を、あなたはある意味失うことになるのです。

　あなたは決してこうではなかったかもしれません。あるいは、「ほら違う、僕も見て」と両親の期待を裏切ろう（反証）としたり、割り当られた性格に抗いさえしたかもしれません。しかしそれらの行動は無視されるだけでした。しかしこうして失われた反対の性格と行動は、専門家が身近に寄り添ってくれていない限り、少なくとも潜在的には、あなたの中に確実に存在しています。「いい子なんかじゃない。悪い子」「真面目じゃなくて面白い」「支配されるのではない、するほうだ」と、もう一人の自分を取り戻す知性は未だ無意識に留まり埋没しています。

　親と正反対の性格になりたいのは、たいていその親を尊敬していなかったからであり、それは通常、親があなたに適切な関わりをしていなかったからです。しかしどんな理由であれ、あなたはその人を拒絶するので、そこから得られるはずの知識や視野という恩恵を失ってしまいます。もちろんその親から多くを学んだのかもしれませんが、その「潜在的な自己」を表に出すことに抵抗があるのでしょう。

　例でいえば、これがあなただったら、抑圧されてはいるが潜在的な「裕福な自分」はどうでしょう？　あなたは「世渡り上手」な姉や父親を尊敬していないかもしれませんが、彼らの稼ぎ方を観察してきたに違いありません。「面白い」自分はどうでしょう？　家族の誰かのようになりたくなくて、「真面目」にならざるを得なかったのでしょうか？

　あなたが嫌っていたり、最も似ていないと思ったりしてきた誰かの側面は、抑圧されたあなた自身の側面です。それを（パートナーは除く）ここに書きましょう。

5　彼（彼女）の背後にある「元型」

　大きなものを残してきました。これから、パートナーの好きでないところを見ていきます。例では、「働きすぎ」「会話が陳腐」「お金にだらしない」でした。さて……。

例に挙げたものを自分の性格と思ってみましょう。あなたの問題が、パートナーをどういう性格に思わせるか、影響を探しています。パートナーに本当は欠点がなかった、という話ではありません。しかしこのタスクは、問題を針小棒大に見てはいないか、なぜその欠点を選んで怒ったのかがわかるようにできています。例えば、自分でもわかっている自分の嫌な部分、あるいは完全に否認している嫌な部分を、相手に（割り当てるように）投影したりしていませんか？ これを確認するにはリストの「自分のいいところ」「パートナーの悪いところ」を探すといいでしょう。

　引き続き、先の例をあなたと仮定して話をします。あなたはパートナーを「親切」とも「意地悪」とも思っています。パートナーを「意地悪」に分類したのは、最初にあなたが、相手の嫌なところとして「働きすぎ」を挙げたからでしょう。しかし、同時にあなたは、相手のことを「尽くす」と表現して、相手の優しさを認めているので、「働きすぎ」はそんなに悪いことではないはずです。あなたは自分のことを「優しい（思いやりがある）」と思っていて、姉や父親のように冷酷ではなく、母親のように親切で思いやりがあることが、あなたにとっての大きな課題なのです。「冷酷」はおそらくあなたにとって一番なりたくないし、パートナーをそう思いたくないものでしょう。それでも、人間関係において、自身の問題を取り上げないわけにはいきません。そのためあなたは仕事に精を出すパートナーを「親切か意地悪か」の色眼鏡で見がちなのです。

　一方であなたは自分のことも「よく働く」と認めています。あなたの仕事ぶりはパートナーと本当にそれほど違うでしょうか？ あなたは、頑張ることが、親切なことであり、一種の社会貢献であり、自分が好きなことだと思うかもしれません。あなたはパートナーに、働き「すぎる」理由を質問して、ちゃんと耳を傾けたことはありますか？

　「会話が陳腐」はどうでしょう。引き続き、これも自分のこととして考えてみましょう。ここでは自分もパートナーも同じ悪い扱いで、あなたは自分が好きになれない「愚かな（理解が遅い）」自分をパートナーに投影し、二人とも、自分の姉や父親に劣ると思っているようです。そのレッテルは二人に本当に相応しいですか？

　最後に「お金にだらしない」を考えましょう。おそらくあなたが相手を好きになったのは、その人が父親とは違って自分と似ている（お金に淡泊）からでしょう。しかし、それもまた問題になってしまいました。そして、あなたにとって金持ちか貧乏かは大きな問題なので、これは新たな問題を生むに違いありません。あなたは自分が貧乏であることを、相手のせいにしていないでしょうか？

このように考えるのはなかなか難しいことですが、人間関係にはとてもいいのでぜひ試してみてください。ここまでの例のようにパートナーの欠点にあげたものが、自分のコンプレックスとどう結びつくか考えてみるのです。気づいたことを書きましょう。

　続いて、パートナーが誰かと並んで現れるところを見て、誰の性格がパートナーと同じかを考えて、誰をパートナーに投影しているか確かめましょう。パートナーが少々誰かに似ているからといってパートナーをその人のように扱ったりすることはないですか？　例を自分として考えましょう。あなたは「ひどい姉」や「無慈悲な父親」の全てをパートナーに投影し、わずかに似たところに反応していないか、自分に問いかけてみてください。「ひどい姉」「無慈悲な父」は幼少期に育つ、巨大な存在なので私は目立つよう書きました。彼らは元型として私たちの集合無意識の中に存在するので、誰もが彼らを知っています。おとぎ話や説話は、こういう普遍的で元型的で危険な人物や状況を認識し、対処する方法を教えてくれます。しかし「邪悪な継母」「人殺しの兄弟」「見捨てる母親」の物語は、それ自身の目的のために誇張されます。

　大人になるまでに私たちの感情的な脳は、そういう危険な存在と一緒にいることを警告する小さな手がかりに自然と反応するようになります。ある言葉や表情、音や匂いからも、私たちは、相手を、そう、元型のように扱っているのです。

　典型的なのはこのようなシチュエーションです。コンプレックスでありがちなのは、パートナーがただ質問しただけ、あるいは必要性を伝えただけなのに、あなたは急に「攻撃された」「傷つけられた」と感じます。そしてそう反応してしまうのは「相手のせいでない」とは思えません。しかし、あなたにとってその問題の周りには信じら

れないほど強力なエネルギーが働いてしまっているのです。どうしてそこまで反応するのか相手が首を傾げるようなら、そこにコンプレックスが働いていることを疑ってください。

　パートナーに投影しているかもしれない人は誰なのか、その人の背後にはどのような元型があるか、考えを書きましょう。

```
[記入欄]
```

　パートナーと一緒に失敗や問題を洗い出して過去のつながり（パートナーに投影しているかもしれない人、その人の背後にある元型）を探すのもいいでしょう。ぜひ頑張ってください。

| 1 | 失敗・問題： |
| | つながり： |

| 2 | 失敗・問題： |
| | つながり： |

3	失敗・問題： つながり：

4	失敗・問題： つながり：

5	失敗・問題： つながり：

⑥ HSPのコンプレックス

　最後になりましたが、大事なことは、あなたの敏感さはどうかです。誰が敏感ですか？　誰かが敏感だとどうなりますか？　あなたのパートナーの敏感なところはどこですか？

　もう一度、例であげたことを自分のことだと思って考えてみてください。あなたは好きになれない姉を「敏感でない」としましたね。あなたがその性格の評価を他の誰にもしなかったのは興味深いです。疲れた母親の「反応が大袈裟」なのは、母親の「疲れ」や「鈍さ」という文脈の中で、あなたの敏感さに対する否定的な感情

が現われているのかもしれません。これは、あなたが、敏感な人（あなた自身のことです）を無意識的にどのように見ているかを知る、もう一つの方法です。あなたは「敏感か」「敏感でないか」のカテゴリをパートナーには当てはめていません。それは自分たちの違いに気づくのを恐れているからでしょうか？

考えを書きましょう。

対象 ： C群　Cはこのタスクについて話し合えます。

（ まとめ ）

　長くて難しいタスクでした。座って目を閉じしばらく頭を休めてください。それか、1日か2日経ってから考えを書きましょう。このようなワークの後は時間をおくと人間関係全体が変わると気づくでしょう。

　私にとって、人をリスペクトすることは、人間関係において一番難しく重要なことです。それを強制することはできません。ダメなところや悪いところを毎日目の当たりにしていたら、相手をリスペクトなんてできません。もちろん欠点のない人間なんていません。しかし、欠点に関係なく誰かを愛することは、何よりも困難で、何よりも尊いことです。そしてパートナーの欠点のどこが自分の問題かを知るのは、ただ二人の関係のために大切であるだけではなく、自分自身を理解する上でも、重要なステップです。私はこのタスクを「なぜこのつながりか、深層心理から解く」と書きました。今なら、その意味がわかっていただけると思います。

　どんな点でも書きましょう。

第8章

深い傷を癒す

— 世界への信頼を取り戻す —

　HSPは、生まれつき傷ついていたり神経症や不安症であったり、うつだというわけではありません。私たちは、（特別に守られるのではなく）「普通に」お互いを尊重し合う穏やかな環境では元気でいられます。実際に、適切な家庭や学校の環境で育ったHSPは、非HSPよりも身体が丈夫だと医学的に証明されました。これは、おそらく精神的にもそうだ、ということです。一方で、不適切な環境もまた、たくさんあります。例えばほとんどの先進国で、子どもたちの約半数は主たる養育者との関係が不安定です。主たる養育者の多くは母親ですが、その母親もまた不安定な愛着で育っています。幼少期に安全な愛着を持てなかったHSPが半分いるということになります。家庭に、素晴らしい環境と、地獄のような環境、その中間の環境があるように、地域、学校にもさまざまな環境があります。そして成人してからも、犯罪に遭ったり、事故や災害を目撃したり、実際に遭遇したり、愛する人を失ったり、大病を患ったりと、誰にでも起こり得るさまざまなトラウマがあるのです。HSPは緊急事態でもうまくやっていけることも多いですが、後遺症に対し他の人より脆弱になる可能性があります。特に、過去のストレスが原因で、心身の調子が悪いときはそうです。

　悲惨な幼少期や過去を抱えるHSPは、他の人よりも不安症やうつになりやすいようです。私たちは世界や人間を信頼するのに、心の中で相当苦労していますが、それは無理からぬことです。HSPは受け止めが深く、そのようなつらい経験をすると当然、世界の見方が変わります。私たちは生物学的に、過大なストレスではなく、繊細なものを処理するようにできているので、こういった大きなストレスを経験すると脳はおそらくより強くダメージを受けるのです。そうすると、その後のストレスフルな出来事を処理する脳の柔軟性が少し低下してしまうので、再びストレスフルな状態が（たとえ以前ほど強いものでなくても）やってくると、非HSPよりも対応に、より

難しさを感じてしまうのです。

　こういうと「ほらやっぱりHSPは生まれつき不安やうつに対してより脆弱だ」と言う人もいます。しかしそれは金髪で青い瞳の人を差して「皮膚がんになりやすい人」と言うくらいおかしなことです。何でも、「そうなり得る」というだけでは、決めつけはできません。だからHSPは気質を病気扱いするどんなレッテルも受け入れるべきではないのです。それと同時に、研究結果が示したこと、過去の傷を癒すのに、HSPは非HSPよりも時間がかかるかもしれないことは、受け入れる必要があるかもしれません。

　HSPがよく聞かれるのは「どうしてそんなに治療に時間がかかるの?」「自己啓発本なんか読むの?」「勉強会に行くの?」です。答えは全部「イエス」です。HSPは痛みを伴う出来事から強い影響を受けます。「アスリートが物理的に身体を鍛えるように、私たちはインナー・ワークで心を鍛える」という回答も私は好きです。

　本章はよいセラピスト(心理療法士)との出会い方から始めます。私はこれをHSPの方からよく聞かれるからです。そして、あなたにはこれから、セラピストに診てもらいたくなりそうなタスクをしてもらいます。

タスク8-1 ： 診てもらう相手の選び方 ―16の手順―

　「よいセラピストの探し方を教えて」と、HSPの方からよく要望をいただきます。また、このワークブックの中でも、必要な場合にはセラピーを受けるように何度となく書いてきました。しかし、実際は私はどの人を紹介するかについては細心の注意を払い、さらに複数の候補を示して、十分確認した上で決めるようにお願いしています。セラピスト選びにも手順があります。アドバイスを書くので、見落としがないかチェックしましょう。

手順	チェック
その人はこれからのあなたの人生に、深く関わることになると自覚しましょう あなたはその人を自分の人生に迎え入れることになります。歯科医や医師にはいろいろな人がいますが、セラピストはもっといろいろな人がいるので、気をつけましょう。彼らの違いは、トレーニング、手法、性格、そして一番はモラルです。モラルといっても大切なことは「良好な境界を維持」することだけです。一人に決めず何人かに診てもらいましょう。ネットで検索して、一番先頭に出てくる人に安易に決めないようにしましょう。	☐

手順	チェック
資格のある人に診てもらう 免許があれば多少、質は保証されます。免許に関する法律があるにもかかわらず、インターネットのおかげで無免許の人もいます。なぜ資格証がないか疑問に思って尋ねなければなりません。疑わしければ確認させてもらい、発行元に名前を照会しましょう。	☐
保険の適用範囲を調べる。細かい字にも目を通す 日本では医師が行うカウンセリング（精神療法などといます）は保険適用が認められています。しかし、医師は、時間をかけたカウンセリングはあまり行っていないのが現状だと思いますので、実際には、いわゆるセラピストが担当することになると思います。セラピストは、さまざまな資格がありますが、日本で一番公的に認められているのは、臨床心理士という協会認定資格と、公認心理師という国家資格です。公認心理師という国家資格ができたことで、日本でも少しずつ公認心理師の行う業務が広がってきていますが、保険適用になるのはまだ少ないようです。セラピストの勤務する場所は、大きく分けて、病院や各種機関等の施設勤務と、個人開業の二種類あります。どちらにしても、ある程度時間をかけたカウンセリングを行ってもらうには、保険外の自費が必要になることが多いです。 地域にどのようなカウンセラーがいるかは、口コミ、あるいはネット検索で調べることになると思います。各県には「精神保健福祉センター」というものがあり、そこで、カウンセラーの情報を教えてくれるところもあります。HSPのカウンセリングを行っているかどうかは、ネットである程度調べることができます。HSP対応と書かれていない場合でも、対応してくれる場合もありますから、直接問い合わせて確認するのが一番確実だと思います。ただ、HSPカウンセラーと表記してあっても、必ずしも相性が合うとは限りませんし、そのように書いていなくても、HSPに合わせたカウンセリングを行ってくれるところもあります。最終的には、一度カウンセリングを受けて、料金や頻度、回数、治療方針などをよく確認して、続けて受けるかどうか決めるのがよいのではないかと思います。	☐
知り合いには気をつける 友達やプロの人が懇意にしているセラピストを紹介してもらった場合、その人の治療内容を話す人には警戒しましょう。小さな街で避けられないとき以外は、親しい友人をすでに診ている人には診てもらわないようにしましょう。セラピストである友人や親戚にもかからないようにしましょう。パートナーがかかっているセラピストは避けて、それを提案するセラピストにも要注意です。「せっかく紹介してもらったから」といった些細な義務感には気をつけましょう。	☐

手順	チェック
専門機関やスクールに尋ねる 信頼できる機関に会員や卒業生やインターンの名前を尋ねます。フロイトの精神分析、ゲシュタルトワークや交流分析などの好みがあればその手法を教えている人に連絡してください。地元でユング派の人を探してもいいです。	☐
実際に診てもらう 最低でも二、三人に電話をしましょう。自分が動ける時間帯に予約できるか、通いやすいか（毎週の長距離運転は慎重に）考えます。支払いに関しても調べてください。彼らは、あなたのニーズを確認するために、直接、料金の相談をしたいと思うかもしれません。ただし人気の先生に価格交渉はできません（料金については以下で詳しく説明します）。相手から話を振られない限りは、電話口でいろいろ聞くのはよしたほうがいいでしょう。ほとんどのセラピストは、お互いを知るため面会が必要と考えるので予約を取ります。	☐
費用の正しい抑え方 お金をケチって素人に診てもらうのはよしましょう。結局高くつくものです。ベストを選びましょう。助けてもらって当り前という態度を取るとか、彼らにも生活があることを尊重しないといったことがない限り、セラピストの多くはインナー・ワークに取り組もうとする人の強い想いに動かされます。彼らの収入が高いのはハードな仕事だからです 。どれくらいなら支払えるか伝え、価格交渉をしてみましょう。	☐
最初のセッションで支払い計画を立てる 最初のセッションで支払い計画を立てますが（初回など料金が発生しないセッションもあります）、それがいくらになるか前もって知ってください。HSPは、同じ日に二人のカウンセラーに診てもらうべきではないです。セッションには全力を出さないといけないからです。	☐
最深のテーマにどう洞察をもたらしてくれるか評価する 初回は、その人が役立つ洞察を持っているのかどうか、あなたの最も深いテーマを持ち出してみます。夢に取り組みたいのなら、最近の夢、くり返す夢、邪魔な夢を提示してもいいです。助けてほしいことについて何でも、何をしてくれるのか尋ねましょう。相手もあなたに質問したいと思うかもしれませんが、少なくとも時間の半分は、あなたから相手に質問をし、相手を評価しましょう。	☐

手順	チェック
HSPの知識がある相手か 自分の敏感さと"The Highly Sensitive Person"について話しましょう。その人にHSPの概念があるか確かめるのが重要です。実際は他の要素も大事なのですが、あなたはおそらくHSPであるセラピストと取り組みたいと思うでしょう（私ならそうです）。私はセラピストならばみんなHSPだと思っていたのですが、現実は違います。	☐
優しく共感してくれると信じてみる その人は自分の味方でいてくれると期待して構いません。セラピストはそう訓練されています。その人が違うならばもう通わないでください。仮に共感をしてもらえたとして、そのセッションで何かを得られましたか？ その人にまた次もお願いしたいですか？	☐
自分を利用しようとする人には診てもらわない ぜひ一緒にやりましょうと強要してくるセラピストのところには通わないでください。あなたが診てもらった他のセラピストの悪口を言う人、何かしらあなたの妨害となる求めを持つ人（例えば、あなたを自分の個人的な話の聞き役にする人、自分の才覚をあなたに印象づけようとする人）のところにも通わないほうがいいです。	☐
数日は感情を整理する セラピストたちに会った後、少なくとも数日間はじっとして心を整理しましょう。そうしないと最後の人の印象が強く残る可能性があります。セラピストたちにあなたはどう反応しましたか？ 細かなことへの自分の反応を無視してはいけません。例えば、オフィスの様子にも彼らの人間性が映し出されているのです。	☐
夢からヒントを得る セラピストたちへのあなたの無意識の反応について夢を意識し手がかりを得ます。	☐
数回通い相性を確認する 長期的に取り組もうとしているなら、最も気に入った人に5回前後のセッションをしてもらいます。その後、お互いにどうなったか、考えてみます。その「一番気に入った人」との次のセッションでは、急なキャンセルの場合はどうなるのか、料金の値上げはどの程度かなどカウンセリング・オフィスのポリシーを含め、その人について他に知っておくことがないか考えましょう。それらは今後二人がどのように協力していくかについて多くのことを教えてくれます。	☐

手順	チェック
自分の選択を信じる 一度決めたのなら決めたのです。性的な関係やどう考えてもおかしい友人関係を求められたり、適切な境界を守れない（外で会う）ようなことがない限りは、浮き沈みはあっても、自分の選択を信じましょう。紹介された場合を除いて、二人のセラピストに同時に診てもらおうとしないでください。夫婦カウンセリングに関しては、個人として診てもらっているセラピストは避けたほうがいいでしょう。期待と違った場合も、打ち切ってしまう前に「それはなぜなのか」セラピストと話し合いましょう。	☐

対象 ： B群・C群　お互いにセラピストの名前を出して、選ぶプロセスを助け合いますが、セラピスト選びはとてもプライベートな決断として尊重されるべきです。

タスク8-2 ： 幼少期のつらい感情を癒す

　研究によると（驚くことではありませんが）人は悲惨な出来事をただ書くだけで、たとえそれを誰にも見せなくても、身体的にも精神的にも著しく（ときには何年間も）健康になります。次の二つのタスクはその癒しのメソッドに基づいています。

　書くとすれば、あなたの最初の物語は幼少期です。二つ目は成人してからのトラウマ的な出来事についてです。書く物語は両方でもいいし、一つだけでもいいし、書かないのでも構いません。どちらも書かなくていいと言ったのは、非常に強烈な作業になる可能性があるからです。私がここで示す出来事について、もしこれまであまり考えたことがないなら、強い感情反応が起きるかもしれません。その場合はぜひ、セラピストに会ってその出来事を話して下さい。

　もちろんかかりつけのセラピストがいれば、その人に見てもらってもいいです。いなければ他の誰かでもいいです。しかし、その相手は癒しを返してくれる人であることが重要です。動揺する人、「忘れたほうがいい」「敏感すぎる」などと言う人はだめです。強く警告します。聞く準備が十分できていない相手に自分の物語を共有しようとすると、深く傷つくことがあります。

何に傷ついたか、誰に傷つけられたか、それがどう起きたかを語る

　二つのうち最初の書く作業は、特に幼少期に、くり返し慢性的なトラウマやネグ

レクトがあり、愛着スタイルがかなり不安定な人、または機能不全家庭で育った人向けのものです。皆さんの中には、セラピストや他の誰かと、自分の物語にある程度、取り組んできた人もいるでしょうから、ここをスキップしたければそれでもいいです。しかしセラピーを受けていたとしても、どれほどつらい思いをしてきたのか、全てを知り受容するところまでには整理できていない場合もあります。

　誰かを悪者にするのではなく、怒りや羞恥などの感情に終止符を打てるように、心の奥底のストーリーを語るのです。**若くて傷つきやすかった頃にあなたを形作った全ての出来事、きっかけ、終わってしまった関係を、ここで書きつづるか、箇条書きにしましょう。**子ども時代には、異常な状況であっても「これが普通なんだ」と忘れ去られがちなので、それを避けるために、リストを提供します。

- 引っ越しが多い
- 親や兄弟を亡くした
- 家族の重い病
- あなたの重い病気や慢性疾患
- 家族の精神疾患
- 家族の自殺
- 家族のアルコール依存症または他の依存症
- 貧困
- 差別
- ネグレクト（育児放棄）
- 身体的虐待
- 言葉の暴力
- 性的虐待
- 離婚
- 親の不在
- 暴力的／支配的なきょうだい
- 同級生にからかわれる
- 養育者が複数いる。懐いていた世話人を失う
- 教師による不当な扱い
- 太りすぎ
- 痩せすぎ
- 病気や解雇などで親がストレスを抱えている

- 両親がいつもケンカしている
- 両親が自分のことで（例えば親権をめぐって）争っている
- 家庭内暴力
- 近隣での暴力
- 親は、あなたが産まれることを望んでいなかった
- 親が敏感な自分を嫌った
- 何かできたらオーバーにほめられ、ありのままの自分をほめてもらえない
- 子どもなのに両親の世話をしないといけない
- 親がナルシシスト、ソシオパス（訳注：社会病質者。反社会性パーソナリティー障害を持った人のこと）、または人格に深刻な障害がある
- 親に見捨てられた
- 誰にも話せない罪悪感がある
- しばしば絶望感がある。死にたいと思う
- しばしば恐怖感がある
- 学校やキャンプに、無理やり行かされる。ホームシックになる
- 外見について悪口を言われる
- 10代のとき問題を抱え薬物やアルコールに溺れたり自殺を考えたりした
- 10代で警察沙汰に巻き込まれる

　次のページの記入欄に、書き込みか箇条書きを始めてもらいますが、強いストレスを感じたらストップしてください。そして元に戻って、細切れで進めるか、セラピストと行うか、感情表現を手伝ってくれる誰かと行うか、等の方法をとりましょう。全体としての事実（ストーリーを丸ごと）を記録し、感じられるあらゆることを感じます。次にそのストーリーをできるだけ頻繁に読み返します。できる限りそれについて考え、読み、学び、よければ話し合います。反応が収まり、何らかの解決や落ち着きを感じるまで続けます。真の感情の和らぎは、物語を吸収した後にだけ起きます。断続的に解離したり否認したり麻痺したりするのを、癒しと勘違いしないでください。説明のつかない悪夢、ストレス関連の症状や依存症が減ったり、自分をケアできるようになったなら、その違いがわかるでしょう。

　今後の人生の中で、つらい感情が鮮明に戻ることもあるかもしれませんが、うまくいけばその強度が低下します。このようなときには、タスクに戻ります。これまで以上につらさが増すなら専門家に助けを求めてください。

タスク8-3 : 特別なトラウマから立ち直る

　事故に遭ったり、身近な人を亡くしたり、犯罪を目撃したり、性的被害に遭うなどの特別なトラウマがあると、世界中誰も信じられなくなるかもしれません。しかしHSPはそれについてさらに深く考えます。意識的でなくても、無意識的に。トラウマの後遺症の治療に関する研究は、かなり明確に治療の方向性を示しています。影響がまだ残っている場合、後遺症を克服する唯一の方法は、出来事を直視し、吸収できるまで再体験し、可能ならその中に意味を見出し、もう一度、世界に対する、新たな信頼を切り開くことなのです。

　自分の問題をいつまでもくよくよ考えたくない、人に話すなんて格好悪いという人もいます。しかし、実際は、自分を表現できる人が癒される可能性が高いのです。癒しを拒否してもちっとも格好良くありません。どうしても、つらい内面の経験について考えたり誰かに語ったりすることができない（自分を許せない）のは、幼少期のせいか、恥ずかしかったり罪悪感を感じさせるトラウマにどこかで縛られているからでしょう。このように自分を許せないのはそれ自体がトラウマです。語って取り組まないといけないのですが、ほぼ確実にセラピストの助けが必要です。

　トラウマから回復する作業は激しい痛みを伴います。出来事が起きたのが最近で、それが深刻でプロの助けを受けていない場合、また本格的なうつや心的外傷後ストレスの症状がある場合は、専門家のサポートなしでこのタスクを行うべきではありません。

　その出来事を自分で処理してみたほうがよさそうだと思うのなら進みましょう。出来事を再び語ることで、嫌な気持ちや出来事全体を回避することを終わらせることができるのです。この回避は、最初は必要だったかもしれませんが、それによって失うものも多いのです。

　感情は抑圧されると身体的、心理的症状となって現れます。「不安」「だるさ」「病気がち」「何をやっても虚しい」という状態がそれです。

　しかしただ語り直して体験を追体験するだけでは十分ではありません。時間が経つにつれて、あなたの心の中の落ち着いた部分がその出来事に取り組み始め、それを整理しようとします。あなたは、その出来事が現実に再発する可能性は低く、人生の全てがダメになったわけではないこと、それは他の人にも起こったことであり、他の人はどう立ち直ったのか学べること、経験したおかげで他人を救えたり深

い人間になれたりしたことに、気づき始めるかもしれません。

　このような明るい考えがほんのわずかでさえも自然に生じ始めないなら、専門家の助けが必要です。

　どうか一度、未だにあなたを悩ませているトラウマを、ここに詳しく書くことを検討してみてください。次に苦しみが明らかに減少し、それにまつわる悪夢やフラッシュバックも減るまでできるだけ頻繁にそれを読みましょう。あるいは、トラウマを話すのを録音しそれを何度も聞きましょう。専門家の協力が必要なら、心理学者エドナ・フォアによる『トラウマ・オブ・レイプの治療』をセラピストに読んでもらいましょう（参考345ページ）。彼女のメソッドは性被害の治療だけに限定されません。

[空白の記入欄]

対象 ： C群 これらの物語を細心の注意を払い、敏感に、できれば癒しながら共有
してもらいたいです。

(まとめ)

物語を書いた後、心の状態を振り返ってください。激しい感情は去りましたか？
人生に遠近感や意味を感じますか？ それとも麻痺や痛みを感じますか？ **気持ち
を書きましょう。つらいなら助けをどう得るか書きましょう。**

[空白の記入欄]

タスク8-4 ┊ コンプレックスを知る

　誰にも必ずコンプレックスがあります。第5章と第7章で話した通りです。コンプレックスからもまた、過去の傷やトラウマを考えることができます。心に傷を負うとコンプレックスが残ります。コンプレックスには、心が癒しを必要とするとき、または無意識が執拗にあなたの注意を引こうとするときにエネルギーが集まります。自分のコンプレックスを知るのも、癒しへの取り組みです。

「コンプレックス」の第一人者カール・ユングは、コンプレックスをマッピングするための単語の連想テストを開発しました。試験者は単語を言い、被験者が最初に思い浮かぶ関連の強い単語を言うまでの時間を計ります 。時間がかかるほどコンプレックスが活性化された可能性があります。否定してきた極（側面）に気づこうとするとき、あらゆる複雑な感情や抵抗が生じるのです。

　単語を全て提示した後、試験者は、被験者が各関連付けに要した時間を評価し、異常な関連付けとパターン、特定の関連ができた理由を確認します。これを自分でやらない理由はありません。単語の自由連想の所要時間を計るのは難しいですが、どれほど戸惑いや雑念が生じたかは観察できます。後ほど、異常な関連付けについても考えます。

　準備はよろしいですか？

① 次のページに進む前に、246ページの下に透けない厚紙を挟みましょう。

② ページをめくり、ペンを用意し、厚紙を下にずらしてリストの一番上の単語だけが見えるようにします。その横に頭に浮かんだ最初の言葉を書いてください。

③ 関連付けに時間があまりかからなかったら1、少しかかったら2に丸をつけます。何を書くかで思考がぶつかり合い、数秒止まったなら3に丸をつけます。

④ 次の単語以降についても同様に行います。

単語	最初に浮かぶ単語	1	2	3
犬				
日				
止まる				
母				
月				
肌				
休日				
暗い				
痛み				
愛				
父				
仕事				
墓				
友達				
傷				
金				
ピエロ				
姉妹				
犠牲者				
友達				
兄弟				
幸せ				
ジョーク				
セックス				

単語	最初に浮かぶ単語	1	2	3
成功				
教師				
虐待				
贈り物				
可愛い				
遅い				
赤ちゃん				
猫				
警察				
悲しい				
ハンサム				
支配				
愚か				
犠牲者				
ペット				
面白い				
死				
勝利者				
子ども				
憎しみ				
成績				
嘘				
良い				
ベビーシッター				

⑤ リストに戻り異常な応答を探します。「犬」で「猫」、「昼」で「夜」は普通です。「犬」が「怖い」、「昼」で「蛇」は変です。すでに1や2に丸をつけていても異常な回答をしたところは3に丸をしましょう。

⑥ 全ての3（遅いまたは異常な回答）を振り返りましょう。おそらくコンプレックスを示唆しています。特に同じ問題で複数示唆されていたらそうです。

「母」で「見捨てられた」と答えるまでに長めのポーズがあったとしましょう。

「痛み」で「ジョン」（親が雇った近所のベビーシッター）がきたなら、彼は残酷であなたを殴ったのです。「犠牲者」で「私」、「虐待」で「罪悪感」が浮かんだのなら考えないといけません。自分が悪いのか？　なぜか？　もちろん「ベビーシッター」で「悪い」が浮かぶでしょう。この悲惨な犠牲者/支配者のコンプレックスを示す関連は他にもあるかもしれません。

⑦ 振り返って次の質問に答えましょう。あなたの「3」や他のこれらの言葉への関連で示されたコンプレックスの起源と性質でわかっているのは何ですか？　上記の例があなたなら、なぜ「母」で「見捨てた」だったのでしょう？　一体、「ジョン」とは本当は誰なのでしょう？

それらのコンプレックスはあなたの人生と人間関係にどう作用しますか？

　　自分のコンプレックスをもっと知るには、治療、ドリームワーク、自己分析、親しい他人との関係を考えるなどがあります。あなたは何をしますか？　コンプレックスは決して無くせませんが、人生をそれに支配されないようにすれば、そのエネルギーは有効に活かせます。コンプレックスの影響は低減できるのです。

もしかしたらここ数時間は犠牲者になった気分になるかもしれませんが、代わりに今後は月の半分が犠牲者にならなくて済むのです！ **ここまで進んでわかったことも書きましょう。**

```

```

対象 : C群　信頼関係の深い人同士だけが、お互いのコンプレックスを語り合えます。

(まとめ)

「コンプレックスを持つ人間」としての自分（全員そうですが）を振り返ってください。無意識の考えや欲望や恐れを持ちながらも意識的に生きています。自分への見方がどう変わりますか？

```

```

第 9 章

医療や医薬品に詳しくなる
― 適切な医療との関わりのために必要なこと―

　ある医師の調査によれば、診療所に通院する人は少なくとも45％がHSPなのに、米国ではHSPの医師は10％にも満たないそうです。私たちは他の人より病んでいるわけではありません。ただ、私たちの病気（通常はストレス関連）は軽度であっても慢性的なケースが多く、通院回数も増えます。治療法について深く話し合う必要があり、さらに通院が多くなります。しかし、多くのHSPが診てもらっている医師が非HSPなら、心が通じ合わなくても驚くことではありません。彼らは、私たちを「（自分と違って）なんだか変わっていて診療しづらい」と考えていますし、逆に私たちは彼らを「わかってくれない、わかろうとしてくれない」と思います。必要性のわからない処方箋をたくさん渡されても、質問するだけで疲れてしまうので、疑問はほとんど放置しています。私たちは専門家が「病気とは関係ない」と判断する「些細で細かなこと」を全て説明しようとするので、結局「自分は神経質だ」と強く感じてしまいます。したがって、非HSPの医師に診てもらうときに備えて、特にHSPにありがちなことを押さえておかないといけません。

　問題は何でしょう？　私たちの多くは、他の患者よりも痛みや薬に敏感で、多くの副作用を経験します。私たちは治療法をじっくり検討し、全てを質問して、時間をかけて決心をし、代わりの選択肢も検討しないといけません。病院にはなかなか慣れませんし、痛かったり不安だったりするので、私たちはすぐに過度に高ぶってしまいます。

　これら全てによって、私たちは「難しい患者」と言われたり、自分でもそう感じたりするかもしれません。しかし、私たちは「よい患者さん」でもあります。アドバイスには忠実に従い、身体の警告サインに敏感で、健康管理は怠らず、スタッフにまで気を遣うからです。ですから、私たちのいいところも悪いところもセット（パッケージ売り）なのです。医療従事者に、私たちのプラスの恩恵を感じてもらうためには、「難

しいところ」も引き受けてもらわねばなりません。それでは「こんな敏感な身体に生まれた自分が悪い」と自分を責めるのを止めるワークを始めましょう。

タスク9-1 ：[リフレーミング]病気や医療経験を捉え直す

このタスクでは、ずっと「恥ずかしい」「嫌だ」と感じてきた医療経験に対する過去の身体的・感情的な反応をリフレーミングします。例えば私は、歯医者に麻酔を打ってもらっても、削られるときにはまだ痛かったです。その歯科医は、私が泣きながら耐えているのに、ただ「痛くない、痛くない、痛くないですよ〜」と連呼するばかりでした。別の歯科医には、私の神経は他の人とは違うところを通っていると言われました。何年もの間、私はお決まりの「自分には何か欠陥がある」「私は異常に敏感だ」という感覚にとらわれていました。

病気、怪我、治療、手術、処置に対して、あなたはいつもきっと密かに「自分は異常」とか「自分が悪い」と感じてきたと思います。そのときのことを取り上げましょう。その出来事は、例えば足を骨折して泣いているときに、医師に「もうお兄ちゃんだからメソメソしちゃいけないよ」と言われ、自分というものが深く形作られた一瞬かもしれません。もしくは、採血のある、特定の検査時の反応など、そのときの出来事全体かもしれません。もし今、その出来事が、ひといちばい敏感であることと関係がなさそうに思えるなら、あまり気にする必要はありません。刺激過多が何らかのかたちで影響していたのでしょう。

リフレーミングしたい出来事を書きましょう。

では、リフレーミングしましょう。

① 出来事にどう反応したか思い出す

　そのとき、自分がどう反応したか、感情、行動、イメージを思いつく限り書き出してください。

```

_____

_____

_____

_____

_____

```

② その反応をどう感じてきたか

　その反応について、いつもどのように感じていたかを思い出してください。

```

_____

_____

_____

_____

_____

```

③ 理解した気質の知識に照らすとどうであるか

　気質について知ったことに照らしてあなたの反応について考えてみてください。

```

_____

_____

_____

_____

_____

_____

```

4 自分や周りがHSPを知っていたら、避けられたか? 違った結果になっていたか?

　自分がHSPであることを自分か周囲の人が知っていて、その対策をとっていたら、上記の出来事に対してネガティブな結果は避けられたか、もしくは、もっと違う方法で変化に対処できたかを考えてみましょう。

5 人生の苦しみや無駄を防げたか?

　もしこの知識のおかげで、あなたの苦しみや人生の一部を無駄に過ごすことが防げたとしたらどうでしょう。感じることを何でも、時間をとって考えてみてください。

6 新しい理解を吸収する

　これまで取り上げてきた出来事に関して、新たに理解したことをまとめ、その意味を完全に理解するまで何度も読み返してください。

対象 ┊ A群・B群・C群

(まとめ)

リフレーミングをし、自分と自分の身体に対する考えはどう変わりましたか？振り返って、47ページに考えをまとめてください。

タスク9-2 ： 一風変わったチーム医療

このタスクは、健康を維持し、特に（HSPに多い）ストレスに関係した病気にならないための助けになります。敏感さを活かし、身体の求めに応えられるようになりましょう。

「探検隊」（第2章68ページ）に戻り、そこで指名した約10人の「主な登場人物」が**必要としているものを、日毎、週毎、月毎、年毎に挙げましょう**。食事療法、運動、ストレッチ、検査などです。ヒーローだけではなく、人生という大旅行を乗り切るために特別な助けが必要なものにも注目してください。そのパーツに何が要るかわからないなら、初めにアクティブ・イマジネーションで問いかけてみましょう。次に必要な調査を行います（専門家に聞く、本を読む、インターネットで調べる、など）。

（例）　※必ずしも心臓に必要というわけではありません
- **強い心臓（ハート）**

毎日：定期的な有酸素運動、瞑想、食事の間隔を開けすぎない、カフェインレス、
　　　十分な睡眠
毎月：休み、血圧チェック
毎年：コレステロールと脂質のチェック
必要に応じて：感情を出すこと

① 主な登場人物

②　主な登場人物

③　主な登場人物

④　主な登場人物

⑤　主な登場人物

6 主な登場人物

7 主な登場人物

8 主な登場人物

9 主な登場人物

10 主な登場人物

各キャラクター（身体のパーツ）を必要に応じて、適切な専門家に委ねる計画を立てるのが大切です。予約日時を手帳につけます。すでにいろいろしていると思いますが、専門家に診てもらったなら、そのキャラクター（身体のパーツ）に、「十分に診てもらえた？」「何かもっと必要かな？」と尋ねます。**進捗をメモしましょう。**

　ここまでやっても、まだ特定の部分がおろそかになりそうなら、問題は「なぜか」です。「探検隊」で、どのようにイメージしてきたかを考えてみてください。また、両親の態度はどうであったか考える必要もあります。両親は彼ら自身やあなたのその部分をどのようにケアしていたでしょう？　その部分とのアクティブ・イマジネーションで「その部分に対するあなたの態度」と「あなたに対するその部分の態度」を確認できます！　**自分を探索した結果を書きましょう。**

対象 ： A群・B群・C群

（ まとめ ）

　身体のいろいろな部分や全体に対してどうでしたか？ 人生の土台は健康です。
何か一つ、変えてみませんか？

タスク9-3 ： 身体に優しい治療について学ぶ

　私は代替医療やホリスティック医療の信奉者ではありません。それでも、それら
の健康医学に従事する人は、本流の医療者が手に負えない症状をよく治します。
ずっと懐疑的だった主流派が、後になって採用した治療を、彼らは昔から続けて
いたということもあります。また彼らは、HSPをよく理解してくれます。彼ら自身が
HSPだからかもしれません。そして彼らの治療はもっと穏やかです。「自分の病気
は普通の医者は治せなかったけど、今までとは違う方法で解決した」と語るHSP
は少なくありません。最善の解決策は、両方のアプローチを快く施してくれる数少
ない医師と出会うか、少なくとも本を1冊読むことでしょう（参考文献は344〜345
ページ）。

　タスクは難しくはありません。自分の健康上の問題を取り上げ、それに対する代
替療法を調べればよいのです（すでに行っているなら飛ばしても構いません）。

　インターネットを使って書籍を検索し、見出しや索引を見ながら、その問題に関
する情報を検索します。

　そのような情報に接するときのコツは、心をそこそこ開きつつ、ほどほどに疑いな
がら、読んでいくことです。食品及び医薬品協会（FDA）と米国医師会（AMA）が
これらの治療を、承認の対象としていないのは、良いことでもあり悪いことでもあり
ます（訳注：日本でも代替医療は、保険の対象になっていないことが多い）。安くて

自然派で、研究が追いついていないぐらい、新しい治療法を探せるのは、良い点といえます。

　悪い点は、代替医療が実際に効くかどうか、お金や時間の無駄になるインチキでないか、安全かを確認する責任が、あなたに委ねられているところです。ここでお勧めするのは、下調べをすることです。

　あなたのタスクは、最新の包括的な健康本があるところを回って、自分の健康問題（または家系的に発症しそうな病気）を未然に防ぐ代替療法を一つ以上調べることです。

　以下の質問リストを、リサーチする際のガイドラインとして持っておくとよいでしょう。

1	治療の目的は何か？ つまり治療が必要な症状や病気は何か？
2	それは体内でどのように効くのか？
3	効果があって安全であると信じる根拠は何か？ これは非常に重要です。有効性と安全性に関するレポートは全て読むようにしてください。調べる対象は「効果があった」声だけではありません。治療を受けず同一期間内で改善しなかった人々の対照群があるはずです。
4	既知の副作用と、考えられる長期的な影響は何か？
5	他の薬物やアルコールなどとの注意すべき相互作用はあるか？
6	使用を止めるとどうなるか？ 退薬症状はあるか？
7	自分と似た（年齢、性別、他の症状を持った）人に使われたか？
8	望む結果を得るまでに、見込まれる費用と時間はどれほどか？
9	調剤の純度や、治療を行う人の技術や受けたトレーニングについて、問題はないか？

治療について調べてわかったことを書きましょう。

```
┌─────────────────────────────────────────────────┐
│                                                 │
│ ─────────────────────────────────────────────── │
│                                                 │
│ ─────────────────────────────────────────────── │
│                                                 │
│ ─────────────────────────────────────────────── │
│                                                 │
│ ─────────────────────────────────────────────── │
│                                                 │
│ ─────────────────────────────────────────────── │
│                                                 │
│ ─────────────────────────────────────────────── │
│                                                 │
│ ─────────────────────────────────────────────── │
│                                                 │
│ ─────────────────────────────────────────────── │
│                                                 │
└─────────────────────────────────────────────────┘
```

対象 ： A群・B群・C群

自分で調査して学んだ、漢方、ホリスティック医療、およびお住まいの地域の代替医療に関する経験は、共有できます。しかし、（特に製品やサービスを）他人に押しつけてはいけません。

タスク9-4 ： HSPへの処方が多い薬について学ぶ

　私たちに何も問題がないとしたら、なぜ薬について学ぶのでしょう？　まず第一に、多くのHSPはうつや不安症の薬を服用していますが、これは別に驚くことではありません。ストレスの多い生活をしていれば、発症率は上がります。単に年齢と共に必要になる薬もあります。

　第二に、あなたが専門医と一緒に敏感さに向き合おうとすると「HSPというだけで」薬を処方されるかもしれないからです。できるならその相手の間違いを正すいい機会です。ぜひ「敏感な自分でいて楽しい」「薬に頼らない生活でこの気質を守りたい」と伝えましょう。一方で、この薬物全盛の時代において「自分が避けているもの」について、知っておくことは、有益なことでもあるはずです。知っておくことで、うつや不安症の薬は、僧侶の相談役として、むしろ自分の専門分野だと主張する

こともできます。人々は、HSPを含めて、これらの薬の服用をめぐって、さまざまな議論を交わしています。みんなきっとあなたの見解に興味があるでしょう。あなたが何か提言するならそれは情報に基づいた意見であるべきです。最後に、あなたがピンチになったり、考えを改めさせられたり、薬を使用するよう圧力をかけられたとしても、そのときに十分な情報があってどうしたらいいかわかっていれば、あなたは自分の決定に自信を持つことができるでしょう。

うつや不安症の薬を服用するか決めるのは完全に自分です。誰もあなたをいじめようとはしていません。しかし、飲む、飲まない、今は飲まないに関係なく、HSPとして薬剤について知るのは意味のあることだと思います。

このタスクも、情報を探しに行く、探検隊のようなものです。今回は、HSPに処方されそうな薬、特に抗不安薬と抗うつ薬についてインターネットで検索してみましょう。不安、うつ、不眠など、さまざまな問題に対して出される薬のトップ5や10のリストが見つかるでしょう。これらのいくつかについて少し学んだらもっと詳しく知りたいと思う薬を二つ選んでください。

不安症やうつの治療のために他の薬が処方されているのなら同時に調べてもいいです。例えば、エストロゲン補充ホルモンです。天然のプロゲステロンとプレマリンの代替品を調べる必要があります。または甲状腺ホルモンです。T3とT4については学ぶ必要があります。

では、より詳しいこの調査をするために、調べた薬から二種類を選択してください。

薬剤1	
薬剤2	

何を学びたいですか? 以下の質問は一つの提案です。

1	薬の目的は何か? つまり、治療する病気や症状は何か?
2	最低の「臨床的」用量は?(またはHSPは少量でいいかもしれないことを念頭に置き、効くのに必要な最低の容量)
3	それは体内でどう作用するか?
4	既知の副作用は何か?
5	他の薬やアルコールなどと相互反応があるか?
6	中断するととどうなるか? 退薬症状はあるのか?
7	自分に似ている人(年齢、性別、問題)の使用について研究されているのか? 結果は?
8	長期的な影響の有無。あるならそれは何か?
9	どのような状況で飲むのか? これは多分一番大事です。もちろんピンチとなれば躊躇なく服用するでしょうが、渋々飲んだときは、無用な心配ばかりしていませんでしたか? いざというときになってからでは遅いです。

薬剤1について学んだことを書きましょう。

薬剤2について学んだことを書きましょう。

```
┌─────────────────────────────────────────────┐
│                                             │
│  _____ │
│                                             │
│  _____ │
│                                             │
│  _____ │
│                                             │
│  _____ │
│                                             │
│  _____ │
│                                             │
│  _____ │
│                                             │
│  _____ │
│                                             │
└─────────────────────────────────────────────┘
```

対象 ： A群・B群・C群　多種多様な薬を体系的に選択し一番いい情報を書き写すなど、学びを共有しながら理解できます。ただし持病を他人にどれだけ話すかは要検討です。

タスク9-5 ： 医師にHSPとしての自分を伝える

　医療経験をリフレームし、健康を維持するために「身体のチーム」に必要なものを評価し、代替治療と一般的な医薬品の調べ方も少し学んだので、次のタスクの準備が整いました。このアクティビティでは、HSPでない専門医と対峙するときにHSPとしての自分を主張する練習ができます。あなたはあくまで「顧客」です。どうしても聞き入れてもらえないのなら、他の医者に診てもらえばいいのです。

　専門医に敏感さを尊重してもらえなかった、度々そうだ、またはそうなりそうな出来事を考えましょう。きっと「過剰反応だ」とか「こんな低用量で副作用は有り得ない」とか「君が心配する必要はないんだよ」などと言われてきませんでしたか？ そのようなドクターや看護師に伝えたい言葉を書きましょう。相手の切り返しを想像できるなら、会話の全部を書いてください。本当は私が直接あなたに付き添えたらいいのですが、本書でここまで学んだことと、次の例を参考に、良き論戦に臨んでほしいと願っています。

> 処置は、女性の産婦人科医（または男性の泌尿器科医）に
> お願いしたいのですが
>
> — 私

> ○○先生は評判ですから、大丈夫ですよ
>
> — 看護師

> いえ、そういうことではなくて、
> 私は女性の（男性の）先生にお願いしたいのです
>
> — 私

> （ため息）そういう患者さんもいますけど、それは合理的じゃ
> ないですよ。ドクターも看護師もみんなプロなんですから
>
> — 看護師

> 私は○○先生の技術を疑っているわけではないんです。
> 同性の先生に処置してもらうほうがリラックスできるんです。
> これは、感情的な条件付けによる、私の身体の反応なんです
>
> — 私

> それは、論理じゃなくて、ただの感情ですよね
>
> — 看護師

> 身体の反応は実際に起こりますし、血液型と同じように
> 生まれつきのものです。私はとても敏感なので、
> 不慣れな状況だととても動揺してしまいます。
> ○○先生にこの処置をしてもらったら、
> 身体に余計な刺激が加わって、血中の
> コルチゾール濃度が過剰に上昇する原因になります
>
> — 私

> 過剰なコルチゾールですか？
>
> — 看護師

> はい、ご承知のように、それはストレスに対する身体の
> 反応なので身体によくないんです。私は、処置のストレスを
> 最小限に抑えるために自分に何が必要かわかっています。
> お医者さんにとっても、すんなり成功したほうがいいですよね。
> お互いのためです。危ない橋は渡りたくないのです。
> 私だって処置を成功してもらいたいので、
> そのために必要なことをお伝えしているのですが
>
> — 私

看護師 あいにく病院の方針で、
そのようなご要望にはお応えしかねます

あなたのお立場はわかります。でも、特定の薬に
アレルギーがあると言っているのにあなたはそれを
私に飲ませますか？ それと同じことなんです。
お伝えしている通り、私には有害な身体反応が起きて
しまいます。でもどうしてもできないということでしたら、
私は他のクリニックに行かないといけなくなります。
その上で、このクリニックの管理者宛てに、
この顛末とクリニックの方針について、
私の意見を書かせてもらおうと思います

私

背中を押される感じがしましたか？ その調子です！ あなたの会話を書きましょう。

対象 ： A群・B群・C群 ロールプレイでもできます。

　不適切な治療を受けることになってしまった原因は何でしょうか？　自分の健康のために医療者に何を伝えればよかったと思いますか？

タスク9-6　死を想う
～本書は気軽に取り組めないと警告した通りです～

　私はかつてポスト・モダニズムを学んでいたとき、健康心理学の授業の助手をしていたことがあります。ポスト・モダニズムでは「テキストを脱構築」し、何が見落とされているかを確認するよう教えられました。健康心理学のテキストを読むと、死が欠落していると気づきました。その論調は、私たちが健康によい習慣を身につけてさえいれば、死は一つの選択肢に過ぎないと言っているかのようでした。

　しかし、HSPはよく知っています。私たちは死について深く考える傾向があります。しかしこの社会では、それは病的で、悲観的で、不安を引き起こし、憂鬱になるから悪いとされます。しかし私たちはもういい加減、そのような考えは捨てるべきではないでしょうか。

　欧米以外の文化圏では、死は人生の一部とされます。精神修養が説かれるとき、彼らはしばしば死に向けた修行に集中します。それは最後の偉大なイニシエーションです。人はイニシエーションの準備をしなければなりません。少なくとも何をしたいのか、どのように振る舞いたいのか、ある程度の考えを持っている必要があります。私たちは自分の死をコントロールできないかもしれません。しかし、死について教える多くの教義では、死に対して準備をすればするほど、その時間、設定、死因でさえ、よりコントロールできると信じられています。

　何よりも、死を意識して生きることで、広い視野で目標を見据え一瞬一瞬を無駄にせず生きられるようになります。死は、「人生はリハーサルではなく、一度限りのも

のである」ことを思い起こさせてくれます。**だから、自身の死を計画するためにこの
スペースを使ってください。あなたは最期の日、最期の瞬間に向けてどういう心であ
りたいですか?** 誰または何と一緒にいたいですか? 誰に贈り物をしますか? あな
たより先に逝き、この世から去るであろう人のことを想います。そして、素晴らしい
新しい友人や若い親戚を想像してください。彼らに何を伝えたいですか? 彼らと
共に何を残しますか? どこに行きたいですか? どんな明るさ、音、音楽、匂いのと
ころにいたいですか? 痛みとどう向き合いますか?

これはひとりで行うタスクですが、Cは自分が書いたものを共有したいと思うかもしれません。

(まとめ)

この計画を立てた後に感じることを書きましょう。

第10章

スピリットに取り組む
—重要なのは「全体性」です—

ようやくここまで来られましたね。HSPの中で、スピリチュアルな内容に関心を持つ人が少なくないことはよくわかっています。しかし、魂と精神には基礎知識が必要です。きっとあなたはこれまでの章で、それを築き上げてこられたと思います。もしかすると、ここまで来られたのも、全てスピリチュアルな働きだったのかもしれません。私は研究で、HSPにはスピリチュアルな才能があると結論づけました。

私が"The Highly Sensitive Person"でHSPに最初にインタビューしたとき、彼らはいつも自分のスピリチュアルな生活を語ってくれました。それ以来、HSPのスピリチュアルへの関心の高さは、いつもアンケート結果に現われました。

そして個人的な経験を言えば、私は大勢のHSPといると、ある静寂——それは、単に雑音がないというよりも、神聖な空間に似たものを感じます。

最近の研究では、スピリチュアリティ(超越者や魂への関心、祈りや瞑想を好む、人生の意味を考えるなど)はある程度生まれつきであることが示されています。

研究者が敏感さをテストすれば、敏感さと精神性が重複していること、さらには、二つは同じ生まれつきの気質である、または敏感さは精神性の原因だとわかるでしょう。

私はこう考えます。人類が最初に死を理解しようとしたとき、物事を深く処理する人々(HSP)は永く死を想い続けました。人は死ねばどこへいくか、魂はどうなるか考えようとするのです。彼らは、その魂は、風や雨や星と何か関係があるのか、それが死者の夢を見させるのだろうかと考えます。このような深き思索者たち(HSP)は、死者の旅立ちの祈りや儀式、瞑想やヨガを考案し、生者が死に備えることを助けてきました。宗教がこれらの問題に向き合うようになると、HSPも、確かに宗教の最前線にいました。

しかし現代社会は、科学的、唯物論的な思考が主流であるため、スピリチュアル

な感性に乏しい人々は、精神にさほど関心がないどころか、弱さや迷信と考える傾向があります。私たちHSP自身が、そのように思い込んでいる場合もあります。しかし、スピリチュアルな感性のない人でも、死期が近づくと気持ちが変わり、関心を持つことも多いです。それが戦士の王たち（ほとんどが非HSP）が、僧侶の相談役（ほとんどがHSP）をそばに置きたがる理由の一つです。ですからあなたがもし、精神的、哲学的な傾向を持っているならば、それを誇りにしてください（そしてもしあなたがよく考えて、自分を無神論者と結論づけたなら、それもとてもHSPらしいことです）。

　HSPの精神の奥深さを考えると、私がこの分野で皆さんに何かを伝えようとするのは随分野暮でしょう。私がここで提供するのは、出発点に過ぎません。もちろん、この領域に入った以上、私はもはや科学的な研究に基づいて書いているわけではありません。魂レベルの生について、経験的レベルから、有益な研究をすることは難しいからです。しかし私自身も含めた多くのHSPの経験から、書いているのは確かです。

　まずは、夢から取りかかります。なぜなら、多くの伝統文化において、夢は、私たちを救うために、精神世界から送られてくると信じられており、私自身の経験からもそうだからです。

タスク10-1 ： 夢を読み解く

　たった数ページだけで夢への取り組みをあなたに伝授しようとするのは、あまりにも無謀なことです。しかし、夢はHSPには必要不可欠な資源です。そして、HSPに関連する夢の話をするために、まずいくつかの基本的な事柄を説明しなければなりません。このテーマでお勧めのよい本もあります（345ページ）が、それらはHSPを念頭に書かれてはいません。

　私は「たぶん」と「しばしば」を省いて、できるだけ簡潔で平易な言葉で書きたいと思いますが、夢はどんなルールにも従わないので、一義的な話にはなりません。

　まず第一に、夢は無意味でないことは確かです。そして意味は曖昧でもありません。それらは、無意識によるコミュニケーションの試みです。

　無意識は何を伝えたいのでしょう？ あなたの気づかない「物語の残り」とあなたの「本当の」今の在り方や状態です。そして夢は全く新しい解決を提案します。夢はときに、あなたが、状況に実際はどう向き合っているか気づかせてもくれるし、全

く新しい対処方法を示してもくれます。

　通常の夢は現在置かれている状態についてです。何が起きるか予知するような夢もあります。それが予知とすれば、その夢は、あなたが今まで通り、あるいは夢の中のように、行動するとどうなるか警告している場合が多いです。

　夢の意味が明白であったり、すでに知っていることを伝えようとする夢なら、もう一度、細部や、何が起こるかわからない状況や、普段の自分らしくない箇所を、細かく丁寧に見直しましょう。夢は細部に至るまで無関係なところはありません。奇妙な断片は特に重要です。ダジャレにも注意してください。私は、「彼女に電話しなさい（コールハー）」というメッセージを受け取るまで、犬の首輪（カラー）が現れ続けました。

　精神があなたに辿り着くために使用する言語は全て象徴的で比喩的です。特定のシンボルと比喩は、一番あなたの心に届きそうなメッセージだといえるでしょう。夢のシンボルに普遍的に当てはまる意味はありません。鳥やタクシーを夢見る場合は、鳥やタクシーがあなた自身にとって何を意味するか考えないといけません。

　夢の設定やその中の年齢はいつもテーマを教えてくれます。学校（学んでいること）や宿題がそうです。生まれ育った家が夢の舞台なら、おそらくまさにあなたの子ども時代についてです。その実家であなたが大人ならおそらく、幼少期と今の自分についてでしょう。

　夢の中の感情の量は、その問題に対してあなたが表現すべき、あるいは意識すべき感情の量です。悪夢とくり返される夢は非常に重要です。それはあなたの注意を引き、あなたを解き放とうとしているのです。夢はあなたが問題の周辺に大量の感情を押し殺していることを示しているのです。

● ポイント1　なぜその動物や人なのか

　本書のアクティブ・イマジネーション（81ページ）に戻り、夢の中の人物と動物について読み直してください。登場人物は通常（常にではありませんが）あなたの一部であり、動物と先祖は、伝えるべき教訓があるということです。例えば、なぜトカゲが現れたのか、なぜ祖母がこのタイミングで会いにきたか、自問する必要があります。あるいは、その答えを確認する前にトカゲや祖母についてもっと学ばないといけないかもしれません。

● ポイント2　夢を「解く者」の心得

　アクティブ・イマジネーションをした後には、何らかのアクションをするように促しましたが、そういうかたちで夢を尊重するのが大事です。ただ、夢には膨大な洞察が凝縮されているとしても、よく考えずに行動してはいけません。その無意識の精神は、残酷でも親切でもありません。自然のように、ただ事実なのです。意識は、そこで何をすべきか、それが自分自身と周囲の人々に何を意味するのか、夢を通して考えなければなりません。

　ユダヤ─キリスト教の聖典には、ファラオの見た「痩せ細った牛が肥えた牛を喰う」夢をヨセフが解く記述があります。そこに出てくるのは、飢饉、飢餓、生存という、自然が自然を語るシンプルな言葉です。夢そのものは「食料を7年間節約しその後訪れる飢饉でそれを配布する」よう勧めはしていません。ヨセフよりも卑しい人であればファラオに「飢饉がきたら貧者を追放し、飢えた人が裕福な人の脂肪を食らわないよう、金持ちは家の周りに高い壁を築けばよい」と忠告したかもしれません。道徳的で感情志向だったのは、夢そのものではなく、夢に対するヨセフの反応だったのです。

● ポイント3　断片から源へ

　多くのHSPは夢をよく覚えています。あなたが例外だとしたら、睡眠不足か、睡眠障害があるのかもしれません。ぐっすり眠るようにしましょう。ただし睡眠薬は夢を妨げもします。思い出しやすいのは、最後に見た夢なので、目覚まし時計は使わないようにしましょう。

　目が覚めたら夢の欠片を探り当てるまでベッドに留まります。最初は何も覚えていなくても、続けると覚えているようになります。屋外、仕事、動物、人物、ビーチにいるといったカテゴリを辿って、記憶を呼び覚ますこともできます。思い出した夢を書き留めて、日中とその晩眠りにつく前にもその夢を考えてください。それは、あなたがコミュニケーションに応答する意思があると無意識に伝えることになるのです。上記を行う夢はそんなに多くなくていいです。週にいくつもあると大変です。

　いつも夢を見ていたのに、原因がわからないまま見なくなってしまった場合、最後に見た夢か最後の印象的な夢に戻り、さらに働きかけましょう。私の経験では、無意識は、与えたものを使わないのなら、違うものを与えることはしないようです。理解できないのなら「ここをもっと解明したい」と願ってください。その後に見る夢

は、関係がなさそうでも自分が求めた解答ではなかったか、真剣に考えましょう。このようにして、あなたは夢の源との対話を進展させることができるのです。

● ポイント4　HSPの夢

　あなたの夢は、おそらくすでに、あなたの敏感さを表現する術を持っているはずです。ほんの一例ですが、私にとっては、それは「足」についての夢です。荒野を裸足で歩く、履いている靴や靴下の種類や状態（靴下は内側と外側の緩衝材なので、興味深いです）など全てです。私の夢の中の動物で、私の敏感さに関係しているのは、魚、鳥、そして馬です。馬は私の心の師です。馬は強くて敏感で逃げ足は速いですが戦う気概もあります。あなたに何かを告げる動物は、別のものかもしれません。

　敏感な自分と強くありたい自分とのせめぎ合いについて、私がわかったのは、残酷な夢、暴力や犯罪を伴うような夢は、自分で自分の敏感さを支配し傷つけていると教えてくれている、ということです。私はそれがわかってからは、自分を生きづらくさせる残酷で支配的なエネルギーは一体どこから来るのか、日々の生活の中で確認するようにしています。それは内側からかもしれないし、外側からの圧力を私が許容しすぎているのかもしれません。

　HSPは昇り降りをする夢を見がちです。これが表すのは、あるときは「自分は特別で素晴らしい」と優越感に浸っていたかと思えば、またあるときは「自分には何か欠点がある」と劣等感に苛まれることかもしれません。泥沼に沈んだり、洞窟や墓に埋められる夢もあれば、美しく怖い山、下り方も帰り道もわからない山を登っていく夢もあります。またあなたは塔の夢を見ます。よじ登る塔の頂を見据えるのです。塔は脆いかもしれないし頑丈かもしれません。そこに飛行機がやってきます。着陸するか墜落か。そして、梯子（エレベーター）が降ろされるか、行き詰まるか、混み合うかします。私はいつも「彼女を昇らせて（エレベート・ハー）」と思うのです。

　悲しいかな、夢は今足りないものを補おうとしているのか、それとも現状を示しているのか、知ることは難しいです。あなたが立つ塔が脆いのなら「自分は今のままでいい」と思っていても、その根拠が乏しすぎるのかもしれません。あるいは、あなたは「自分なんかどうせ」と思っていて、危険で寄る辺ない孤高の頂に身を置くような考えを、怖れているのかもしれません。しかし、あらゆるコンプレックスにはネガティブとポジティブの両極があるので(156、223、246ページ)、根拠のない自信への恐れも挑戦への恐れも酷似していて、足元の覚束ない夢を見せるのです。

これで夢を使ってワークをする準備ができました。

夢を使ったワーク

1 書き留める

　重要な夢を一つ選んで書きます。くり返す夢、後から激しい感情が生じる夢がそうです。詳細を全て「私が走っている。すると…」というように現在形で書きましょう。

２ 夢を１枚の大きな絵として見る

その夢を大きな絵として捉えます。何か自分の問題に心当たりがありますか？
もっと体系的に進められるよう、それを書いて覚えておきましょう。体系的に学ぶの
はよいことですが、このステップを上手にこなせるようになると、全体像が見えてく
るので、いくつかのタスクは飛ばしても大丈夫です。

---

３ 主な感情は何か？

夢の中で不適切な感情反応はありましたか？ 多すぎたり乏しかったり、あるいは
自分らしくない感情は？ その感情は現実にも現れますか？

---

４ 夢の舞台（テーマ）は？

夢が示唆するテーマや問題は何でしょうか？

---

５ 夢単語

夢の説明文（ １ 「書き留める」で書いたもの）に戻り、単語全てに下線を引きます。
物体、色、形、人物、動物、名前、場所、「走る」などの動詞、そうとしか表しのような
ないフレーズがそうです。

６ 関連付け

下線を引いた文章を次のページに書き出し、その下に、連想したことをそれぞれ

別の行に書いてください。（最大20個）。人物や動物のような主要な登場人物については、その人やその種の動物を知らない人向けに端的に説明してください。またその主な特徴や自分との関係を考えます。

短い夢の例

　　私は、ミスター・Tから逃げて、森の中を走っている。虎に止められ、「なぜ急ぐ?」と尋ねられる。

- 走る：怖い、走るのが下手、もっと走るべき
- ミスター・T：「特攻野郎Aチーム」（1980年代にアメリカで人気を博したテレビドラマ）のチームAのメンバーで黒人で強くて飛ぶのを怖がっている。「特攻野郎Aチーム」は10代の頃よく観た。
- 森：暗い。森で迷う。木が鬱蒼と茂る。熱帯雨林は消滅しつつある。
- 虎：大きな縞々のネコ。インドにいる。「虎よ! 虎よ! あかあかと燃える♪」（訳注：ウィリアム・ブレイクの詩集『無垢と経験の歌』に収められた詩「虎」"The Tyger"の冒頭）。人間を食べる。
- 止められる：停車場。私は走っていたが、今は止まった。
- 尋ねられる：普通の虎は質問しない!
- なぜ急ぐ（ラッシュ）?：今本当に急いでいる。川辺に草（ラッシュ）が生えている。

行動の推移を見て、それを現実に落とし込みながら、「これをしたらそれが起きてああなる」というように、夢を論理的な流れで書いてみましょう。

例

ミスター・Tに追われたとき（10代の頃から大きく強いものに追われている？）、魔法の虎（何か激しいエキゾチックな、人間や動物の本能的なエネルギーに立ち向かわなければならない）に止められ、「なぜ急いでいるのか」と尋ねられます（急がないほうがいい？　虎を信じていいか？　10代に何があって今急いでいる？）。

8 それでも意味がわからないなら

アクティブ・イマジネーション（81ページ）を試し、夢を再度見るよう働きかけたりメインのキャラクターや物と話したりしてください。あなたは、そのキャラクターがなぜそれをするか、何を言いたいのか知ろうとしているのです。

ここにアクティブ・イマジネーションを記録しましょう。例では、おそらく木に登るのを想像し、ある程度安全だと感じてからミスター・Tに「なぜ私を追いかけるのですか？」と聞き、答えを待ちます。または「なぜ急いでいるか？」の虎の質問に答えます。そして虎がどう反応するかを見ましょう。

9 行動に移す

夢を重要と感じるなら、何か行動を起こしてください。儀式を行う、避けてきた電話をする、夢のイメージを描く、ライフスタイルを変えるなどです。**何をするか書きましょう。**

```

```

対象 ： **C群およびペアのみ**

ペアはお互いのシンボルや生活を知り一緒に素晴らしい夢の仕事ができます。一人で取り組む夢想家が見逃すであろうことをお互いに確認できるのです。ただし夢は、想像以上に自分を暴露してしまうので試すのはCだけです。グループでのドリーム・ワークは熟練したセラピストがいるときだけにしましょう。露呈することが多すぎるのと、他人が(もちろん無意識にですが)その人の課題を押しつけてくる機会も増えてしまいます。

(まとめ)

ドリームワークと人生における夢の役割について振り返ってください。**考えを書きましょう。**

```

```

タスク10-2 ： 我—汝の愛のかたちが多様であるように、スピリチュアルな在り方は無数にある

スピリチュアリティの定義はさまざまです。ここでは、物質的な、目に見えるもの、

与えられた世界を超えたものを、そう呼ぶことにします。しかし、スピリチュアルな観点からすると、これは本当は、無知からくる区別ということになるのですが。頭に留めておかねばならないことは、私たちが、非物質的な世界に到達するためには、物質的な世界を通るしかない、ということです。そういう意味では、この世界は、出入り口です。しかし私たちはまだ「スピリチュアル」は物質を超えたものとしています。教会に行ったり祈ったり瞑想したり霊的なことをしないから、自分はスピリチュアルでないと思っている人もいます。しかし、スピリチュアリティをこのように大きく定義すれば、自分の生がいかにスピリチュアルかに、驚かされるでしょう。

「与えられたもの」を超えた何かを感じたり触れたりする方法を下記に全て挙げてみましょう。

見落としがちなもの 音楽、ダンス、ヨガ、芸術、祝日の祭り、物理学、天文学、小説を読むこと、自然にいること、夢を使ったワーク、恋愛、ある会話、恐怖を感じる瞬間

対象 ： A群・B群・C群

（ まとめ ）

このタスクでどう反応したか振り返り、スピリチュアルでいる自分に何を感じるか書きましょう。

タスク10-3 ┊ 信仰しているもの

宗教や宗教組織と聞いて、明るい気持ちになりますか？　それとも警戒しますか？　宗教を嫌悪している人であっても、大きな組織による教えか「組織を離れた」緩いものかに関わらず、おそらく心の中に何らかの宗教があります。あなたは、このテーマについて、すでに何らかの考えを持っているでしょうし、いくつかの教訓さえ持っているかもしれません。あなたが受け入れて信じているあるいは経験から知っていることは何か、この機会に書きましょう。

僧侶の相談役として、自分の考えを言葉で表現できるのはいいことです。それはあなたの人生の宗教的な部分にもっと多くの注目をもたらすでしょう。いつの日か誰かが、あなたからその考えを伝えてもらい喜ぶかもしれません。

もしかしたら、あまり縛られたくなかったり、独善的に見えるのは嫌かもしれませんが、他人に自分の信念を押しつける必要はないのです。それがあなたにとって最初の教訓かもしれないし、もしくは「わからない」が最初かもしれません。

私はよく「月・水・金曜日は『これ』を確信していて、火、木、土曜日はその逆、日曜日は休んでいる」と言います。一方で、自分が死んでも守りたい、他の人にも守ってほしいと思う、決め事もあるでしょう。それもまた立派な信念です。

あなたの信じているものを挙げましょう。

対象 ┊ B群・C群　　朗読できます。グループでは進行役が必要で一人あたり約5分
にしましょう。他人が信じているものを批判してはいけません！

(まとめ)

　あなたの信じている教えを振り返ってください。

　それはどこからきたのか、どこに向かっているのか、あなたの毎日の行動をどれだけ決定しているか、考えを書きましょう。

「なぜ生きるかわからない」と自殺するのは私の知る限り人間だけです。宗教はその意味が提供される一つの方法です。人は儀式に参加しているとき、自分よりも大きく古いものとつながり世界に属していると感じ、その空間から戻ったとき自分は変わったと思うのです。人が自分の儀式を編み出すとき、目に見えないものとの直の触れ合いを感じます。これは決して小さな成果ではありません。

宗となる教え、つまり人を内側から永遠に変えることを意図した宗教は、今日の西洋文化ではまれです。私たちは未だに、世俗にいながらも伝統的な結婚、葬式、祝日など、定期的な祭りや祭典といった慶弔行事を通じ、コミュニティのアイデンティティを味わったり祝ったりしています。私たちの中には、重要な宗教儀式にも関わる人もいます。しかし、通常、これらは私たちの日常で必須イベントではなく、賛同する人だけがいくぶん機械的に参加しています。商業的、科学的、西洋化された文化は宗教を排除する傾向があります。これらの文化では、割りのいい仕事があればすぐ、その場所に引っ越してしまうくらい、コミュニティというものを重視していないからです。そしてコミュニティは意義のある祭事の基盤なのです。

世界中の人が自分たちの宗教から遠ざかっているので、私は結果として空虚さが問題になっていると考えます。どちらが原因かわかりません。しかし、その虚しさと、HSPが現代社会で僧侶の相談役としての役割を果たすのが年々困難になっている事実とは、関連があると思います。

解決は「古に還る」ではないでしょう。昔に戻りたくても戻れません。私たちに何ができるかはまだはっきりしません。私たち全員が参加している壮大な実験です。HSPには、儀式を生み出そうとする傾向が顕著にあります。女性のグループ、男性のグループ、それぞれのやり方で、家族がちゃんとつながっていられるための方法として冠婚葬祭を編み出しました。そして大衆は自分たちの日常の中に儀式を創ったり法則を見つけてきました。

まず、やったことのある儀式を挙げましょう。隣に受けた影響を書きましょう。それは暗くてマイナーなものだったか？ 人生がよくなったか？ それはなぜか？ 継続して効果があったか？ などです。ウォーミングアップに例を作りました。

例

	やったことのある儀式	受けた影響
1	ユダヤ人の配偶者と一緒に安息日にキャンドルを灯す	積み重ね、非常にポジティブ
2	夕食前の祈り	同上
3	メディシン・ホイールをレイアウトする	何回かやってみて、地味だが非常に前向き
4	寝る前にスピリチュアルなことを勉強する	疲れているときにするのもどうかな
5	結婚式、葬式など	内容にもよるが、ほとんど印象に残らない
6	聖体拝領	全ての意味は解し難い。機械的なときと感動するときがある

あなたのリストを作りましょう。

	やったことのある儀式	受けた影響
1		
2		
3		
4		
5		
6		
7		
8		
9		
10		
11		
12		

このタスクの後半は難しいです。儀式は古いほうがよく新しいのは要らないとされるので作るのは困難です。

また、HSPなら誰でも普通に儀式を創作できるなんて思ってはいません。計算や小説や音楽が苦手な人がいるのと同じです。

しかしこのタスクでは自分の役割を試せます。

よければ儀式を編み出す本もあります（345ページ）。

しかしこのタスクでは自分が何をしたいかを計画します。自分をシャーマンやコミュニティの長老に見立ててください。

後で、伝統的に何が適切か、他の人は何をしたか見ましょう。

① 最も重要なステップは、最初に、儀式の目的を設定することです。これは内なるワークの問題であり、HSPが僧侶の相談役であり、優れた儀式の指導者である所以です。目的を設定するということは、共同体、でなければ個人、あるいは自分にとって、今何が最も必要かを示すということです。

全ての儀式は、身体、魂、人間関係を癒すものであり、精神、自然、地域、社会とのつながりの喪失を癒すものと考えることができます。癒しには、最終的な結果である「全体性」を思い描くことが必要です。というのも、どのような種であれ、癒す者になるためには、個々人が、全体性、健康な身体（あるいは共同体）を精神的に表現する必要があるからです。そして初めて、個人は全体性から離れていたことに気づき、それを修正しようとすることができます。たとえ儀式が明確な癒しではなく、祝祭の一つであったとしても、祝祭とは、本来、全体性の経験であり、物事がどうあるべきかを思い起こさせてくれるものなのです。

儀式の目的は？ 何を癒し、快復して心から祝いたいのか？ 癒すことは山ほどあります。祝うべきことには、生まれたこと、成人式、独身からの結婚、中年から老年への移り変わりもあります（更年期やキャリアの始まりや終わり、家の新築も喜ばしいことです）。

② **空間は? 儀式の空間をどう設定しますか?**

③ **誰が来るのか? どう招待しますか? どんな服装で何を持参してもらいますか?**

④ **どう清めるか?**

　参加者を儀式の場に招くときある種の浄化を行うことがあります。参加者に水を浴びせたり、お香やセージを焚いたりします。あなたならどうしますか?

⑤ **どう招待するか?**

　これは「見えない者」に対する付き添いと導きのリクエストです。西洋の宗教の多くでは神が求められています。他の伝統的宗教でも（私たちの西洋の宗教も）、特定の祖先、聖人、精神的な存在からの支援や高みの力に介入を求めます。または、その4つの要素やある精神的な資質が求められます。この呼び出しを行うときの行

動を書きましょう。例えば、その4方向に参加者がお辞儀をするなど。

---

6 音響は?

　音楽はほぼ普遍的な要素です。どんなのを選びますか? 踊りや、太鼓、詠唱、合唱もありますか? 詠唱や歌が欲しいならどの歌にしますか? 人をどう参加させますか? それらは儀式に影響します。

---

7 音以外の五感は?

　音楽に加えて、**参加者に影響を与えるためにどう五感を刺激しますか?** 彼らに何を見て、聞いて、触れて、嗅いで、味わってもらいたいですか? シャーマンと僧侶は、儀式に関わる感覚が多ければ多いほど本当の自分に到達し心がスピリットに向くことを知っています。

⑧ 物語は?

　ある時点でこの儀式の変容を象徴するドラマが展開します。これが儀式の中心です。それは、旅、死、または降下、そしてその後の帰還や復活を伴う場合があり、その結果、何かまたは誰かが連れ戻されたり、意識させられたり変容させられたりします。物語を聞き目撃する参加者は、その旅を自分のものとするかその贈り物を受け取ります。この物語を語る、演じる、参加者全員にその一部または全部を演じてもらう、あるいは、すでに誰もが知っている物語のシンボルを展示するだけでもよいでしょう。**何をするか書きましょう。**

⑨ 変容が起きたら?

　変容が起こった後は、それを認識し喜ばないといけません。より多くの音楽を流すといいかもしれません。**どうするか書きましょう。**

⑩ クロージングをどうするか?

　儀式の場をどのように閉幕するかを書きましょう。協力をお願いした人に感謝し、出発する人には記念品を渡します。儀式の空間とそうでない空間の境界を明確にしましょう。参加者に退いてもらうか並んでもらうか、儀式のスペースが普段の空間に戻ったことをアナウンスしましょう。

⑪ 会場の動きを見守る

　コミュニティは参加者の変化を見ておく必要があります。外向性の人はすぐに喋ったり喜んだりしますが、内向性の人はまず一人になろうとするかもしれません。参加者は、変化を初めて認識し受け入れている間、その場に残ってもらい、儀式のリーダーの近くにいなければなりません。特にイニシエーションや癒しやライフイベントのお祝いの場合はそうです。

書いたものを共有できます。多くのコメントは必要ないですし、批判はしないようにしましょう（一人当たり5分を見込みましょう）。作った儀式のどれか一つを実行することもできます。しかし、不快に感じる人もいること、他人が信奉する教義に反しているかもしれないことに注意しましょう。

まとめ

儀式のリーダーとしての自分を振り返りましょう。役は楽しいですか？　もう演じましたか？

タスク10-5 ： 死後どうなるかを考える

　私たちは、死んだらどうなるかわかりません。しかし私たちの多くは何かしらの考えを持ってはいるのでそれを活かさなければなりません。少なくとも無意識で「死んだら全て終わり」と思うか「どこかで報いがある」と思うかで全く異なります。後者は、愛する人と再会できたり、天空と一体になったり、何かと一つになったり、カルマ（業）を背負い転生するなどです。このタスクは、死後についてあなた自身の内面の知恵を垣間見ていきます。このタスクは安全な場所で冷静に集中できて、少なくとも1時間は邪魔の入らないときに進めましょう。横になるか座って目を閉じ、アクティブ・イマジネーション（81ページ）のような深い状態に入ります。そして自分の死を想像してみてください。次に何が起こるのかを想像してみてください。これはアクティブ・イマジネーションのように扱いましょう。そこでは、あなたは自分の反応を提供するだけでなく、無意識からの貢献も受け取ります。

　アクティブ・イマジネーションや夢と同じように、想像したことは必ずしも真実で

あるとは考えず、深く考えずに受け入れるほうがよいと思います。しかし、それはあなたの興味に対するあなたの無意識の今の反応です。

このタスクはくり返しできますが、軽率に扱わないでください。感覚が日常に戻ってくる時間をとりましょう。やってみて強い不安を感じるなら、専門家の助けを求めることを勧めます。その場合は、あなたと同じ伝統文化に所属する、スピリチュアルな指導者がいいでしょう。**このタスクでの経験を好きなだけ書きましょう。**

（罫線のみの記入欄）

対象 ： C群　これは実は一緒に行って後で経験を共有するのが最善です。

タスク10-6 ： 再び自己否定感へ ─全体性としての自己─

丸い円を完成させるときがきました。第1章で自分の嫌いなところについて行った困難なワークに戻りましょう。このタスクが1章の終わりでなくここにあるのはなぜでしょう？ 私にとって、スピリチュアリティとは全体性であり全体性とは癒しです。この理由から、伝統的に僧侶やシャーマンは、癒す人でした。このつながりを私に言葉で表現させてください。

私はスピリチュアリティを、物質を超えたあるいは物事の物質的な境界よりも大きいものに対して開かれたものと定義しました。私たちが物質を超えた世界の向こう側を見るとき、私たちは「全体性」を見ているのです。そのために私たちは「完全な自己」にならなければなりません。例えば、コンプレックスにとらわれすぎない必要があります。

　しかし完全な人間がいるでしょうか？　私たちを目標へ押し出したり引いたりしてくれるのは、おそらく怪我の痛みや傷であり、不完全な感覚です。癒しのプロセスはまたそのまま全体性を育みもするのです。心理学的な癒しとは、自己の向こう側、つまり深層心理、無意識の領域を見つめることを意味します。自分のコンプレックスを受容すればするほど、愛情深く、道徳的にそしてもっと精神的に生きられるようになります。私たちは、自分の問題を他人に投影するのではなく、世界と調和して行動するようになります。私たちがこのワークで助けを得るようになるにつれ、目に見えない何か、誰かが手助けをしてくれているに違いないと思い始めるかもしれません。

　それでは、ここで第1章のタスクに戻って、痛みに満ちたところを癒せるか確認しましょう。

　50ページに戻り、自分のすごく嫌なところを見てください。以下の質問に進み、挙げた3つに対して別々に行ってもよいですし、それが今は1つのことに思えるならまとめて答えましょう。

① **自分の問題点を見て、今、それをどう感じますか？**

その1
その2
その3

② **自分の敏感さ、深層心理、そして頑張ってきた強さに対して、本書を通して得た理解に照らし、自分への見方がどう変わったか書きましょう。嫌なところは消えましたか？ それとも、もう少し理解してから、受け入れるほうがいいですか？**

　何も変わっていない、もしくは何かしら悪化している気がするなら次に進みます。大きな変化があった（「生き方が変わった」か「今の自分が好きになった」）ならここで終わってもいいです。自分におめでとうと言って祝いましょう。

その1
その2
その3

③ その問題が今どれほど重要か、**コンプレックスに関する言葉で書きましょう**。どれ
ほどのエネルギーを帯びていますか？ 使うのは、0〜10のスケールでも、任意の単
語でもいいです。

その1
その2
その3

④ 今、その問題が自分にとってそんなに重要でないのならその理由を書きましょう。
**あるいは、ますます重大になっているのなら、現在それに対してポジティブな側面を見
られますか？** 肝に銘じておくべきは、全てのコンプレックスには二極があるということ
です。受け入れているポジティブな極と、拒絶しているネガティブな極とがあるのです。
否定された半分は、あまりに激しいために、偽装され、拒否された資質であることが多
いのです。問題が未だ変わらずにいて、なおも重大であるのなら、欠点を長所か潜在
的な長所として見る方法はないでしょうか？ **その問題に対するあなたの態度の何が
変わったか、ここに書きます。**満足できる変化があったのなら、ここで終わりにして祝う
こともできるし、続けてもいいです。満足のいく変化がない場合は、ぜひ続けましょう。

その1
その2
その3

⑤ もしその問題があなたにとってまだ非常に重く、ポジティブな側面を見出せない場合、あなたの人生にその問題があることに何か価値を確認できますか？　それはあなたに何かを教え、あなたの成長を支え、あなたを新しい地に後押ししてくれるものでしょうか？

その1
その2
その3

⑥ 最後の質問に答えてもうまくいかない場合、今度は、自分を好きになれない3つを選ばせた「声」（の数々）を思い出しましょう。以前のワーク（35、52、57、および61ページ）からそれらについて何かわかったはずです。その声はどんなでしょう？　その声は、あなたが失敗しないか恐れていますか？　意地悪であなたに失敗してほしいと望んでいますか？　もはやあなたが耳を傾けなくなり、コントロールを失うのを恐れていますか？　「どうせ自分なんか」と言っていたあなたが健康で幸せになることを恐れますか？　それぞれの側面には、それに関連した別の声があると考えることもできますし、この審判や批判を同じ声と考えることもできます。

⑦ 1つまたは複数の声に対し「何か」書きましょう。あえて「何か」とします。なぜなら、それはおそらくお互いの最終的なコミュニケーションにはならず、最後とすべきでもないからです。書くのは、例えば、手紙かもしれないし、謝辞、進行中の対話の

一部かもしれません。

⑧ その声で受容に近づきましたか？ 声に自分の立ち位置をもっと尊重させましたか？ それともあなたが「声」の見方をもっと理解すべきなのでしょうか（理解できるのでしょうか）？ 人生においてこれらの問題があることに未だに前向きな兆しが見えず、なおかつ声との対話でも解決が見出せない場合、いったん引き下がって、その問題をそこまで考えることが客観的に合理的か確認できますか？ これは、今苦しい思いをしても変わらないといけないサインなのでしょうか？ 専門家の助けを借りることも厭いませんか？

いずれかを書きましょう。

ⓐ 変わるべきものがある・ⓑ 必要なら助けを借りながら変わる準備ができている

その1
その2
その3

対象　C群　これを議論するのは大変です。

(まとめ)

　これらの**問題**に関する痛み、その和らぎを振り返りましょう。今も苦痛が大きいなら、あなたは本気で助けを求めないといけません。私がその助けになりたいのですが、本書でできる限りさせてもらえたかどうかが気がかりです。それぞれ問題への進捗について考えを書きましょう。何も書けないなら癒しを得る違う方法を書きましょう。

その1
その2
その3

タスク10-7 ： 「完成させる」ということ

　HSPは誰よりも誠実ですが、本書で終始、指示通りにワークをするとは限らないと思います。あなたは、進めては立ち止まり、飛ばしたりアレンジを加えたりもするでしょう。しかし、長い間休憩したとしてもどこかで全ての仕事を終えるでしょう。私は「終えた」と言えることが必要不可欠だと思います。私たちHSPは終わりが好きではありません。あなたとの別れは寂しいです。しかし経験は、中途半端にしておくと、完全ではなくなります。この章もこのワークブックも「全体性」が非常に肝心なのです。今ボールを落とすのは残念です。

　私からあなたへ最後にこれらの言葉を贈ります。役立つといいのですが。あなたからはどうでしょうか……？

① なぜ本書をしばらくの間、あるいは永遠に閉じようとするのですか？ 本当にそれでいいのですか？

② 書いてきた「まとめ」を全て読み返しましょう。これに時間をかけ、読んだ内容を振り返り生活に組み込みましょう。まとめのまとめにこのスペースを使ってください。

③ 目を閉じて、この本を開く前の自分をイメージしてください。あなたは変わりましたか？ どう変わったか、そして何よりあなたが変化をどのように歓迎し祝福するのかを書き留めてください。

そして今、慶んでください。この瞬間は二度とこないでしょう。

対象 ┊ A群・B群・C群

ペアまたはグループの関係に終わりがある場合は、このタスクを一緒に実行し文章を共有することが重要です。グループは、341ページのエンディングを使用することもできます。

第11章

会の設置や運営の注意点
―グループづくりのためのガイドライン―

　多くの方から「私の地域にHSPの支援団体や当事者の会はありますか？」「地域にHSPの集まりを立ち上げたいので協力してもらえますか」「地元の講演にお越しいただけますか」といった質問をいただきます。HSPとの出会いの場が欲しいから聞かれるのですが、そういった場合にはこれから話すガイドラインをお役立てください。

HSPが集まることの意味

　HSP同士が出会いたいと思うのはもっともです。自分のような気質の人といるとどういう感じがするか、知る必要があります。他人の物語を聞きましょう。あなたは一人ではないし、異常でもないことを確信する必要があります。サイン会や図書館での講演や講義を通して、HSP同士が集まることにどれほど大切な意味があるのかを知り、私は感銘を受けてきました。

　他のHSPとの勉強会や活動を通して、自分の特性の意味（過去と未来、そして自分というものの全体像）や強みを探すのもいいことです。社会心理学の研究では、自己認識を深める一番の方法は、自分と似ていて前向きな考えを共有できる人と集まることとされています。

　多くのHSPは、一般の社会的な集団の中ではなかなか楽しめないし、その中で働くことさえも困難かもしれませんが、HSPの集まりや、他人の学びや成長をサポートしたり、癒したり困難と向き合ったり、人生や無意識の深淵を探索する手伝いをするような輪の中では、輝く存在になれます。私たちはどこにいても空気を読み、誰が困っていて、誰が場をまとめようとしているか、誰を励ませばよい仕事をしてくれるかを感じ取ります。ですから、グループもまた、素晴らしい財産としての敏

感さを学び、磨いていける場なのです。人間関係で起きていることを議論し学ぶような集まりでは特に敏感さを活かせます。私たちは察していることを心の中にしまい込むのではなく、避けられない困難に直面した組織を救うこともできるのです。端的に言えば、HSPは集団の中でやっていけるし、それが集団のためにもなるのです。

組織がうまく機能しない二つの理由

グループを何千時間もファシリテートしてきた私には、私のようなとても内向的なHSPにとっても、集まることが有意義だとわかります。また所属するメンバーを失望させたり傷つけたりした団体の話も、何百でも話せます。ですから私は、グループのメリットと同時に、気をつけねばならない点についても、同じくらい強く意識して関わっています。

HSPの人たちと一緒に仕事をし始めたとき、私はグループ化を奨励しました。誰かが立ち上げた組織もあれば、私が自分で起こしたものもあります。しかし、少なくとも活動を始めた段階で、ファシリテーターがいない組織は、短命で、うまく機能せず、関係者同士が争うこともありました。私は自分で多数の組織を運営することも、大勢のファシリテーターの資質を確認することもできなかったので、結局は私が舵を切れないのなら、団体の組織化を手伝うのは良心的でないと判断しました。私は、HSPには、グループに参加してもらいたいと思っているのに、自分でグループをつくりたいと言ってこられたときに、それをあまり応援できずに、ジレンマが残りました。失敗した組織には二つの問題がありました。

● 問題1 個別治療が必要な人が集まってしまう

発足時や新メンバーの参入時に、訓練を受けた専門家によるスクリーニング（訳注：その人がグループに参加することが、本人やグループにとって、良いことかどうか、見立てること）をすることができません。そのため、治療を目的としていない集まりに、参加する準備のできていない人（HSPも含め）が入ってくる可能性があります。彼らは人生の中で異常にストレスの多い時期にあるかもしれません。もっと多くの社会スキルを身につけないといけないかもしれません。個別治療が必要な人もあります。聞いてもらいたい、愛されたい、他人をコントロールしたい、注目

されたい、ただ単に助けてほしい。そういう非常に切迫した内面のニーズを抱えた人は、自分をわかってくれる人のところに自然と寄ってきます。そういう人はおそらくグループを作り上げもします。しかし自身の必要性のためにグループを利用しすぎて、組織を歪めます。誰も厳しいことは言いたくないので、他のメンバーがそれを阻止するのは難しいのです。あなたが今何を思ったかわかります。

「それが私だったら？　私がわがままだったらどうしよう？　何でもいいからグループに所属したいなら？」よい質問ですね。あなたが非常に落ち込んでいる、苦しんでいる、または現時点で居場所がない場合は、治療を目的としない集まりには参加しないのが一番です。代わりに専門家の助けを求めないといけません。ただし、自分の目的に役立ちそうな集まりになら参加しても大丈夫です。そうでないなら、面倒な思いをするだけです。一度参加してしまうとお嫁に行くようなもので、自分と他人のニーズのバランスを上手にとらないといけません。率直に言うと組織のトラブルは、「参加して大丈夫？」と心配されるような、自分が見えていない人の間で発生します。集団の中に入ってしまうと、そのニーズの強さのために、自分の行動が他人に及ぼす影響に盲目になってしまいます。

● 問題2　共通のテーマに焦点を合わせられない

共通の関心がないため、退屈するかバラバラになってしまいます。ほとんどの支援団体は、病気、依存症、家庭内暴力、被虐待経験などに焦点を当てています。誰もが同じ経験をしていて、誰かの経験にはみんなも強い関心を持ちます。

HSPには、共通する神経システムと陥りやすく対処しないといけない刺激過多の問題があります。しかし浅いレベルでは、性格、バックグラウンド、強み、弱みは極めて多様です。参加者が「外の世界」の問題を持ち込むと、テーマがバラバラになり、提案ができず共感さえ生まれません。困っている人はあまり助けを得られず、残りのメンバーは自分と関係のない話にうんざりします。

この二つの課題に対し、私は、解決の道を見出しました。

解決の道は「構造」「時間制限」「リーダーレス」にある

集団精神療法や他の専門家がリードするグループは、これら両方の問題に対処できます。プロはメンバーを選別し、最も注目される話題にフォーカスできるからで

す。実際、優れた治療グループは、組織内やメンバー間の出来事にフォーカスしようとします。「今」「ここ」で起きていることはいつでも興味深く、怖くもあり学ぶべき教訓に満ちています。反対に、誰かの職場や家庭の話に30分費やしてしまうと、今起きていることを知るのは難しくなります。逆に、グループの中での問題なら、会議室中で、リアクションやアドバイスが湧き上がります。

このようなグループの変異型で、治癒でなく、自己啓発に寄与する「プロセス指向型の団体」があります。これらは一部の企業の研修や実験室やラボを持つ大学の講義などで受けられます。うまく導かれるならばそれはHSPにぴったりです。グループ内の些細な出来事や自分の感情に注意を向け、そこから学ぶことが主になっているからです。メンバーの不平不満や争いごとはほとんどの組織では丁重に無視されてしまっても、こういった集まりでは公にするよう言われます。そのため、実際に起きていることが全く問題にされないことに嫌悪感を抱いたメンバーが、辞めていく事態を防ぐことができます。

ただし、ほとんどのHSPはそのような集まりを必要とせず出費を望みません。ただHSPと出会いたいだけなのです。では、私はプロとしてあなたに何を伝えたらいいのでしょう？ 幸い私は1960年代にプロセス指向型の会において、リーダー不在でそのグループが機能するかを試す実験に参加したことがあります。その会は綿密に計画した構造（ガイドライン）に則っている限りは機能していました。ガイドラインがあれば、計らずも他人より自分のニーズを優先してしまう人が一人か二人いても、全員が平等に過ごせるので、最初のスクリーニングの問題は解決します。あまり興味を持たれない話題ならすぐに次に移れるので二つめの問題もクリアできます。しかもこのガイドラインを使えば、興味深い「今」と「ここ」にフォーカスできます。

ここに示したガイドラインは、かなり構造化（決められた手順に従って行われること）されたものです。

興味の赴くままに話したい人もいるかもしれません。しかし、他人はそれには興味がないかもしれないのです。誰が何に興味があるかを示すよりも、このガイドラインがあれば少しずつ全てがカバーされ、全員に時間が与えられ、ちょっと話し合えばグループで何をするか決定できます。スクリーニングについては、全員がガイドラインを守りさえすればさほど問題ではありません。最初の合意に従わない人が出てきても、その人の人格を否定せずに退会してもらう客観的な理由にもできます。

集まりを、2時間のセッション6回に制限すると、全員があまり時間をかけずに関われて、6回のミーティングの後、不適格な人（例えば問題のある人）が現れた場

合、速やかに解散できます。

セッションが6つとも成功している(参加者間で信頼が築かれ互いにエンジョイできている)なら、継続できます。このワークブックで今まで述べたタスクから独自のガイドラインを作ってもいいし、もっと自由形式でやるのもいいし、その両方を混ぜてもいいです。本書では、全章、全てのタスクの終わりに、グループやペアの信頼のレベル(A、B、C)に応じた最適な進め方を記しています。

リーダーがいなくても、セッション毎にファシリテーターとタイムキーパーを任命します。彼らは事前にセッションのガイドラインを予習し進行が逸れてしまわないようにします。また、グループはいつでも、専門家を呼んで、ファシリテーターになってもらうこともできます。

あくまでこれは、サポートではなく、ディスカッションのためのグループです。それには三つ理由があります。第一の理由は、多くの方がトピックに焦点を当てた私の講座を喜んでくださっているので、グループに任せるのではなく、私が提案するトピックに焦点を当てた、ディスカッショングループのほうがよいのではないかと考えるからです。第二に、サポートグループ(支援団体)だと、人それぞれ考えが異なり、それを持ち込まれて、最初から争いになってしまうこともあるからです。第三に、私は、サポート(支援)は、メンバーの皆が持っている、ある大きな問題をサポートするというイメージがあり、HSPに問題があるという考えは決して受け入れられないからです。

しかし私の提供する構造を使わずにグループを作りたいなら、それでも構いません。すでに知り合いのメンバーで共通の関心があってリーダー研修を受けた人が複数いれば成功する可能性もあります(例えば全員がHSCの子を持つHSP看護師というように)。それでも、セッション開始時に、話題に合ったタスクがありそうなら、本書のタスクを使ってもらって構いません。

ガイドライン

これから読むガイドラインは、初回のミーティングでも音読するものですが、ボランティアで参加した、リーダーのいないグループによってテストされ、メンバーのフィードバックにより修正されて、作られました。そうはいっても、グループは、その中の一人ひとりと同じように、それぞれ異なっています。あなたのグループには合

わないところもあるでしょう。それでも私は、ガイドラインに準拠することを強く勧めます。変更する場合は変更方法について合意しておく必要があります。変更を好む人もそうでない人もいるからです。民主主義には多くの時間と議論と対立が伴います。このような「指示書が支配する」慈悲深い独裁体制は、満足度はそれほど高くないとしても、より効率的です。

> **最優先すべき一番大事なガイドライン**
> 　グループを企画中、参加中、または参加後でも、あなたが異常につらかったり、うつになったり、不安を感じるのなら、いつでもどうか必ずHSPの心理療法士にそれを相談してください。セラピストの選び方については235ページをご覧ください。

集まりを作る

誰がグループを作るか。最初のきっかけを作るのは、これを読んでいるあなたかもしれません。あるいは他のHSPと責任を分担したり、他の誰かにプロジェクトを任せたりすることもできます。この後は、主催者に向けて話をします。あなたがリーダーである必要はないのですが、グループにリーダーは必要なので、仮にあなたがリーダーだとして話をします。

誰を招くか。私はかつて、最も尊敬しているプロのファシリテーターに、何が一番大切か聞いたことがあります。彼は即答しました。「難しいメンバーが一人でもいるとどんな集まりも台無しです。問題になる人を排除しなければならず、あなたが一人間違えたのならその人を除かないといけないのですが、それはもちろんグループに深く影響します。大事なのはスクリーニングです」。

集まりを作ると、最初は来たがっている人を誰でも呼びたくなります。私たちは、全ての人が健全で、全てのHSPが素晴らしいと考えがちです。それはそうなのですが、すでに話したようにHSPであろうとなかろうと、参加する準備ができていない人もいるのです。一番参加したがっているのは、準備の整っていない人ということもあります。

主催者にとっての解決策の一つは、グループは内々に立ち上げ、よく知っている人だけに、その人の知り合いだけ招待するように依頼することです。こうして立ち上

げる場合、あまり新しい人に出会えず、HSPの知り合いも十分できないかもしれないのは難点です。

　また、地元の新聞などで、オープンに参加を呼びかけることもできます。そして、一人の人間の影響力を制限するために、ガイドラインに従いたくない人は出ていかなければならないということを明確にします。問題のあるメンバーがいた場合、6週間後にその人を外してグループを継続し、その人の心を傷つけるより、いっそのことグループ自体を継続しない選択をせざるを得ない場合もあるからです。

　人を招待するときは、自分のグループには厳しい決まりがあり、最初の6週間はどうしても決まりに従ってもらいたい旨をあらかじめお伝えください。持ち物（このワークブックとHBの鉛筆2本）も伝え、最初のセッション前にこの章を読んできてもらうようにしてください。

　人数はどうするか。私は6人を勧めますが、あらゆる努力にもかかわらず、失念したりドロップアウトしたりする人に備え、最初は7人で始めます。一人追加する毎に、構造化されたアクティビティをする所要時間も長くなります。参加者を疲れさせたくないのなら、少人数の方が疲労も少ないです。一人の時間配分も増えます。

　3、4人に減っても心配する必要はありません。2人になってもこのワークブックの中にある、タスクをペアで行う方法を使えばいいです。そうはいっても、メンバーがいなくなることによる動揺はあるので、やはり約束は大事です。

　6つ全てのミーティングへの参加を約束することが不可欠だと全員に伝えます。見学だけや、途中参加はさせないでください。グループは安定したメンバーでいるときだけ信頼が築かれます。全ての参加者が初回のミーティングに確実に来る約束をしてくれていることが大事です。

　HSPをまとめようとしたことがあれば誰でも経験すると思いますが、HSPは来たいと思っていても、開催日が近づくにつれ足が遠のきます。それにはもっともな動機がありご想像の通りです。それは普通にあることですが、主催者にとっては困ったことでしょう。確実に効果があるのは、預かり金だけですが、あなたはこの集まりを有料にしたくはないでしょう。主催者が、グループを始める前に少額の預かり金を集め、メンバーが参加した場合にのみ返金する方法もあります。もし参加しない場合は、その人の預り金は、グループ結成までに多くの時間を費やした主催者にいくことにします。参加者には「HSPは心から来たいと思っていても少々金銭的な縛りがないとギリギリで躊躇してしまいますので」と説明できます。

　時と場所。セッションは15分の休憩を挟み2時間です。週1を想定していますが、

3週間で終えるように週2で行い、集中させるのでも構いません。週末にするなら、一回の週末で二つ以上のセッションを行わないでください。HSPは燃え尽きます。夕方はよさそうでも、平日働くHSPには多くの休みが必要です。平日の夜にエキサイトするよりは、週末の朝のほうがいいかもしれません。

　場所は、メンバーの自宅をローテーションするか、6つのセッション全てに適した場所を持っている人があれば、そこで行ってもいいでしょう。家族や同居人やペットに邪魔をされないプライベートな空間にする必要があります。広大な屋敷で部屋が離れている場合以外は、参加者以外に誰もいないようにしましょう。そのほうが聞かれる心配をしなくていいです。

　環境は快適にしましょう。また、車で来てもらうならアクセスがよく駐車場が使えるといいです。HSPは普通、蛍光灯を嫌います。また人によっては、猫アレルギーがないか、香水はどうか、環境への敏感さについて確認しておきたい人もいるかもしれません。その週の集まりを担当する人(ちなみに必ずしもファシリテーターやオーガナイザーである必要はありません)は、水やお茶くらいならいいですが、食べ物は出さないほうがいいと思います。「主催」が負担になってはいけません。

準備と守秘義務

　グループが組織されミーティングが催されると仮定します。あなたの主な責任はガイドラインの残りと少なくとも最初のセッションの手順を読み、心の準備をしておくことです。

　グループで話されたことについて、プライバシーを守ることに同意するのも、その準備の一つです。秘密を守ることはあなたにとっても、他の人にとっても大切です。部外者に話すときは、一般的なコメントをしたり、自分の経験となら関連付けたりしてもいいですが、メンバーの話はたとえパートナーであっても共有してはいけません。参加者全員がこれに同意し、誓約していることがわかれば、より安心感を持つことができるでしょう。

時間厳守と呼びかけ

　全員時間通りに集合し、定刻に始まり定刻に終わることが重要です。1人が5分遅れると、全員に影響します。6人いて、1人が5分遅れたら、1人のために他の人の合計25分が無駄になるのです。ですから、揉め事や微妙な反感を回避する方法の一つは、時間厳守です。確実なのは、誰か欠けていても、時間通りに始めるこ

とです。私がセッションをするときには、全員が揃わなくても簡単に取りかかれる覚書の共有から始めるのは、このためです。予期せぬ事態で遅れたり欠席するならば、電話で誰かに知らせてください。行方不明のメンバーがいて理由がわからないと非常に困りますし、ストレスです。

構造は味方

　成功はガイドラインを忠実に守るかどうかにかかっています。ガイドラインがあればあらゆる問題から守られます。しかし面倒なのは全員の決意が必要なところでしょう。どんな組織であってもリーダーを攻撃する段階がやってきます。リーダーがいない集まりなら、ガイドラインが攻撃されます。しかしガイドライン自身が、自分を守ることはできません。結局、参加者皆が、ガイドラインを守るように協力せねばならないということです。

　ガイドラインを守る秘訣は、ファシリテーターとタイムキーパーが協働し、いつも一人に仕切らせないようにすることです。この二人はそのセッションの良心として機能します。この役割は、6週間の間に、全ての人にローテーションするようにします。「もうやめる」という人が出ないようにするためです。

ファシリテーター、タイムキーパー、ホスト、メンバーの責任

　グループを編成したら、主催者は最初のセッションの進行役を担うことになるかもしれませんが、ずっと責任を負う必要はありません。グループで責任を以下のように分担します。

　ファシリテーターは、セッションの前に、進行予定のセッションの指示を読み、メンバーの質問に答える準備をします。不明点があれば事前にタイムキーパーと電話で打ち合わせをします。セッションではファシリテーターがグループをリードします。タスクが短文なら指示を読むなどして解説します。セッションの終わりに、次回のタイムキーパーとファシリテーターを決めます。事前に袋にメンバーの名前が書かれた紙を入れておき、そこから二枚引き、決めるのです。引いたのがすでにやったことがある人だったならやり直します。両方務めた人の名前は抜いておきましょう。

　タイムキーパーは、ファシリテーターと共に、定刻に会を開始します。タイムキーパーは、タスク全体の時間を管理します。時間配分があれば、タスク中の各人の持ち時間をキープし、休憩やセッション終了をアナウンスします。終了の30秒前に警告してほしい人もいるので、タイムキーパーはメンバーに希望を尋ねます。静かな

タイマーやブザーを使うのがベストです。

ホストは、自宅に集まるなら邪魔が入らないことを確認しておきましょう。電話が鳴らないようにし、メンバー以外の来客には対応しなくていいようにします。皆に給水場やトイレの場所がわかるようにします。他は（例えばお茶やジュースの提供）はオプションです。シンプルなのが一番です。

メンバーの責任は時間を守り、ファシリテーターとタイムキーパーがガイドラインを守れるようサポートすることです。細かなことを議論するのはグループの調和を乱すことを忘れず、相手の心を気遣います。メンバーは、互いの感情の動揺に気をつけ、ミーティング中やその後からでも、つらそうだった人に声をかけることができます。ただし自己責任です。相手の心がわかる人もプロのセラピストもいません。そして誰かの心に対して責任を持てる（持とう）などと思ってはいけません。プロセスが進みあなたのスキルもアップするにつれて、何が起こっているかを観察し、他人が漠然と認識していても口にしないこと（例えば「みんな落ち着いてとりあえず1分間静かに座りましょう」）を言えるようになるかもしれません。自分の気がついたことが受け入れられなくても、気分を悪くしたり、固執したりしないようにしましょう。あなたが間違っているのではなく、グループが、今はあなたがコメントするようには動けないということです。

話さないことも許す

それぞれのミーティングでは、全員に話す機会が与えられています。しかし何も話したくないときはどうしますか。話したくないなら話さず「今はパスしたい」とだけ言ってください。HSPが肩の力の抜き方を学ぶのはいいことです。実際、パスを申し出た人をみんなで祝福しないといけません。ミーティングはHSPにとって安全で居心地よいものでなければなりません。刺激過多で言葉に詰まったならば全員に共感してもらえます。

とはいえ最初から何も発言しないつもりなら、参加しないでください。あなたにとっても会にとってもかなりのストレスです。みんな、いつも黙っているメンバーに対して、この人は傷つき、怒り、立ち上がって、私たちを批判して、いなくなってしまうのではないかと心配します。結局注目されてしまうのです。それはあなたも一番望まないことでしょう。

パスした人がいたら、後でその人に戻ります。その人は、後で話すか、あるいはそのとき話せなかった理由を簡単に伝えるべきです。みんなはそれを引っ張らず、そ

の人はみんなを安心させないといけません。

メンバーとの時間、そしてやはりガイドラインが親友

　どんな集まりでも一番の問題は、一人にかける時間が長すぎる状態になることです。最悪の場合、その人が生贄になってしまいます。最悪にならないとしても、それは危険です。HSPは、皆に注目されることですぐに刺激がオーバーし、何を言われているかを処理できなくなる可能性があります。他のメンバーはそれほど興奮していないので気づかないかもしれません。その人は後になって注目されたことを不快で圧倒された経験としてしか思い出せないかもしれません。

　現実にはグループで誰かを救うことなどできないのです。その一人に集中する時間がないと、深い変化を起こすことはできません。しかし少なくとも6つのセッションの目的は「深い変化」ではありません。これはセラピーの集まりでもサポートの会でもないのです。話し合い、他人から学び、助け合うために集まっても、他人の深い心の問題の解決を手助けはできないし、口を出してはいけません。

　会が誰か一人にフォーカスし、助けようと意識し始めると無意識に他のいろいろなことが引き起こる可能性があります。例えば、注意を集めている人は、どうすることもできない問題を言われイライラしていたり、単に注目に飢えていて輪の中心にいたがっているのかもしれません。また誰かが、他の人の注目や尊敬、あるいは愛を求めて争うこともあります。「あの人より俺のほうがこの人を助けることができる」「私のほうがいいアドバイスができる」と無意識の競争になるかもしれません。結局、グループが他の問題を避けようとして、一個人を標的にしているのかもしれません。熟練したセラピストや専門家のファシリテーターがいる集まりならば、こういった無意識の課題を認識して働きかけ、一人ひとりに完全に集中して成功に導けますが、あなたの会にはそのようなファシリテーターがいません。

　誰かの話で盛り上がっているときには、ガイドラインを無視したくなるのが人情です。「もう次の人の番ですよ」と冷たく言ったりできないと思うでしょう。しかし時間厳守を貫けば全員納得してくれます。その人も実は、そのとき別にそれ以上注目されたいわけでも利益を望んでいるわけでもないかもしれません。一貫性がないと、時間をもらえなかった人は傷つくでしょう。問題がわかりましたか？　こういうときは、全員でガイドラインを守らないといけませんが、特にセッションのファシリテーターとタイムキーパーは助け合いながら、こう言いましょう。「そのお話をぜひ続けてお聞きしていたいのですがアーロンさんが見ていますよ。彼女はガイドラインを

守れと言っているのはご存じですよね」。

正直

あなたが会に対して率直であるほど、みんなの得るものも多くなります。あなたの、他のメンバーやグループに対するリアクションが率直であれば、特にそうです。しかしそれには負の面もあります。事実を告げたいときも「優しい」言葉を選びましょう。親切で丁寧な言い方も、配慮のない冷酷な物言いもあります。HSPにこのようなことをくどくどと話さなくてもいいでしょう。ただ、念押しが必要なこともあります。まだ十分に安心できない相手にプライベートな悩みを打ち明けるのはよしましょう。HSPは、相手を喜ばせないといけないという思いに駆られたり、親密さに飢えていたりして、プライベートを安売りすることもあります。慎重にいきましょう。

風通し

参加者の期待は高いのですが、どこでも実際はもう少し現実的です。嫌なことは起こるし馬の合わない人も来ます。会に対する否定感が肯定感を上回ると、もう辞めたいと思うでしょう。会を潰さないために大切なことは二つあります。できるだけ何度でも全員が気持ちよくやれているか確認します。悪い感情は公にして話し合い、解決するか、縮小させます。話し合ってみると悪い思いもいい風に変わることがあります。

何かネガティブなことを話すときに困るのは、誰かを傷つけてしまったり、逆に「結局誰のせい?」と批判されたり、誰にも賛成してもらえないと思ってしまうことです。ですから勇気が必要です。しかしあなたが率先すれば、他の人もそれができるようになります。

残念なことや不満を言った人が、そのことの是非はともかく、そのことを称えられ、感謝されれば、とても救われるものです。また、どのような集まりであっても課題や性格にまつわる争いは避けられないという心構えを持っていれば、そのような対立はいつでも最高の師となります。大切なのは彼らとどう問題に取り組むかなのです。今日ここで生じた自分の反応は、家庭や他のグループでの経験とも関係しているかもしれないと自分の問題(コンプレックス)を考えるきっかけになれば、結局それが一番いいのです。ほとんどの場合、それはかなり密接に関係しています。6週間の集まりではそこまでの機会はありませんが、個人で取り組むことができます。例外的に、何でも自分の問題ととらえるのがよくないケースもあります。それは、問題

のあるメンバーに複数の人が困っている場合です。それでも、あなたは「いつもの
あなたのパターンで」自分の問題を探してしまうのです。しかし、二人の間だけで
済まない問題もあり、同じ悩みを抱えた人があなたの助けを待っています。

　4番目と6番目のセッションの開始時に「空気をきれいにする」時間が決められて
います。

掲示板

　あるリーダーレスのグループには掲示板があり、メンバーが思い思いにニュース
も不満も書き込みました。開始を待つ間や休憩時間にそれを誰でも読めるようにし
ました。これはオプションですが、あなたもこれを取り入れてみてもいいかもしれま
せん。どんな方法であってもコミュニケーションは、満足度をアップさせてくれます。

外で会う

　お互いがわかってくると、二人や何人かで外で会いたいと思うかもしれません。
誰かと出会いたくて参加したのでしょうから、それはそうでしょう。しかし他の人の
感情に注意しましょう。何も言わなくても、HSPはそのようなことを察知するもので
す。新しい輪ができ、そこで自分の知らない話が共有されると、取り残された気持
ちになる人がいることを忘れないでください。

儀式

　発展的で楽しめる自発的な儀式に注目し、それを楽しみましょう。多分みんなあ
る紅茶を飲みたくて、ホストはミーティングの前にポットを用意するようになります。
そういうことが得意なら、意識的に儀式を展開できます。例えば嫌がる人がいない
のなら、セージやお香で開始前に部屋を浄化したり、ミーティングの開始と終了時
にサークルを開閉する方法もあります（儀式の参考は287ページに）。ただし少し
でも不快になる人がいるのなら止めておきましょう。6回のセッションで最優先され
るべきは、グループの調和です。

意思決定

　どこで集まるかなどグループでの決定が必要な場面もあるでしょう。民主的に決
めるならそのテーマに合意が要るのは全員かそれとも過半数かを決めます。無投
票者にも付き合いを強いるのはよくないので、熱い意見を持つ人がいるのなら全

会一致の合意が必要です。手順や見栄えやアイデアよりも参加者が大切です。

　例えば、写真を撮りたい人がいたとします。いいアイデアです。しかし、私がメンバーなら、（プライバシーの理由などで）写りたくない人は写らないだけでなく（その人が気まずい思いをします）、そういうアイデア自体を拒否できるべきだと思うのです。私の参加する集まりでは、写真撮影には全員の賛成を必要とします。しかし「集会場所が今週はA君宅で来週がBさん宅か、それとも今週はBさん宅で来週A君宅か」で誰も決められず誰も気にもしない議題なら、単純な多数決でいいです。

　投票は全て次の手順に従います。

　全員メモ帳から同じ紙を取り出し同じHBの鉛筆を使います。投票の定義を明確にしておきます。メンバーが投票したい意見を書き、全て同じに見えるように紙を1回折り、常備している紙袋に入れます。ファシリテーターは開票していきます。全会一致の必要がある場合、反対が1票でも出た時点でストップします。こうすれば、反対が1票だけだったのか誰にもわかりません（もし1票だけならみんなそれが誰なのかわかってしまいます）。

ステージ

　どんな集まりも課題に行き当たります。課題は、グループが歩むプロセスの一つのステージを象徴し、必要であればくり返されます。そのほとんどは意識されないのですが、課題に気づいたら、それらに注意を向け、グループで起きることに影響しているかもしれない何かを洗い出すこともできます。そういうステージは、ガイドラインが堅固であればあまり目立たないでしょうが、ある程度はわかるし、6週間経っても続いたり、あまりガイドラインに依らず試したりすると一層わかるので、ここではそれを議論したいと思います。

　最初のステージは、お互いを知り規範を設定することです。「お互いを知り規範を設定すること」なので、これは後からでもいいですか？（私は後からでないほうがよいと思います）　参加者は中断していいでしょうか？　不快感を示すのを許しますか？　それとも調和のために黙ってもらいますか？

　次のステージは、全員乗り気でいるかを確認する微妙なプロセスです。大人しい人たちには、ちゃんと溶け込んでいるか意見を求めます。この頃には、競争型の人の間で争いが起きたり、そういうものが嫌いな人は自分の価値観を伝えてきたりするかもしれません。彼らはグループが親密で、争いの場にならないことを望みます。そういうこと全てがグループの特徴となり、グループ自体が特徴を成長させ、結果、

典型的な問題を引き起こすのです。例えば競争型の集まりは親睦に難があり、仲のいい集まりは自分たちのギクシャクについて話し合い難くなります。

これらのステージは全て、そのグループが自分にとってどれだけ安全かを見極めるためのものなので、ほとんどのグループでは、すぐに、リーダーの問題や、各人の権威に関する問題が浮かび上がってきます。典型的な例としては、リーダーの強さ、優しさ、役割をテストしたがる人があります。いつもリーダーシップに不満を示す人もいるのです。リーダーを理想化してしまう人もいます。このグループの場合、たいていは、私の不在時のリーダーシップとして、構造に対するリアクションを見ることになります。

後のステージで出てくる問題は、カップル誕生です。二人が接近し親密になり、残る人たちはこの甘い理想の証人となります。取り残されたと感じる人もいるかもしれませんが、会全体としては、その感動的で理想的な親密さの瞬間を、身をもって体験することができます。

しかしグループには、団結して有益な組織になるというもっと大事な使命があるので、そういった「間奏」を逃げ道にしないようにしましょう。

これらのステージも課題も全て、タスクに向かっての準備にもなれば妨げにもなります。あなたの集まりの場合、そのセッションのタスクを完了させることで自分を学ぶことができるのです。もう一度言いますが、構造化された短期のグループ（ガイドラインに則った短い集まり）なら、このようなステージは少ないです。もし、あなたの集まりがさらに続くようならステージにもっと目を向けることになるでしょう。

最終的に面白いのは、おそらく組織の中で見えてくる自分の心です。多くの人の希望や恐れと失望は、自分の母親との関係、リーダーシップに対する意見は、自分の父親との関係を映し出しているでしょう。

では始めましょう。私がこの言葉を打つのと同じように、あなたも自分の始まりを想像してわくわくしてくれたらと思います。

持ち物（全セッション）
・・・・・・・・・・・・・・・・・・・・

メンバー …… 本書（ワークブック）、尖ったHBの鉛筆2本

主催者

① 小さな黒板か、大きめのタブレットか、「ホワイトボード」（約46×61㎝で十分です）とそのためのチョーク（マーカー）。これは最初のセッションでは不要で、2

〜4番目のセッションで使います。持っている人がいないか聞いてもいいし、集金し、購入してもいいです。

② 同じ紙のメモ帳（約5×10㎝か7.6×12.7㎝）（メンバーに1冊ずつ）

③ 尖ったHBの鉛筆の予備を数本

④ 紙袋

⑤ 初回のミーティングのみ：名札を作る紙、透明テープとマーカーペン。あるいは名札は持参

⑥ タイムキーパーが初回使うタイマー（優しい音のタイマーがベストです）

セッション1 ┊ お互いを知る

　このセッションは、相手を知り、他人は自分をどう捉えているかを学びます。貴重な機会です。フィードバックでは、お互いをもっと知るようになるでしょう。

前半（55分）
▼スタートする（10分）
① 時間通りに始めます。
② 紙で名札を作り、各自、自分にテープで貼り付けます。ファーストネームだけをマーカーペンで大きく書きます。
③ 全員揃っている場合、お手洗いや飲み物は大丈夫か気にします。揃っていない場合、これを後回しにして④に進みます。
④ タイムキーパーを誰にするか記名で決めます（初回のファシリテーターは、主催者でもいいし選出もできます）。

▼紹介（15分）
　メンバーが6人なら2分ずつ、合計12分に開始までの時間を加えます。人数に合わせてこのタスクが約15分になるよう調整します。

　[目的] お互いを知る。

　[方法] 各自、自分の名前を言います。相手に予め知っておいてもらいたい自分のことを何でも話します。仕事については、次のセッションで詳しい話をするのでここでは省略できます。「HSPとして何を思ってここに参加したか」がいいかもしれません。グループですでに誰かと知り合いかどうか、どういう関係かに触れるようにしましょう。

▼ガイドラインを読む（25分）
　[目的] ガイドラインを改めて頭に入れる。グループで共有し全員読んだかを確認する。

　[方法] ファシリテーターは、グループにガイドラインを「準備と守秘義務」（310ページ）から「ステージ」（316ページ）まで段落読みで輪読してもらいます。時間がかかりすぎるので、説明に沿って話し合ったりコメントしたりしないようにするほうがよ

いでしょう。全ての人が内容を吸収できるよう適切な速さではっきり朗読します。大きな声で読み上げるのは少々不快かもしれませんが、それは会への参加の儀式であり、お互いに慣れる早道だと思ってください。それに朗読で驚くほど多くの新しい気づきを得られるでしょう。

▼更に事務連絡（5分）

次回のミーティング場所など現実的な問題を話し合います。希望者は電話番号を交換できます。

休憩（15分）

雑談したい人もいれば一人で外出したい人もいます。どちらも構いません。ただし何も告げずに離れ、戻らないことのないようにしてください。それがどれほど周りを困らせるか想像しましょう。

後半（50分）

▼第一印象（約42分）

6人の場合、5人分を書くのに12分、次に各人が5人から1分ずつフィードバックを受け取るのに30分、合計42分かかります。少人数なら書くのは10分にしてフィードバックの時間を多くします。大人数なら42分以上かかるので「自己紹介」の時間を削ってこちらに回しましょう。

目的 他人があなたをどう思うかフィードバックを受け取る。特に初対面の人からのフィードバックには驚きます。他人が自分をどう認識するか、心当たりはいくつかあったとしても、フィードバックを受け取ったことはないかもしれません。これは強烈な経験になるでしょう。このアクティビティが自分には不向きと思うならフィードバックの受け取りをパスします。

ステップ

① 各人に対する「第一印象」を約12分で3つ、バラの紙に書きます（おそらく順番はバラバラになるのでフィードバックを受け取る番になった人の紙を引き抜きます）。その人の敏感さについて何か気づいたら必ず伝えましょう。

いわば他人に先入観を持つようなお願いですが、心配ご無用です。ある程度の先入観は誰にでもあり、他人は自分にどのような第一印象を持つか知るにはメリットがあります。不快と感じる何かがあるのなら何も素晴らしいフィード

バックである必要はありません。その人が「実際はどうか」ではなく、あくまで社交的に温厚に、個人の意見として述べることを忘れないでください。あなたはその人を何も知らないのです。「他人を見下してそう」ではなく「私はあなたに嫌われていないか心配です」と書いてください。

② ファシリテーターは（自身を含め）各自に他人からのフィードバックを全て受け取ってもらうようにします。フィードバックを受け取った人は全てに静かに耳を傾け、終わりに感謝だけを伝えます。どのようなフィードバックがいいかは後で考えていきます。あなたが聞くのは「本当のあなた」ではなく、あなたを知らない参加者の「あなたの本当の印象」です。他人はどのような性格を見るのか、何を気にするか、あなたは彼らの「投影」を聞くことになるでしょう（私たちには、否定したい自分を相手に投影する傾向があります。私は自分が怒っているとき自分でも気づかずに「別に怒ってなんかいない」とか「そっちこそ怒っているよね」と言うかもしれません。あるいは、自分の服装を気にしているとき相手に「今夜の衣装は気合いが入ってるね」と言うかもしれません。多分私は外見に気を遣う人が好きではありません。「私はあなたと違って服装を気にしない」と言っておきたくなります。これは私のコンプレックスの一つです）（コンプレックス：156、223、および246ページ）。

ただしどんな投影にも、たとえそれが外れていたとしても、そのように見せる引き金や外見があるはずです。つまり誰かのあなたへの第一印象は、少なくともあなたはどのような投影を呼び覚ます人か、のフィードバックなのです。

また、自分の他者へのフィードバックから学ぶこともあります。他の人が気にも留めないような特徴に注意を向けるのはなぜか。あるいは存在さえしていないものを探そうとするのはなぜか？ 言い換えれば、何を投影しているのか、ということです。

お互いを知っている人は、このセッションでは、まるで初対面の人であるかのように、その人の印象をフィードバックしてください。「今夜悲しい顔をしているのは離婚したせいなのよ」などと、その人を知らない人にその人の何かをバラすことのないよう、気をつけてください。

▼覚書をつける（5分）

これは静かなときに行います。次のページのスペースに「フィードバックの受け渡しで感じたこと」「グループへの期待や恐れ」「これまで何を感じてきたか」書きま

しょう。次のセッションの初めに、このことについて好きなことをグループとシェアする機会があります。

▼エンディング（3分）

　次のセッションのファシリテーターとタイムキーパーの名前を書きます。このセッションのタイムキーパー、ファシリテーター、そしてホストに感謝と別れの挨拶を伝えます。（覚書を書く時間が減ったとしても）時間通りに終了します。

セッション2 ｜ 生き甲斐と働き方

　このセッションでは、自分の天職（これをするために生まれたと思えるもの）と、仕事（どうやって生計を立て職場でやっていくか）の問題を取り上げます。したいことをしてお金を稼ぐのはこの社会に生きるHSPには難題です。実は、この分野であなたが抱えている問題の多くは、ほとんどの人にも当てはまります。個人的な問題でも誰かが悪いのでもなく社会の問題であると知ってもらいたいと思います。

前半（50分）

　時間通りに始めます。次の集会場所など「事務連絡」は全員が到着するまで待ちます。

▼覚書の共有（10分）

目的 何が起きているかメンバーが共有できるようにする（そして到着が遅れている人のために時間を残す）。

方法 全てのセッションをこのように始めます。時間の許す限りメンバーは最後のセッションの終わりに書かれた覚書について話したり読んだりできます。読むのは1ページ未満の抜粋にするといいでしょう。またはこれまでのグループに対する日頃の考えや思いを簡潔に話すのでもいいです。

▼自分の物語を共有する（30分）

　※均等割りします。6人なら1人につき5分です。

目的 どう職を見つけて働き、生計を立てているか、各人が他のHSPの話を聞く。

方法 物語の焦点を絞るため、メンバーは次の質問に答えます。

① 天職（これをするために生まれた）と感じるか

② どのような使命感に従っているか（従わないとしたらならなぜか）

③ 生計をどう立てているか（やり甲斐だけでやっていけているか、他に何かしているか）

④ 職場でどうやっているか

⑤ HSPであることが①〜④にどう影響しているか

⑥ 仕事における悩みや成功

これらのうちの一つがまさにあなたの物語なら、割り当てられた時間全てをそれに使っていただいて結構です。

▼事務連絡（10分）
　この間に、次回の開催場所など、現実的なテーマに対応します。

休憩（15分）

後半（55分）
▼仕事についてディスカッションする（30分）
　※トピックを決めるのに6分（それより短い場合も）。それぞれに対し約8分ずつディスカッションします。

目的 多くの参加メンバーにとって、HSPであることの一番難しいところは何なのか、経験を共有する。

ステップ
① ファシリテーターは、焦点を絞るため、前半で複数の人が、重要で議論する価値があると考えたトピックを3つ挙げます。重要なトピックが3つ以上になったら投票をします。
② メンバーの持ち票は2票で最も重要なトピック2つに投票します。または、1つのトピックに2票入れることもできます。これによりトピックに比重が加わり票の多く集まった3つが最も重要、あるいは関心の高いトピックとして議論されます。投開票に費やす時間は6分以内にします。
③ 話し合います。タイムキーパーは、残り時間（約24分）を3つのトピックで3等分するか、一番票を集めたトピックが最も関心が高いということで、多めの時間を割きます。

▼自分の敏感さを職場で説明する方法を探る（15分）
　※3人のメンバーに対して5分ずつ行います。

目的 敏感さを他人に説明して、自分を守る、ポジティブな方法をお互いに助け合って探し出す。

① ファシリテーターとメンバーは、可能なら事前にタスクを読みます（32ページと175ページにディスカッションを進めるためのヘルプがあります）。

② 面接官、監督者、同僚、雇用主など誰にでも、自分の敏感さをどう説明して、自分を守るか、ファシリテーターは、メンバーに、状況を説明するよう求めます。それは「もっと適切な対応ができたらよかったのに」と思う過去でもいいです。

③ 他のメンバーは、それができる方法を提案します。

④ 約5分で次の人に移り、合計3つの状況に対して行います。

⑤ もし誰も立候補しない場合は、一般的なトピックについて話すか、なぜそれが誰にも問題にならないのか、またはなぜ誰も話したくないのかを話し合います。

▼覚書をつける（7分）

　静かなところで、このセッションの結果、感じたことや思ったことを何でも書きましょう。

▼エンディング（3分）

　次のセッションのファシリテーターとタイムキーパーの名前を書きます。このセッションのタイムキーパー、ファシリテーター、そしてホストに感謝と別れの挨拶を伝えます。（覚書を書く時間が減ったとしても）時間通りに終了します。

セッション3 ┊ 健康と人生のバランス、そのためのケア方法

　これもHSPには必須のテーマです。全てはあなたの健康状態（身体）にかかっているのです。あなたの思考や気分全体そして周りの人の幸せを支えるのは、あなたの身体です。世の中の他の80％の人と同じようにHSPは自分の身体を使えません。それなのに「非HSPのように振る舞わないといけない」プレッシャーは大きいのです。このセッションでのあなたの目標は、素晴らしくて敏感な身体に、これまでとは違うもっと穏やかなアプローチを計画することです。

前半（55分）
　時間通りに始めましょう。事務連絡は後にします。

▼覚書を共有する（10分）
　※324ページを参照してください。

▼刺激過多への対処法を共有する（30分）
　目的　お互いに自分をケアする新しい方法を学ぶこと。最初に問題のある部分を共有し、次にそれぞれに最適な解決策を共有します。

　ステップ

① ファシリテーターはメンバーに、過覚醒を回避したり、コントロールしたり、回復したりする際に、具体的にどのような困難があるのかだけを尋ねます（10分間）。述べてもらったら、ファシリテーターはボードや大きなタブレットにこれらをリストアップして、その下にはスペースを空けます。若い母親が自分の敏感さをどうしたらいいか悩んでいたら、ファシリテーターは「子育てしながらの体調管理」と書きます。旅行中に眠れないビジネスマンがいれば、「旅行中の睡眠」、管理職の女性が休みをとれないなら「自分の休みをとること」と書きます。10分間もしくは課題が8つ程、挙がるまで続けます。

② リストに戻って、他のメンバーは、各課題にどう対処するか提案します。ファシリテーターは、課題の下の余白に、解決法を書き込みます（20分）。

▼ 変わる決意をする（5分）

目的 どのように生活を変え人間として成長したいか時間をかけて決める。

方法 各自、静かなところでじっくり、どう変わりたいかを考えて書きます。日常に取り入れたい新しい対処方法を書きます。例えば、誰かの要求に「ノー」と言う、治療の時間をつくる、運動する、ダウンタイムをとる、仕事の選択肢を広げる、難しい人との境界線をしっかりと引く、などです。

▼ 事務連絡（10分）

休憩（15分）

後半（50分）

▼ お互いにもっとセルフケアができるようになる（37分）

目的 お互いに支え合いつつ、もっと敏感な自分らしい生き方をする。変わるためにペアでミーティングをする。

ステップ

① ペアに分ける。ファシリテーターは全員の名前を袋に入れ、2枚ずつ引き、ペアを作ります。奇数なら1組は3人にできます。他のペアと少し距離を取ります（5分）。

② ペアになったら、一人がサポート役、もう一人がサポートを受ける役となります。サポートを受ける人は、自分の身体をどうすればもっと大切にできるか、セルフケアを通してどうなりたいか、なぜこれまでは無理だったのか、そしてどうするのがよさそうかを述べます。サポーターはほぼ聞き役に徹し、更なるアイデアを提案したり、目標を合理的にしたり、小さな1歩のための計画を手助けします。しかし自分の健康観を押し付けてはいけません（1人に10分）。

③ 役割を交代します。（もう1人に10分。3人組は7分で分けます）。

④ グループに戻り、各メンバーは、サポートされてどのような変化が起きたか1分以内で報告します。残り時間は、このテーマに関する話題に上がった他のことを話し合います（12分）。

▼ 覚書をつける（10分）

※326ページをご覧ください。

▼**エンディング（3分）**

　次のセッションのファシリテーターとタイムキーパーの名前を書きます。このセッションのタイムキーパー、ファシリテーター、そしてホストに感謝と別れの挨拶を伝えます。（覚書を書く時間が減ったとしても）時間通りに終了します。

セッション4 ： 身近な人との関係

　このセッションでは、敏感な特性が身近な人との関係にどう影響するかを見ていきます。ひといちばい内向的なHSPには誰かとの親密な関係は、ひといちばい幸せになれる要因にも、ひといちばいつらい、自尊心を失う要因にもなります。人間関係の傷は、次のセッションで話す通り、少なくとも子ども時代まで遡ります。ここでは成人後の人間関係に焦点を当て、互いに質問し学びを他人と共有する機会とします。

　大部分は、グループ内の風通しを良くして感動や不快感について話し合います。他の場所でのことをどうこう言うよりも、むしろ、今ここで、相手との距離を縮めるための実践練習をしているといえるかもしれません。

前半（55分）

　時間通りに始めましょう。事務連絡は後にします。

▼覚書を共有する（10分）

　※324ページを参照してください。

▼風通しを良くする（35分）

　目的　グループ内で起きているお互いの居心地が悪くなるような問題を何でも話し合う。このアクティビティも「グループの段階」や「あなた自身が他人やグループに対しどう反応するか」を知るのに重要です。

　ステップ

① グループで起きたこと、特に自分にとってよかったこと、無益だったこと、嫌だったことを書きます（5分）。記名し、読み上げられることを知っておいてください。なぜオープンな議論ではなくこの方法なのか疑問に思いますか？　読み上げられるとわかっていても、正直に書くほうが参加者には少し楽なのだと私はわかりました。そうすればここで書くコメントにも焦点を合わせられます。

　グループ全体に対するコメントなら、「2回目の仕事のセッションで、皆さんにサポートしてもらえて嬉しかった」とか「最終回の終盤で構ってもらえなかった」でしょう。また、誰かが自分や他の誰かに言ったことについて、個人に向けて書く

かもしれません。「どうしたらいいか話し合っているとき、○○さんが、私たち全員が話に入れるようにしてくれてよかった」「前回のセッションで○○君が××君を批判したとき、ひやひやした」などです。

② 書いたものに記名をして紙袋に入れます。

③ ファシリテーターは、袋の中の全てのメッセージ（自分の分も含む）を読み上げます（5分）。

④ 残り時間（25分）は、関係者でメッセージについて語り合います。ほめ合い盛り上がってください。不満な気持ちや傷ついた心は解決するようにしましょう。傷ついた人には、謝罪は驚くほど機能するのですが、防御は意味がないと覚えておきましょう。しかし、相手が傷ついたことを必ず謝らないといけないのではありません。私たちは、相手が感じたことを誤解することがありますし、その人がなぜそう感じたのか、そうしたのかについて間違うことがよくあるからです。

▼**事務連絡（10分）**

休憩（15分）

後半（50分）
▼**他のHSPとの親密な関係の問題について話し合う（37分）**

　トピックを決めるのに、10分かそれ以下、次にトピックの話し合いに約9分ずつです。

目的 ひといちばい敏感であることが、身近な関係にどう影響したか経験を共有する。

ステップ

① ファシリテーターはメンバーに、身近な人間関係において、ひといちばい敏感であることについて、自分以外のHSPの話で聞きたいことを何でも挙げてもらいます（約5分）。ファシリテーターは、メンバーがあげた質問や話題を書き出し、グループで見られるようにします。例えばこんな質問がありました。

「皆さんも、身近な人との関係で、一人の時間を確保するのは大変ですか？」

「HSPとどうやって出会っていますか？」

「再婚できないかも、という不安に、どう折り合いをつけたらいいですか？」

「HSPはHSPと一緒になったほうがいいですか？　それとも非HSPですかね？」

② ファシリテーターは、よい質問を全て聞き出したら、ディスカッションに時間をかけたい3つの質問に投票をしてもらいます。メンバーは2票を持ち、2つに投票します（2票とも一つの質問に入れてもいいです）。多くの票を獲得した3つの質問について説明します（投開票に約5分）。

③ タイムキーパーは、残り時間（約27分）を3分割するか、より多くの票を集めた質問が、よりグループの関心が高いということで、少し多めの時間を割きます。

▼**覚書をつける（10分）**

※326ページをご覧ください。

▼**エンディング（3分）**

　次のセッションのファシリテーターとタイムキーパーの名前を書きます。このセッションのタイムキーパー、ファシリテーター、そしてホストに感謝と別れの挨拶を伝えます。（覚書を書く時間が減ったとしても）時間通りに終了します。

セッション5 : 幼少期をリフレームし、再び敏感な子と向き合う

　このセッションでは、ひといちばい敏感な子であった幼少期の物語をお互いに共有します。1～2時間のセッションでは、変わることは難しく、語ることさえできないかもしれません。それでも、私は毎回、たとえ少しでもこのテーマをディスカッションすることで、どれだけの人がどれほど多くのものを受け取るか、に驚かされています。しかし、それはほとんどの参加者にとって、心の奥底の繊細な部分の話なので、私は参加者のほうからそれが切り出されるのを後半まで待っていました。ひといちばい敏感（HSC）だった幼い頃の自分を、畏敬の念と無条件の愛をもって、このセッションに連れてきましょう。

前半（55分）

　時間通りに始めましょう。事務連絡は後にします。

▼覚書を共有する（10分）

　※324ページを参照してください。

▼幼少期の経験をリフレームする（35分）

　目的　一つの経験を、敏感さの観点から新たに理解し直し、それを他の人と共有することで、本当に起こったことの証人になってもらう。

　ステップ

① メモ帳の片側に「1」とつけて、5分かけて、幼い頃の「自尊心が傷つけられた」「欠点があると思わされた」「言い訳をしてしまった」「罪悪感を持った」経験で、今となってはそれが「敏感なだけだった」とわかっていることを書きます。他の人がそれを声に出して読むので、簡潔にはっきりと書いてください。名前は書きません。読まれたくないことも書きません。

② 紙の反対側に「2」とつけて、5分かけて、敏感さに照らして、今その出来事をどのように理解しているか書きます（全部41ページの「過去のリフレーミング」の短縮版です）。

例

> 1. 6歳の誕生日パーティ。両親からもらったプレゼントを開けると、飛び出してきたピエロにお腹をパンチをされた。そのあと、20人の子が僕のお気に入りのおもちゃめがけて突進した。僕は自分の部屋に逃げて鍵をかけた。両親は「出て来なさい!」と言う。父親に「お前はなんてわがままで恩知らずで臆病なんだ。そんな子は、お父さんの子じゃない」と言われた。
>
> 2. 今、僕は全ての刺激に圧倒されていたとわかる。そうするしかなかった。僕はわがままでも、恩知らずでも、臆病者でもなかった。自分の行動はHSCとして普通だった。両親が僕のこの特性を知って、静かに祝うようにしてくれたらよかった。

参加者がこのタスクで苦労するのはよくあることです。出来事を考えようとすると、無感覚になったり、集中できなくなったり、動揺したりすることがあります。自分の反応を意識してください、しかし無理にこのアクティビティをしなくていいです。ただ座って、安らかに呼吸してみてください。まだ後半の途中です。

③ くり返しますが、無記名でお願いします。紙を袋に入れます(合計で10分です)。ほとんどの人が誰が何を書いたか推測できるのに、わざわざ袋に入れて出して匿名のようにして読みあげるのはなぜでしょう? 第一に、音読によって人の心に届きます。第二に、全員が各人に共感的な反応を伝えたいと思うでしょうが、一人ひとりにそれをする時間がないからです。第三に、仮に時間があったとしても、あなたはすぐに、自分たちが準備のできていない非常に深い問題に引き込まれてしまうからです。

④ 希望者全員が紙を入れ終えたら、ファシリテーターが袋を渡し、全員が袋から引いていきます。自分で書いたものを引いた場合、紙を戻します。ただし、最後の人なら別で、それを持ってもらい、自分のものでないふりをしてもらいます。

⑤ 書かれていることを自分で読み返し、流暢に読み上げられるように確認します(メンバーの巧みな防衛は、ここにも、判読できない手書きとして現れることがあります)。

⑥ 各自、書かれたことを読み上げます。聞いたことに浸り、それを静かに心に留めます。これをリフレーミングに追加することもできます。上記の例で、私が紙の2の側に書いたような内容でなく、「親も精一杯やってくれていたのだと今では

わかる」（一般的な回答です）とか、「親の望み通り、部屋から出てくればよかった」とだけ書いたとします。この人は、この経験を再度リフレーミングするために、グループの助けを必要としています。

※ステップ④から⑥には約25分かかります。

▼ 事務連絡（10分）

休憩（15分）

後半（50分）

▼ 自由討論時間（36分）

この間に、前半の自分の子ども時代や他の人の幼少期のストーリーについて話し合います。ただし、一人に集中しすぎないようみんなで気をつけないといけません。皆さんがうまく運営してくれることを願っています。あくまでグループに焦点を当てた経験でなければなりません。

▼ 次のセッションの説明を朗読する（3分）

どちらか片方を選んで行います。

① 創作的なことをします。誰かの創作的なことを受け入れるのでもいいです。音楽や写真や絵や詩などがそうでしょう（音楽はホストにプレーヤーがあるか聞いておきましょう）。また、自分で演奏したり歌ったり踊ったりしてもいいです。大切にしている子どもの写真や熱中しているものを持って来てもいいです。お庭の花や手作りのWEBサイトを印刷したものでもいいです。しかし、自分がいいと思ったものが他人と被ることもあります。ただ、大切なのは自分たちの敏感さと繊細な世界を祝うことであって、競争ではないです。

② あなたのスピリチュアルな経験や人生観、あるいは喪失や死をどのように扱ったかを共有することを計画してください。それについて話すか、それを象徴するオブジェクトや創造的な表現を共有しましょう。

何を共有するにしても、約3分で示して話せるものにしましょう。短編小説を読む時間はありません。大切なことを共有されているときに、話を打ち切るのはとても困難です。時間制限を頭に入れてタイムキーパーに苦労させないようにしましょう。

▼ 覚書をつける（8分）

※326ページをご覧ください。

▼ エンディング（3分）

　次のセッションのファシリテーターとタイムキーパーの名前を書きます。このセッションのタイムキーパー、ファシリテーター、そしてホストに感謝と別れの挨拶を伝えます。（覚書を書く時間が減ったとしても）時間通りに終了します。

このセッションの目的は二つです。一つは、創造力が豊かで、機微に敏感で、スピリチュアルの源に触れる自分たちの特性を祝福することと、二つめは6週間の経験を（継続するつもりでも）意識的に終了させることです。HSPにはこのテーマがとても向いています。人口の多くを占めるこのような問題を拒絶しがちな人たちよりも、HSPは終わりを鋭く予期し、喪失感と死生観を持っているからです。この偉大な気づきを取り扱うには、クリエイティブな表現と生まれ持ったスピリチュアルな才能を活かし、この瞬間の喜び、感情を表現することが、何より必要なのです。

前半（45分）

時間通りに始めましょう。

▼ 覚書を共有する（10分）

※324ページを参照してください。

▼ 風通しをよくする（35分）

目的 6つのセッションが終了するまでに言い残したことがないようにする。これはグループにとって非常に難しいところです。もう終わるのです。ほとんどの人はグループが続くことを思い描いているし、それは何らかのかたちでそうなるかもしれません。しかし決してこれまでと同じにはならないでしょう。その証拠に、今から1ヵ月後に集まってみると、きっと同じには感じないはずです。ですから、終わりに取りかかりましょう。

ステップ

① グループで起こったこと、よかったこと、役立たなかったこと、不快だったことを5分かけて書きます。これは、全期間中でも4回目のセッション以降でも最後に風通しをよくした後に発生したものでも何でも構いません。全体または特定の誰かに向けます。これには名前を書き、それが読み上げられることを覚えておいてください。

② 書いたものに記名をして紙袋に入れます。

③ ファシリテーターは、袋の中の全てのメッセージ（自分の分も含む）を読み上げます（5分）。

④ 残り時間（25分）は、関係者でメッセージについて語り合います。ほめ合い盛り上がってください。不満な気持ちや傷ついた心は解決するようにしましょう。

休憩（15分）

後半（60分）

▼集まりを継続するか投票（20分）

目的 会を継続するか否かを決定する。匿名で誰も傷つかないようにする。

ステップ

① 会の継続方法を15分間話し合います。1週間か2週間ごとか、時間と場所、このワークブックのタスクを使って構成するか、メンバーが持ち込む他のトピックを中心に構成するか、誰かの悩みと関係なくやるか、プロのファシリテーターによるプロセス指向にするかなどを話し合います。明らかに、グループのガイドラインに関係なく、あなたが続けたくないことがはっきりしているのなら、このディスカッションに何かの結果を期待しないで下さい。

② 継続する場合は、参加するかどうか投票します。会が継続するには、この投票が全会一致である必要があります（賛成を投じる人が一人か二人だと彼らは非常に拒否されたと感じるでしょう）。完全に匿名で投票し、同じ紙片を袋に入れます。継続するかどうかディスカッションで決定した方法で投票をしていますが、それもガイドラインに則り、メンバーと一緒に行います。ですから参加者の誰かやグループがあなたに相応しくないのなら、継続への反対票を投じます。もちろん、他の理由でも反対票を投じることができます。

③ どのような集まりにするかや、時間や場所に反対なら、決定できないさまざまな条件（例えば、週に1度の自由討論形式か、月に1回のタスク形式か）で会を継続するために2回以上の投票を行います。ただし、それらの条件は常に、構成されているグループ向けです。投票の一つが満場一致で継続となる場合は、その形式で継続します。

④ ファシリテーターが票を読み上げます。反対があった時点で、開票を止めて袋の中身は捨てます。現在構成されている会は、そのセッションで終了します。メンバー同士は、お互いに電話をかけたり、全てではなく一部の人と電話番号を

交換したりして、好きに会い続けることができます。しかし、この会は今日で終わりです。

　反対票があった場合、正直でいるよりも全ての人の心の平穏を優先し、あなたや他の誰かが反対票を投じた理由について話し合わないでください。忙しすぎて週に2時間が難しかったり、その時間に他のことをしたいこともあります。この会は皆さんにとって素晴らしいものであったとしても、終わらせる正当な理由があります。

▼ 敏感な感覚を祝う（30分）

目的 お互いの素晴らしい特性を感じる。さらに別の方法でお互いを知る。

ステップ

① 各自が持ってきたものを共有します（5回めのセッションのガイドラインの最後にある指示を参照してください）。タイムキーパーは、このアクティビティをパスしない人で時間を均等に分割します。何も持ってこなかった人も含め全ての人を優しく励まします。

② 持ち時間の約半分は、各自が持ってきたものや共有したいものについて話します。もう半分は、率直に温かく受け容れます（これが最も甘美な真実を語れる時間となります）。したがって、各人の持ち時間は両方ともかなり短くないといけません。

③ 私がグループでこれを行うとき、最初がいいか誰の次がいいか、自分たちで決めてもらっています。そうすること自体で、私たちの直感が全体としての体験を生み出せるようになります。

④ 誰かが持ってきたものを輪の中心に置きます。

▼ エンディング（10分）

目的 気持ちを流したり避けたりするのではなく、意識的に終わらせること。

ステップ

① 置いたものの周りに輪になって立ちます。手はつながないでください。つなぎたくない人だっているのです。誰かが始めると断りづらくなります。もし相手の目を見たいなら見ましょう。

② ファシリテーターは、メンバーに好きなことを言ってもらいます。何も言わないと、不完全な気持ちが残ります。誰もが少なくともこれまでのグループはこれで終

わるのだと強く意識しないといけません。これが、今のところそのグループで話せる最後のチャンスなのです。

③ ただし、全員が話す必要はありません。言いたいことが浮かべば誰でも何度も話せます。

④ みんなで時間を気にしましょう。全部タイムキーパー任せにしないでください。（だいたい）時間通りに終わることが重要です。

▼覚書を書く

自分の時間に行いますが、できるだけ早くセッションを終えてください。

見えないファシリテーターからの最後のメモ：グループは全てが期待通りというわけではなかったですね？ いいこともあれば、がっかりしたところもあったはずです。あなたはおそらく「完全」ではない何かを感じているでしょう。想いが駆け巡っていますね。いつの日かこれらのセッションが自分の人生に役に立ったと思い出してもらえたら幸いです。

　お元気で。

参考文献

はじめに
この気質に関する参考文献は "The Highly Sensitive Person" の巻末のノートとここの参考文献にあります。
"Sensory-Processing Sensitivity and Its Relation to Introversion and Emotionality,"by Elaine N. Aron and Arthur Aron, *Journal of Personality and Social Psychology,* 1997, Vol. 73, No. 2,345-368.

第 1 章
身体感覚に関する更なるワークについて二つの文献：
Eugene Gendlin, Focusing (Bantam Books, 1981).
Betty Winkler Keane's *Sensing* (published by Harper and Row in 1979; available from the author at 30 Lincoln Plaza, New York, NY 10023).

第 2 章
攻撃的な文化について：
Riane Eisler, *The Chalice and the Blade* (Harper San Francisco, 1995).

「抑圧された」子どもたちについて：
Jerome Kagan et al., *Galen's Prophecy* (Basic Books, 1994).

アクティブ・イマジネーションについての書籍：
Robert Johnson, *Inner Work* (Harper San Francisco, 1989).

音声対話についての書籍：
Hal Stone and Sidra Winkelman, *Embracing Ourselves* (Nataraj, 1993).

第 3 章
困難を抱える人に向き合うために：
Robert Bramson, *Coping with Difficult People* (Dell, 1981).
Charles Keating, *Dealing with Difficult People* (Paulist Press, 1984).

第 4 章
どう育てられたか自分をリフレーミングし育て直すのによい書籍：
Janet Poland, *The Sensitive Child* (St. Martin's Paperbacks, 1995).

第 5 章
社会的スキルと人見知りに関する書籍とリソース：
Pamela Butler, *Self-Assertion for Women* (Harper San Francisco, 1992).
Sharon Bower and Gordon Bower, *Asserting Yourself* (Perseus Press, 1991).
Jonathan Cheek et al., *Conquering Shyness* (Dell, 1990)
Phil Zimbardo, Shyness: What It Is, What to Do About It (Perseus Press, 1990).

第 6 章
本当の天職探しに関する書籍：
Marsha Sinetar, *Do What You Love, the Money Will Follow* (Dell, 1987).
Barbara Sher, *I Could Do Anything If I Only Knew What It Was* (Delacorte, 1994).

第 7 章
カップルのための参考文献：
John Gottman, *Why Marriages Succeed or Fail ... And How You Can Make Yours Last* (Simon and Schuster, 1995).
Harville Hendrix, *Getting the Love You Want; A Guide for Couples* (HarperCollins, 1988).
Claude Steiner, *Achieving Emotional Literacy* (Avon, 1997).

カップルのための素晴らしい週末のワークショップと他の資料のソース：
The Seattle Marital and Family Institute, P. O. Box 15644, Seattle, WA, 98115-0644

第 8 章

ユングの研究機関は、ニューヨーク、フィラデルフィア、トロント、ボストン、シカゴ、ダラス、サンタフェ、シアトル、ロサンゼルス、サンフランシスコ、ワシントン DC にあります。上記には地域をまたがって繋がる組織もあります。

一つのトラウマからの影響に取り組んでいるなら、かかりつけのセラピストに渡す書籍：
Edna Foa, *Treating the Trauma of Rape* (Guilford, 1998).

第 9 章

医師による代替医療と標準医療を組み合わせた書籍：
Ronald Hoffman, *Intelligent Medicine* (Simon and Schuster, 1997).
Michael Norden, *Beyond Prozac* (HarperCollins, 1995).

不安と恐怖症のあらゆる種類の治療法を組み合わせた書籍：
Edmund Bourne, *The Anxiety and Phobia Workbook* (Five Communication, 1997).

SSRI（選択的セロトニン再取り込み阻害薬）の古典。多かれ少なかれ「いい面」：
Peter Kramer, *Listening to Prozac* (Penguin, 1993).

非常に「悪い面」：
Peter Breggin and Ginger Ross, *Talking Back to Prozac* (St. Martin's Press, 1994).

第 10 章

ドリームワークに関する書籍：
Gayle Delaney, *Breakthrough Dreaming* (Bantam, 1991).
Robert Johnson, *Inner Work* (Harper San Francisco, 1989).
Carl G. Jung, *Dreams* (Princeton University Press, 1974).
Kathleen Sullivan, *Recurring Dreams* (The Crossing Press, 1998).
Edward Whitmont and Sylvia Perera, *Dreams: Portal to the Source* (Routledge, 1989).

儀式づくりについての本：
Jeanne Achterberg, Barbara Dossey, and Leslie Kolmeier, *Rituals of Healing* (Bantam, 1994).
Sam Keen and Anne Valley-Fox, *Your Mythic Journey* (Tarcher, 1989).
Malidoma Patrice Some, *Ritual: Power, Healing, and Community* (Swan/Raven, 1993).

内面の声に忠実な人生を送ることについて：
Marsha Sinetar, *Ordinaly People as Monks and Mystics* (Paulist Press, 1986).

第 11 章

集団精神療法に関する古典では、集団プロセスについても説明しています。
Irving Yalom, The *Theory and Practice of Group Psychotherapy*, 4th edition (Basic Books, 1995).

The Highly Sensitive Person　ウェブサイト　http://hspjk.life.coocan.jp/
HSPのドキュメンタリー映画情報　https://sensitivethemovie.jp/

● 原作者の謝辞 ●

このワークブックを、自分で(またはグループで)試しに使っていただいた、サンフランシスコ・ベイエリアのコンフォートゾーンの読者に深く感謝します。すぐに回答が必要な場合にも丁寧に対応していただき、そのフィードバックによって、このワークブックは大きく改善されました。

エージェントのベスティ・アムスターと編集者のトレイシー・ベハールは、HSPである著者に対して非常に賢明で、繊細で、友好的でした。彼らと一緒に仕事ができたことは、本当に幸せなことでした。

アイリーン・ペティット博士は、私の前で「ハイリー・センシティブ」という言葉を初めて口にした人です。彼女がいなければ、今のような状況は、決して生まれていなかったでしょう。

最後に、夫であるアート・アーロンのサポートにはどれだけ感謝してもしきれません。彼のエネルギー、明るさ、そして穏やかさには、いつも助けられてきました! 彼の知性は、この気質を証明するエビデンスを大きく洗練してくれました。彼は本当にいい人です。

著者紹介

エレイン・N・アーロン

カナダ・ヨーク大学（トロント）で臨床心理学の修士号、アメリカ・パシフィカ大学院大学で臨床深層心理学の博士号を取得。サンフランシスコのユング研究所でインターンとして勤務しながら、臨床にも携わる。HSP という概念を世界で初めて提唱した。多くの研究論文の他、ＨＳＰについての以下のような著書がある。『敏感すぎる私の活かし方』（パンローリング）、『ひといちばい敏感な子』『ひといちばい敏感なあなたが人を愛するとき』（どちらも小社刊）、『自分を愛せるようになる自己肯定感の教科書』（CCC メディアハウス）、さらに、心理療法家のための書 "Psychotherapy and the Highly Sensitive Person" など。

訳者紹介

明橋大二

心療内科医。昭和 34 年、大阪府生まれ。京都大学医学部卒業後、国立京都病院内科、名古屋大学医学部付属病院精神科、愛知県立城山病院を経て、真生会富山病院心療内科部長。心療内科医として勤務する中で、HSP という概念に出合う。HSP・HSC への正しい理解を深めるため、メディアを中心に幅広く活動している。翻訳書に『ひといちばい敏感なあなたが人を愛するとき』（小社刊）がある。

ひといちばい敏感な人のワークブック

2023 年 4 月 5 日　第 1 刷

著　　者	エレイン・N・アーロン	
訳　　者	明　橋　大　二	
発　行　者	小　澤　源　太　郎	
責　任　編　集	株式会社 プライム涌光	

電話　編集部　03（3203）2850

発行所　株式会社 青春出版社

東京都新宿区若松町12番1号〒162-0056
振替番号　00190-7-98602
電話　営業部　03（3207）1916

印　刷　大日本印刷　　製　本　ナショナル製本

万一、落丁、乱丁がありました節は、お取りかえいたします。
ISBN978-4-413-11393-9 C0030

青春出版社のA5判シリーズ

インナーマッスルに効く **「体芯力」全身体操** 鈴木亮司	腸からきれいにヤセる! **グルテンフリー・レシピ** 大柳珠美	F i n a n c i a l **Freedom**〈ファイナンシャル・フリーダム〉 経済的自由と人生の幸せを同時に手に入れる! ボード・シェーファー／著　小林節／訳	直感で伝わる! **プレゼン資料は見た目が9割** 高村勇太
北村良子／監修 **子どもはできても大人はできない⁉まちがいさがし**	ねんねママ(和氣春花) **すぐ寝る、よく寝る赤ちゃんの本** 寝かしつけの100の"困った"をたちまち解決!	長田夏哉 **体の不調は「脳疲労」が原因だった** たまった疲れを解消する「頭皮セラピー」	マル秘情報取材班[編] **お金に好かれる習慣** 図解　お金持ちトップ1%だけが知っている

青春出版社のA5判シリーズ

脂肪が勝手に燃えはじめる！
「背中やせ筋」7秒ダイエット
濱栄一

まんがで学べる！
イ・シウォンの英語大冒険③
動詞編
シウォンスクール／監修　パク・シヨン／監修
イ・テヨン／イラスト　崔樹連／翻訳

その子に合った食べ方がわかる！
発達障害がよくなる毎日ごはん
溝口徹

僕たちはいつ宇宙に行けるのか
山崎直子　竹内薫

60歳からの疲れない家事
本間朝子

見るだけでわかる！
認知症が進まない話し方
吉田勝明

ビジュアル版
ずっと元気でいたければ60歳から食事を変えなさい
森由香子／著　川上文代／料理

問題解決の最初の一歩
データ分析の教室
野中美希／著　市原義文／監修

The Highly Sensitive Child

ひといちばい敏感な子

「個性」を生かして幸せな未来を
つくるために親ができること

エレイン・N・アーロン 著　明橋大二 訳

HSCの親であり、
提唱者の著者が伝える
「HSCの育て方」

● 「ひといちばい敏感」ってどういうこと?

● HSCに特に必要な安心感とは

● 幸せの扉を開くための4つのキーポイント

ISBN 978-4-413-23199-2　1900円

The Highly Sensitive Person in Love

ひといちばい敏感なあなたが人を愛するとき

HSP気質と恋愛

エレイン・N・アーロン 著　明橋大二 訳

世界で初めてHSP（とても敏感な人）を提唱した著者が伝える幸せへのヒント

- 生まれ持った気質を知ることが、人を愛するときに大切
- なぜ、HSPは「親密さ」を怖れてしまうのか
- 相手に合わせ過ぎて疲れる……など、悩みへの対処法
- 長続きする愛のために知ってほしいこと

ISBN 978-4-413-23169-5　1900円

※上記は本体価格です。（消費税が別途加算されます）
※書名コード（ISBN）は、書店へのご注文にご利用ください。書店にない場合、電話またはFax（書名・冊数・氏名・住所・電話番号を明記）でもご注文いただけます（代金引換宅急便）。
商品到着時に定価＋手数料をお支払いください。
〔直販係　電話 03-3207-1916　Fax 03-3205-6339〕
※青春出版社のホームページでも、オンラインで書籍をお買い求めいただけます。
ぜひご利用ください。〔http://www.seishun.co.jp/〕